ANDRÉ MARINHO

QUEM FOI JESUS ?

UMA ANÁLISE HISTÓRICA E ECUMÊNICA

© 2018 by André Marinho

Direitos de publicação cedidos pelo autor ao
Instituto Lachâtre
Caixa Postal 164 – CEP 12914-970
Bragança Paulista – SP
Tel./Fax: 11-4063-5354
Site: www.lachatre.org.br
E-mail: contato@lachatre.org.br

Programação visual de capa: Fernando Campos

Agosto de 2018 – 1ª Edição
Tiragem: 3.000 exemplares
Do 1º ao 3.000º exemplar

A reprodução parcial ou total desta obra, por qualquer meio,
somente será permitida com a autorização por escrito da Editora.
(Lei n° 9.610 de 19.02.1998)

CIP-Brasil. Catalogação na fonte

Marinho, André, 1982 –

Quem foi Jesus? – uma análise histórica e ecumênica. / André Marinho – 1ª ed., Bragança Paulista, SP: Instituto Lachâtre, 2018.
312 p.
Bibliografia

1. Jesus-Cristo. 2. Novo Testamento. 3. Cristianismo. I. Título. II. Subtítulo. III. Referências.

CDD 230	CDU 27.31
232	27.246
225	27

Impresso no Brasil
Presita en Brazilo

PALAVRAS DE GRATIDÃO

Este livro foi escrito entre 2009 e 2018. Foi resultado de nove anos de escrita, além de outros nove anos de estudos anteriores sobre o Jesus histórico. Não sou teólogo profissional, nem minha formação acadêmica é em teologia. Não sou nem católico, nem evangélico-protestante, nem ortodoxo, nem judeu, nem muçulmano.

Foi o espiritismo, organizado por Allan Kardec, que me apresentou Jesus. Desde então, me impressionei com o ser humano Jesus e busquei 'conhecê-lo melhor'. Posso dizer que toda a minha formação intelectual e pessoal está vinculada a esta pesquisa. Meus estudos de filosofia, de teologia, de história e também de artes (sou formado em Artes Cênicas) sempre se articularam com minha contínua pesquisa sobre Jesus. Nessa trajetória, a obra do teólogo Hans Küng foi a que mais me influenciou. Tive oportunidade de interlocução com Küng e ele foi fundamental na minha visão ecumênica, crítica e histórica sobre as religiões, especialmente sobre o cristianismo. Meus estudos foram autodidatas e mesmo meu conhecimento de grego e latim também seguiu esse método. Na verdade, sempre busquei um pensamento próprio, ainda que vinculado, inevitavelmente, às tradições religiosas e acadêmicas. Sempre tratei a religião com liberdade, sem medo de confrontá-la com os demais saberes. Cada vez mais defendo a importância do diálogo das religiões com a academia, com a filosofia e com as ciências naturais e humanas.

Agradeço a todos aqueles que me ajudaram a pensar esses temas, desde iminentes acadêmicos a pessoas na mesma situação que eu, autodidatas e autônomas. Esse foi o caso de uma de minhas mestras, Suzana Maia Mousinho. Os livros de teologia não registrarão seu nome, por ela, deliberadamente, não ter publicado obra alguma, mas é a ela que serei sempre grato, pelo incentivo ao estudo crítico neotestamentário, quando eu tinha tão somente dezoito anos. Certamente, os estudos que fiz com ela, em sua casa, apenas nós dois, quase que diariamente, mudaram o curso de minha compreensão sobre Jesus.

Agradeço a todos os que me ajudaram nessa empreitada. Citarei apenas aqueles que estiveram explicitamente vinculados a esse esforço: Helena e Hortensia Fleury, por terem sido as primeiras a me incentivarem na composição desse livro; a Brunilde Mendes, por cooperar com chaves de informação preciosa para a minha vida espiritual; a Maura Moraes, pelo constante entusiasmo, alegria e incentivo em meu projeto pessoal; a Cláudia Mello, minha esposa e amiga, pelo companheirismo na nossa vida. Agradeço à editora Lachâtre, por confiar meu livro a seu selo.

Gostaria de fazer um agradecimento especial aos companheiros e companheiras da Casa Maria de Nazaré, no Rio de Janeiro, na comunidade da Rocinha e também a um de seus núcleos, o Grupo Rita de Cássia, no Leblon, cujos belos trabalhos estou vinculado pelo coração. Com essas instituições, compartilharemos parte de nossos direitos autorais. Devo ainda explicitar que foi essa instituição que me concedeu o primeiro suporte institucional para meu livre exercício como professor e estudioso dos estudos sobre Jesus, além de terem, valiosamente, cooperado com a publicação deste livro. Estendo meu abraço a todos, por meio de minha amiga Maria Regina de Agostini.

Certamente esse livro não teria as características que tem se eu não fosse criado em uma família brasileira, de pai e mãe umbandistas, uma avó católica, uma outra avó espírita, um avô ateu e outro 'mais ou menos católico'. Essa diversidade muito me beneficiou, sobretudo no primeiro período da minha formação, a infância. Recordo-me de minha mãe ensinando-me a oração do pai nosso, quando eu ainda não sabia sequer ler. Lembro-me de minha avó paterna contando-me uma história lendária sobre a infância de Jesus que, muitos anos depois, descobri a origem do conto ao ler, na Biblioteca Nacional do Rio de Janeiro, um livro apócrifo, evangelho árabe da infância. Recordo-me, ainda, de minha avó materna presenteando-me com uma medalha, um santinho, São Dimas, e lembro-me de meu pai 'incorporando' um 'preto velho' que, gentilmente, gostava de conversar comigo. Lembro-me, ainda, de uma conversa que tive, quando eu tinha somente dez anos, com um tio, Luís Fernando. Naquela ocasião, ele me disse que "podia ser que Deus sequer existisse", o que foi, para mim, um choque, a tal ponto que, depois, com muito entusiasmo, adentrei os estudos sobre o ateísmo. Agradeço, ainda, a todos aqueles que não nomeei, porém que guardo na minha memória e no meu coração, e o faço à moda dos gregos da Antiguidade, no Areópago: "aos deuses desconhecidos".

Uma última nota sobre Deus: Deus pode ser o criador bíblico em sete dias, pode ser a "inteligência suprema", pode nem ser Deus, ser somente o mistério dos mistérios, o qual crendo ou não crendo, existindo ou não existindo, nos envolve; mas seja Deus um ente, seja Deus uma força, seja Deus o átomo inicial e o hidrogênio primeiro, tem de ser um Deus de paz. Por isso, a todos agradeço com uma saudação apostólica (Rm 15:33): "Que o Deus da paz esteja com todos vós!".

Tudo isso é a religiosidade do Brasil, tudo isso me permite compor um livro que não seja para religiosos, mas que também possa ser para religiosos. Um livro ecumênico, crítico e histórico. Esse livro é parte indissociável da minha vida. Com alegria, ofereço-o às leitoras e aos leitores.

APRESENTAÇÃO PARA O LEITOR
- UMA ANÁLISE HISTÓRIA E ECUMÊNICA -

Caras leitoras e Caros leitores:

A quem se destina este livro?

Aos que seriamente se interessam em se informar um pouco mais sobre Jesus. Sejam ateus ou crentes, cristãos ou não-cristãos, velhos ou jovens. *Não é um livro de catequese, mas de apresentação.* Será preciso apresentar Jesus a alguém do mundo ocidental?

Além do *Jesus of culture*, desfrutado na literatura, no cinema, no movimento *hippie*, nos partidos políticos, nas escolas particulares e até em lojas comerciais, existe um autêntico Jesus histórico, nascido na Palestina, judeu, o mais influente e jovem líder de impacto religioso no mundo e, também, o que mais precocemente morreu. O livro dedica-se a esse Jesus, um ser determinado e real.

No ocidente, seja aonde for, apesar de ser 'presença' marcante, pouco se conhece de verdade sobre o Jesus que efetivamente existiu. Na maioria das vezes, confunde-se o 'Jesus histórico' com o 'Cristo da fé', o Cristo de uma multiplicidade de igrejas diferentes, interpretado pela fé de religiosos que se instruem com relação a dogmas, à tradição religiosa, ao ritual e à catequese das instituições eclesiásticas a que se vinculam; muitos desses religiosos pouco conhecem sobre o ser humano Jesus.

A Bíblia é o livro mais estudado do mundo e o Novo Testamento foi rigorosamente examinado por praticamente todas as áreas do conhecimento humano, desde o século XVIII até o presente. Esses estudos, manifestos tanto na teologia protestante, quanto na católica e na ortodoxa, e também em meios acadêmicos não-religiosos, não resultaram necessariamente em esclarecimento para as pessoas em geral e, frequentemente, os próprios cristãos têm noções deturpadas sobre a pessoa de Jesus de Nazaré.

A Bíblia, a fonte cristã por excelência, tornou-se um livro de complexa compreensão, uma vez que muitos não sabem manuseá-la, têm dificuldades de entendê-la, assim como carecem de conhecimentos geográficos e históricos para a leitura fluente. Esses problemas estão enraizados na cultura de ensino religioso de países cristãos, que se aplicaram em ensinar a doutrina de suas igrejas em detrimento de uma aproximação séria à Bíblia. Como afirmou Jerônimo, o grande tradutor cristão do século IV, "a ignorância das Escrituras é ignorância sobre o próprio Cristo".

O objetivo deste livro é a reflexão e não a reprodução de 'verdades intocáveis'. Argumentos como "isto já está cientificamente provado" ou "está escrito na Bíblia" limitam a oportunidade de pensar, analisar e relacionar informações. Formar conhecimento independe da leitura de alguns livros ou da aceitação de teorias estabelecidas. É um processo educativo lento, no qual aprendemos a fazer perguntas a nós mesmos e à realidade, cujo resultado é a troca de certezas prefixadas por um pensamento mais complexo que enfrenta a imprecisão do saber e admite os limites de nosso conhecimento. Desaprender certas visões já consolidadas, para formarmos uma inteligência mais flexível e multifacetada, faz parte do processo de aquisição de cultura, gerando associações mais originais. A opção ou o apego pelo previsível e pelo conservadorismo dogmático é uma das tendências humanas que sempre denota indigência cultural e inteligência frágil.

Nesse sentido, este esforço soma-se a diversos trabalhos das mais diversas procedências, oferecendo uma visão nada tradicionalista, mas ao mesmo tempo intelectualmente responsável. O leitor é sempre multifacetado. Cada um tem determinada competência linguística, ideológica e enciclopédica diferente. A sociedade em que vive, os outros textos que conhece sobre temas abordados aqui, a interpretação

QUEM FOI JESUS? 11

que faz destas linhas, o que ele espera, seus gostos, interesses fazem com que este primeiro livro que eu escrevi se transforme nos mais diversos para seus receptores; as questões suscitadas em cada leitor são, portanto, de tipos diferentes. Justamente por essa variedade de recepção é preciso que o autor defina os critérios que ele estabelece em sua obra, especificamente em sua intenção metodológica, com a máxima clareza possível. Este livro faz uma *análise intrarreligiosa, extrareligiosa, ecumênica, histórica e crítica* de Jesus. Explico-me com mais precisão.

Jesus: nada de confundi-lo com igrejas, tradição ortodoxa, autoridades eclesiásticas, história do cristianismo, mitos, dogmas, comunicações reveladas, nem mesmo com a 'Bíblia'. Jesus de Nazaré foi um ser humano histórico, que viveu dentro do contexto da tradição judaica do século I e que, passados dois mil anos de sua existência, só pode ser bem interpretado (tanto por cristãos quanto por não cristãos) a partir de uma pesquisa crítica séria e responsável, que forneça abalizadas informações para originar interpretações fundamentadas sobre sua personalidade, numa 're-descoberta' de sua história e de suas dimensões temporais e extratemporais.

Análise: tanto o absolutismo presunçoso que a religião muitas vezes confere a suas certezas e valores (também os cientistas têm essa tendência), quanto uma relativização pseudoecumênica, como se todas as certezas e valores fossem iguais, não respondem satisfatoriamente à nossa abordagem. Não há nada em termos de religião que esteja excluído de juízo crítico. Tanto as experiências religiosas quanto científicas e filosóficas são interpretações da realidade, cada qual segundo seus métodos. Suas soluções para o mundo sempre são passíveis de questionamentos, em constantes projetos, críticas, contracríticas e retificações. Nenhuma postura contra a análise, ainda que ela muitas vezes nos revele verdades que nos incomodem!

Intrarreligiosa: sem desejar estabelecer mais um "monopólio da verdade", temos como meta uma abordagem o mais abrangente que nos seja possível, em um diálogo franco com outras formas de conhecimento (religiosos ou não), sem tratar a diferença como a 'inimiga', a 'infiel', a 'herege'. Nenhum oportunismo religioso a alçar a religião

12 ANDRÉ MARINHO

como superior em seus saberes, tampouco o desejo de estabelecer uma nova 'confissão' separada, com uma 'nova verdade'. Não! Chega de divisão. É possível uma respeitosa pesquisa entre os fundamentos dos diversos modos de se entender e viver o cristianismo, respeitando a peculiaridade de cada qual.

Crítica: um estudo sobre Jesus, vinculado a uma atitude crítica ante as questões de seu tempo e atuais como uma 'disciplina acadêmica'. Nosso estudo submete-se a determinados princípios acadêmicos de conceituação e fundamentação, em uma busca escrupulosa sobre questões da realidade do mundo e do homem. Uma crítica que leve a sério as ciências exatas, a democracia, as ciências humanas e sociais e os movimentos de libertação da modernidade. Também que se atente às críticas à religião, à exegeses e à histórias modernas. Crítico não apenas como o que coloca em cheque, mas também o que constrói balanços provisórios sobre questões. Nenhuma exclusão da academia, mas também nenhuma desconsideração ao mundo concreto de experiência, esse mundo em que eu habito, com minhas fraquezas e forças, com as enormes diferenças entre os seres, o mundo de experiências em toda a sua ambiguidade, vicissitude e impermanência.

Histórica: a enumeração de fatos sobre a vida de Jesus é importante. É fundamental compreender a vida de Jesus a partir de sua própria época. Isso quer dizer adentrar, sem pudores, no judaísmo do século I, com o intuito de compreender quem foi o judeu Jesus de Nazaré. Tão importante quanto esse movimento de análise temporal do século I, é analisarmos os temas daquela época também a partir da atualidade; até porque aquilo que denominamos passado é uma abstração, pois se nos dedicamos a assuntos de 'outras épocas', eles se tornam de nossa época; e se nesses estudos descobrimos o próprio tempo pretérito retratado (com sua típica cultura), também descobrimos que muitas vezes esse tempo transcende datas e se torna o tempo presente. Em cada época, há uma leitura diferente desse tempo costumeiramente rotulado de passado. Mudando a perspectiva de cada época e cultura, muda a perspectiva de quem analisa, dado que outros interesses e interlocuções emergem. Uma espacialização temporal restrita (no caso de Jesus, o século I, na Palestina judaica) é real e fictícia ao mesmo tempo, porque embora os assuntos de Jesus fossem todos relacionados ao mundo da Palestina judaica do século I, esses assuntos não estão acabados e restritos àquela circunstância espacial e temporal. O intervalo entre aquele mundo e o mundo de hoje é o presente e o passado juntos. Reler, portanto, a vida e as concepções culturais de homens do século I e a de Jesus no século I é confrontar-se com aqueles assuntos e perceber que há muito ainda a ser pensado sobre aqueles temas, o que nos ajuda a tomar posição com relação ao presente. É não pertencermos somente a um dos tempos cronológicos (séculos I e XXI). É descobrir que Jesus está no agora, como também está no outrora e estará no além. Assim sendo, Jesus é uma valiosa fonte para investigarmos os problemas de nossa época (século XXI) a partir de outra época (e inclusive de diversas épocas paralelas). É reviver um passado em que jamais estivemos e em que, no entanto, estamos e frequentamos. Por isso, nessa história, não há oposições, considerando o ontem, o hoje e o amanhã, porque se entende que esses conceitos sempre são limitados para expressarmos o espaço-tempo.

Extrarreligiosa: Jesus é um grande personagem histórico, referência da sociedade ocidental há quase dois milênios. Conhecer sua vida é conhecer sobre as paixões e os ideais que, desde então, têm conduzido a história. Quando se conhece a força de impacto que Jesus causou e causa no imaginário humano, pode-se somar essa importante referência à análise conjuntural e estrutural da história. O historiador e o leigo que queiram se inteirar sobre o papel da igreja ortodoxa russa na política daquele grande país, ou a força da filosofia medieval, ou o papel do protestantismo luterano na organização do sistema de saúde de pessoas com necessidades especiais, ou ainda a relação entre a divisão de poderes do Estado moderno e a Trindade – quer dizer, seja que tema for – podem melhor se instruir se conhecerem sobre Jesus. Sim, Jesus é, na história ocidental, um 'elo' importante, uma 'liga' fundamental dos acontecimentos ocorridos na história do cristianismo, mas também fora dessa história. O judaísmo sempre foi influenciado pelo poder da influência cristã e importantes lutas seculares da cultura islâmica vinculam-se a ações de países ex-colonialistas de cultura cristã. Conhecer Jesus é aproximar-se dessa infindável quantidade de eventos históricos, uma vez que, na mente de todos os líderes e do povo comum, havia, de modos diferentes, relações com Jesus (ou com o Cristo da fé).

Ecumênica: Este *é um livro não religioso e religioso.* É um *livro religioso*, porque aqui o leitor encontrará informações sobre a estrutura básica de uma das maiores religiões do mundo, o cristianismo, e a reflexão sobre como os valores cristãos comunicam-se com os dias atuais; pode, porém, ser também compreendido como um *livro não- -religioso*, uma vez que não tenho o objetivo de converter ninguém ao cristianismo, nem demonstrar que o cristianismo é a única e melhor religião do mundo, como supõem muitos cristãos. Acredito no diálogo franco entre as religiões, em suas semelhanças e suas diferenças; acredito em uma abertura total ao mundo laico e ateu, que pode muito ensinar à religião. Não obstante isso, preocupo-me em consultar fontes acadêmicas. Poderia utilizar inúmeros materiais de alta qualidade, não validados pelas regras acadêmicas. Faço, apesar disso, questão de ter um compromisso tanto com os que creem quanto com os que não creem e, de qualquer modo, mesmo entre os que creem em Jesus ou em alguma religião, a pesquisa acadêmico-crítica precisa sempre ser consultada para trabalhos como os do presente escopo. Outros ainda indagarão se este livro é católico: católico como representante da Igreja Católica Apostólica Romana, não! Não tem o selo do Vaticano (*imprimatur*) e nem o pretende ter; se entendemos, no entanto, católico na sua acepção original, como doutrina universal, poderemos dizer que este livro almeja ser o mais abrangente possível. Com *imprimatur* ou sem, *é, portanto, católico*. Seria protestante- -evangélico? Se protestante-evangélico significa o respeito restrito a princípios da reforma iniciada por Lutero, a tendência ao sectarismo desse paradigma ou o perigoso fundamentalismo típico de muitos biblicistas, não! Se protestante-evangélico significa, no entanto, o seu sentido originário, ou seja, um protesto a favor do evangelho e do ser humano, da 'essência' do cristianismo, um evangelismo, pautado efetivamente no Evangelho de Jesus, *é, portanto, protestante-evangélico*. Seria este um livro ortodoxo? Se por ortodoxo se entende o apego ao tradicionalismo e a fidelidade a determinados valores de uma época específica ou a típica tendência a rejeitar críticas por conceber a própria tradição intocável e perfeita, não, este livro não tem nada de ortodoxo; se ortodoxo significa, no entanto, o respeito à história cristã, à capacidade de manter importantes e úteis tradições éticas humanas, a busca sincera pelas origens cristãs e como atualizá-las para o mundo de hoje, este livro *é, portanto, ortodoxo*. Seria um livro espírita? Se por espiritismo se entende a doutrina espiritualista, codificada por Allan Kardec, cujos princípios básicos giram em torno da existência da alma, de sua imortalidade, comunicabilidade entre vivos e 'mortos' e a reencarnação, não, esse não é um livro espírita; se espírita significa, no seu aspecto doutrinário didático, uma doutrina espiritualista moderna, que busca pautar seus estudos na ciência, na religião e na filosofia e, por isso, dialoga com o mundo em que vivemos, sem dogmatismos, em busca de uma fé pensada, *é, portanto, espírita*.

É preciso, sobretudo, ter em mente que Jesus não era nem católico, nem ortodoxo, nem protestante, e que esses segmentos são modos diversos de compreender Jesus. Todas as sérias abordagens são bem-vindas quando queremos nos aproximar do homem-Jesus.

O leitor ainda encontrará muitas referências à cultura e religiões judaica e islâmica, além de alguns panoramas da história do cristianismo. Isto se dá porque uma reflexão religiosa, teológica, de cunho acadêmico de nossa época, precisa (assim creio) se enriquecer sempre com a cultura diária das pessoas, isto é, com a religião real que elas vivem (e não somente com a religião ideal).

Numa época em que nos diferentes setores do conhecimento vanguardista se constrói uma nova constelação mundial de valores, com esforços por novos consensos básicos entre todos, pautados na liberdade, no pluralismo e na convivência, Jesus é um interessantíssimo homem para esse momento, com suas convicções sobre o ser-humano. Uma nova demanda global tem de irromper, exigindo dimensões pós-colonialistas e pós-imperialistas, pós-capitalistas e pós-patriarcais, interreligiosa, por isso sendo chamado, por alguns teóricos, de um 'mundo pós-moderno'. Então, haverá uma interpretação de Jesus pós-moderna? E que interpretações seriam estas? Sejam quais forem,

Jesus também é uma fonte infindável para a criatividade, seja ela pautada em discursos acadêmicos, seja ela totalmente livre destes critérios e cuidados. De minha parte, no presente momento, conceituo uma abordagem de Jesus como aquela que inclua seriamente a diversidade das nações, a economia ecossocial, a sociedade de prestação de serviço e de comunicação menos desigual, de companheirismo e de respeito pela sexualidade própria e alheia, numa cultura pluralista e integral, numa comunidade mundial multirreligiosa e ecumênica. Rejeito qualquer antimodernidade radical e rejeito o reinstauracionismo pré-moderno que tem dominado setores importantes de nossa sociedade nacional e internacional. Acredito que irrompe uma constelação nova de valores no mundo e o Jesus histórico tem inesgotáveis recursos de contribuição para nossa época.

Tenho autocrítica suficiente para saber que este livro tem seus limites e não o pressuponho inatingível a críticas. Quando elas forem sérias e bem embasadas, meditarei com zelo para, caso seja necessário, retificá-lo.

Quem foi Jesus? Isto é, que indivíduo foi esse e, extensivamente, que caráter particular ele detinha que o distingue de todos os demais seres de sua época e o eleva ao rol da meia dúzia de grandes líderes religiosos que mudaram a humanidade? Que atributos ele tinha, espirituais e racionais, qual era sua consciência de si mesmo, quais seus valores morais íntimos, qual sua capacidade de agir, qual o objetivo de vida que impunha a si mesmo, secretamente? Em se tratando de qualquer ser humano, uma resposta absoluta é impossível. Em se tratando de um homem com essa dimensão histórica, creio ser mais 'absolutamente impossível' defini-lo; entretanto nada nos impede de nos aproximarmos dessa pergunta, nada nos impede de rascunharmos uma resposta sobre "quem foi Jesus". No caso do presente livro, buscaremos 'sondar quem foi Jesus' por meio de uma análise histórica e ecumênica.

Aquele que desejar ter um acesso introdutório à situação das fontes neotestamentárias, na pesquisa contemporânea; à autenticidade historiográfica do Novo Testamento; às questões das adulterações ocorridas na Bíblia; ao problema das intrincadas traduções; ao objeti-

QUEM FOI JESUS? 17

vo real dos evangelistas ao descreverem Jesus; às causas das conflitantes narrativas entre os evangelhos; aos erros históricos, geográficos e científicos presentes nas escrituras; à diferenciação entre o Jesus histórico e o Cristo dogmático da fé, encontrará informações contidas na primeira parte do livro. Para alguns, entrar no universo desse estudo requer essas informações, pelas quais poderão se informar sobre dúvidas que, se não solvidas, podem atrapalhar a aproximação com o estudo sobre Jesus. Para outras, não é necessário tamanha precisão. Seja como for, disporemos dessas informações para o leitor. Também nessa primeira parte, o leitor terá informações básicas que possibilite compreender o horizonte histórico de Jesus, o judaísmo do século I. Para tal, oferecerei uma breve introdução à história do judaísmo, de Abraão até Jesus.

A aventura do conhecimento sobre Jesus é fascinante. Paralelamente ao estudo a respeito deste homem, há uma infindável soma de livros sobre a história do cristianismo, as variadas concepções cristológicas ao longo desses dois milênios de estudos, as implacáveis críticas contra a doutrina cristã e suas consequências na mentalidade ocidental. A pluralidade dessa investigação é de abismar. Dei-me conta, ao longo da pesquisa, de quantos temas ainda necessitam ser mais debatidos na academia. Há ainda terreno para muita pesquisa e é infinito o espaço para a criação e a interpretação em torno de Jesus. Atraídos por sua contemporaneidade, empreendemos uma apaixonada investigação sobre este homem, o maior protagonista da história. Existe farto material sobre a Bíblia e sobre os livros neotestamentários. Utilizei-me dos mais recentes estudos acadêmicos, assim como de um franco diálogo com a diversidade das teologias do século XX, esperando poder oferecer uma leitura interessante.

SOBRE AS REFERÊNCIAS DO LIVRO

Utilizei-me de diversas bíblias na presente obra, por considerar que todas atendem a necessidades diferentes de estudo, de acordo com seus projetos de tradução. Nas notas de rodapé, quando for citado expressamente o texto bíblico, o leitor poderá identificar de qual tradução eu extraí o excerto. Quando o leitor notar um colchete no texto bíblico, este sinal, [ ], não provém da tradução; é uma inserção minha, para sinalizar alguma informação de base histórica ou linguística que facilite a leitura do versículo.

Quando a tradução aplicada no corpo do texto for a da Bíblia de Jerusalém, não haverá nenhuma sinalização especial, uma vez que essa foi a Bíblia mais usada.[1] Quando a tradução utilizada for a de João F. Almeida Atualizada, utilizarei a sigla JFA.[2] Quando a tradução utilizada for a da Bíblia King James atualizada (em português), utilizarei a sigla BKJ. Quando a tradução for o *Novo Testamento*, de Haroldo Dutra Dias, utilizarei a sigla HDD.[3] Quando a tradução do texto neotestamentário tiver sido feita por mim, utilizarei o asterisco (*) no final da passagem ou no rodapé. Cabe informar que preferi utilizar com mais frequência as traduções de H. D. Dias e da Bíblia de Jerusalém. A primeira por ser repleta de notas de rodapé, sendo uma tradução rara, porque bastante transparente. A segunda, porque

---

[1] *Bíblia de Jerusalém*. 1ª edição. 9ª reimpressão. São Paulo: Paulus, 2013.
[2] *A Biblia Sagrada: Antigo e Novo Testamento*. Trad. Joao Ferreira de Almeida. Brasília: Sociedade Bíblica do Brasil, 1969.
[3] *O Novo Testamento*. Trad. Haroldo Dutra Dias. Brasília: FEB, 2013.

considero excelente a qualidade da pesquisa e do trabalho feito pela *École biblique de Jérusalem*.

Há vasto material enciclopédico sobre o judaísmo, o cristianismo e o islamismo. Consultei os melhores manuais. Indico ao leitor especialmente a excelente Encyclopaedia Judaica,[4] em vinte e dois volumes; a Encyclopaedia of Islam,[5] em treze volumes; a Encyclopedia of World Religions;[6] a Encyclopaedia Britannica[7] e The Oxford Dictionary of the Christian Church.[8]

Consultei diversos manuais sobre o Jesus histórico.[9] A literatura sobre o tema é muito vasta em inglês[10] e em alemão. Quanto às demais notas de rodapé com referências bibliográficas, indiquei ao leitor, quando havia a possibilidade, os livros em português. Quando não foi possível, busquei os livros em espanhol, mas quando não foi possível nenhuma das duas opções, indiquei-os em inglês ou em alemão.

Quando utilizei o texto bíblico em grego, consultei-o pela edição conhecida como *Byzantine-Majority text*.[11] Consultei, igualmente, fosse para a versão grega, fosse para a versão latina, o *Novum Testamentum Graece et Latine*,[12] a edição do Vaticano.

---

[4] *Encyclopadia Judaica/* Fred Skolnik, editor-in-chief. 2nd edition. Thomson Gale.

[5] *The Encyclopaedia of Islam*. New Edition. Leiden; E. J. Brill, 1986.

[6] *Encyclopaedia of World Religions*. Encyclopaedia of World Religions.

[7] *Encyclopaedia Britannica*. Encyclopaedia Britannica. Londres, 2006.

[8] *The Oxford Dictionary of the Christian Church*. Oxford University Press, 1997. Edited by F. L. Cross.

[9] Há poucos livros sobre o Jesus histórico em português. As principais referências são: THEISSEN; Gerd; MERZ, Annette. *O Jesus histórico, um manual*. 2ª ed. São Paulo: Loyola, 2004; BARBAGLIO, Guiseppe. *Jesus, hebreu da Galileia: pesquisa histórica*. São Paulo: Paulinas, 2011.

[10] Para não me estender demasiadamente, apenas citarei o nome dos principais autores de manuais sobre o Jesus histórico, facilmente encontrados em inglês: G. Bornkamm, O. Cullmann, N. Perrin, H. Braun, C. H. Dodd, F. Hahn, C. F. D. Moule, J. Riches, J. Blank, E. P. Sanders, W. Simonis, P. Fredriksen, M. de Jonge, E. Richard, J. Gnilka, J. D. Crossan, N. A. Dahl, J. P. Meier, R. Schnackenburg, L. Boff, E. Schillebeeckx.

[11] *The New Testament in the Original Greek*. Byzantine Textform. 2005. Complied and arranged by Robinson and Pierpont.

[12] *Novum Testamentum Graece et Latine*. Curis elaboratum Gianfranco Nolli. Libreria Editrice Vaticana, 2001.

Quem foi Jesus?

Uma nota ainda, de esclarecimento ao leitor exigente com os critérios acadêmicos. O presente livro foi escrito ao longo de nove anos, entre 2009 e 2018 e, infelizmente, alguns detalhes de referências bibliográficas em inglês, alemão e espanhol foram perdidos, especialmente informações como o nome da editora e o número da edição. Assim ocorreu, porque a pesquisa foi feita em diversas bibliotecas estrangeiras, e parte das anotações detalhadas foi perdida. Tentei completar as informações ausentes, mas quando não logrei êxito, preferi deixar, ao menos, para o leitor, o nome do livro e o nome do autor. Esse problema ocorre em um pequeno número de notas de rodapé e das referêcias. Peço-lhe desculpas, desde já.

Quanto às referências de nota bíblicas, elas seguem o padrão internacional, quer para a Bíblia hebraica, quer para a Bíblia grega (LXX), quer para a Bíblia Cristã. São as seguintes abreviações usadas neste livro: Ab, Abdias/ Ag, Ageu/ Am, Amós/ Ap, Apocalipse/ At, Atos/ Br, Baruc/ Cl, Colossenses/ 1Cor, 1º Coríntios/ 2Cor, 2º Coríntios/ 1Cr, 1ª Crônicas/ 2CR, 2ª Crônicas/ Ct, Cântico dos Cânticos/ Dn, Daniel/ Dt, Deuteronômio/ Ecl, Eclesiastes/ Eclo, Eclesiástico/ Ef, Efésios/ Esd, Esdras/ Est, Ester/ Ex, Êxodo/ Ez, Ezequiel/ Fl, Filipenses/ Fm, Filêmom/ Gl, Gálatas/ Gn, Gênesis/ Hab, Hababuc/ Hb, Hebreus/ Is, Isaías/ Jd, Judas/ Jl, Joel/ Jn, Jonas/ Jó, Jó/ Jo, Evangelho segundo João/ 1Jo, 1ª João/ 2Jo, 2ª João/ 3Jo, 3ª João/ Jr, Jeremias/ Js, Josué/ Jt, Judite/ Jz, Juízes, Lc, Evangelhi segundo Lucas/ Lm, Lamentações/ Lv, Levítico/ Mc, Evangelho segundo Marcos/ 1Mc, 1º Macabeus/ 2Mc, 2º Macabeus/ Ml, Malaquias/ Mq, Miqueias/ Mt, Evangelho segundo Mateus/ Na, Naum/ Ne, Neemias/ Nm, Números/ Os, Oseias/ 1Pd, 1º Pedro/ 2Pd, 2º Pedro/ Pr, Provérbios/ Rm, Romanos/ 1Rs, 1º Reis/ 2Rs, 2º Reis/ Rt, Rute/ Sb/ Sabedoria/ Sf, Sofonias/ Sl, Salmos/ 1Sm, 1º Samuel/ 2Sm, 2º Samuel/ Tb, Tobias/ Tg. Tiago/ 1Tm, 1º Timóteo/ 2Tm, 2º Timóteo/ 1Ts, 1º Tessalonicenses/ 2Ts, 2º Tessalonicenses/ Tt, Tito/ Zc, Zacarias.

SUMÁRIO

Palavras de gratidão, 5
Apresentação para o leitor, 9
Sobre as referencias do livro, 19

PARTE I
Introdução

1. Em torno de Jesus, 27
2. Breve introdução ao judaísmo (de Abraão até Jesus), 37
3. A pesquisa crítica sobre a fonte primária: o Novo Testamento, 47

PARTE II
Quem foi Jesus?

4. Jesus e o judaísmo, 59
5. Jesus e a hierarquia, 95
6. Jesus e os essênios, 119
7. Jesus e os zelotas, 137
8. Jesus e Deus, 153
9. Jesus e o Reino de Deus, 165
10 Jesus, a Lei, o Sermão da Montanha e os fariseus, 183
11. Jesus e os 'moralmente fracassados', 209

12. Jesus, sua paixão e morte, 221
13. Jesus e sua ressurreição, 239

PARTE III
Conclusão

14. Quem foi Jesus? Quem é Jesus?, 281

Referências bibliográficas, 301

PARTE I

INTRODUÇÃO

1
EM TORNO DE JESUS

Galileu Galilei: um cônego, apaixonado por geometria e cosmologia. Sua inteligência excepcional fez dele o modelo do investigador inato de tal modo que toda a constelação científica formulada desde a Antiguidade desabou brutalmente com suas indagações. Galileu conseguiu a façanha de demonstrar matematicamente por que o Sol é o centro do Sistema Solar e a Terra é mais um entre tantos planetas. Esse dogma, durante séculos inquestionável, estava errado! 1.900 anos de aristotelismo caiu por água abaixo! Sua descoberta representou uma mudança inédita de paradigmas científicos. Pela primeira vez, a imagem bíblica do mundo foi afetada: nasceu a moderna ciência da natureza. O ser humano naufragou em sua orgulhosa posição de figura central do universo.

A nova formulação e metodologia de pensamento elaborado por Galileu imediatamente tornou-se perigosa para ele e para muitos, e ele tinha consciência disso[13]. Se a nova ciência tendia a ser contra as escrituras, era necessário ou permanecer com a ciência arcaica, ou professar a ciência que surgia e, consequentemente, desenvolver uma nova interpretação da Bíblia. A mudança de horizontes proporcionada pela nova ciência não abalou a religiosidade de Galileu. Ele continuaria sendo católico, a despeito de a inquisição da Igreja Romana

---

[13] Carta de Galileu Galilei a B. Castelli em 21/12/1613, em PASCHINI, P. Vita e Opere di Galileo Galilei, vol. V. Firenze: Casa, 1965, p. 281-288.

o colocar sob suspeita até o final de sua vida. Galileu foi o iniciador de um novo paradigma que nasceu; mas antes dele, precursores que prenunciaram caminhos semelhantes, por suas posturas iconoclastas, arcaram com suas 'rebeldias intelectuais', como Giordano Bruno, Tomasso Campanella e Lucilio Vanini.

A polêmica pró e contra Galileu incendiou mentes, proporcionando tensões entre a cosmovisão cristã medieval-romana e evangélico-protestante e um novo caminho nasceu, a modernidade. As inteligências sensíveis ao novo identificavam que, pela primeira vez, uma avalanche intelectual nascia fora dos muros eclesiásticos. Ainda assim, pensadores do século XVII esforçaram-se a favor da harmonia entre igrejas e a mentalidade científica matemático-mecânica. Homens como Descartes e Pascal, Kepler e Newton acreditavam em Deus e eram cristãos praticantes; no entanto, a falta de capacidade das igrejas para assimilar o novo paradigma moderno só contribuiu para o progressivo afastamento da ciência e da religião.

A nova mentalidade atingiu muitos pensadores das Igrejas (isto é, a maior parte da *inteligentsia* do mundo à época) com perguntas embaraçosas, como: afinal, o que a Bíblia contém de realidade? Estariam, as escrituras, erradas em relação à narrativa da criação da Terra em seis dias? O que afirmar sobre comprovações de que a terra não era o centro do universo, se nos livros bíblicos as afirmativas são opostas a essas? Estaria a 'Bíblia Sagrada' equivocada? Os seus autores seriam 'simplesmente homens' que erraram? A Bíblia é Palavra de Deus, ditada versículo a versículo, como uma psicografia? Ou somente pontos de vista de seus 'autores'? Como lidar com erros científicos contidos nas escrituras? Erros de Deus?

A busca de respostas extrapolou as dúvidas referentes à cosmologia e à teologia, visto que outras indagações, menos filosóficas e mais analíticas, começaram a ser feitas sobre a Bíblia: se há tanta diferença nos cinco livros escritos por Moisés, desde vocabulário, estruturas sintáticas e até informações divergentes, teriam sido, esses livros, escritos de fato por Moisés? Judeus e cristãos estiveram enganados por séculos? Teria existido Moisés? Décadas passaram-se e o debate, tanto para cristãos quanto para judeus, agravava-se. Não havia mais retorno!

Foi nos círculos germânicos onde nasceu a teologia iluminista. Contra dogmas, a favor da história de Jesus! – era o mote desses homens que se denominaram 'neólogos', em vez de teólogos. A história, uma nova abordagem científica, seria usada para estudar a Bíblia. Do mesmo modo que se analisa historicamente livros profanos, seria necessário fazer uma investigação crítica com relação aos escritos bíblicos. Foi o que propôs e realizou Johann Semler (1725-1791), em seu Ensaios sobre a investigação do Canon. Imediatamente a crítica se inflamou. Reimarus (1696-1768) salientou inúmeras contradições presentes no Novo Testamento, demonstrando elementos humanos tanto em Jesus quanto nos apóstolos. Baseado nas novas análises da filosofia e história semítica, concluiu que Jesus foi, na verdade, um Messias libertador político de Israel e como a ressurreição não passava de uma ilusão: o cristianismo primitivo era uma resposta a expectativas apocalípticas do século I, era uma facção do judaísmo a qual sobreviveu, transformando-se ao longo dos séculos.

Ainda no século XVIII, a filosofia de Kant (1724-1804) formulou conclusões extremamente complexas sobre a metafísica e seriam justamente as proposições por ele formuladas que levariam o pensar filosófico a reconhecer seus próprios limites. Não é por acaso que Kant é apelidado de o 'demolidor universal', pois ele transformou a subjetividade do pensar no fundamento da filosofia moderna. Seu intuito era o de permitir aos seres humanos deixarem de ser tutelados por tradições e normas de condutas preestabelecidas, a fim de poder, o homem, pensar por si mesmo, rompendo com qualquer dependência intelectual. Suas argumentações não têm nada a ver nem com a onipotência cega da razão, defendida por alguns pensadores iluministas, nem com a ingenuidade de certos religiosos. Inovadoramente, Kant elaborou um sistema filosófico no qual realizou o exame crítico da própria razão de que tanto advogava. Se, por um lado, ele defendia a grande autonomia racional humana, por outro lado ele demonstrou a limitação da própria razão.

Em 1833, foi publicado o bombástico e imediatamente famoso livro *Vida de Jesus*, de David Strauss (1808-1874). Foi esse polemista apaixonado quem fez a significativa divisão até hoje vigente na teologia entre o 'Jesus da história' e o 'Cristo da fé'. Strauss levou a crítica histórica dos evangelhos às últimas consequências: demitologizar a vida inteira de Jesus; manter somente a 'autêntica' verdade; eliminar todos os mitos em torno do Cristo. Strauss também foi o primeiro a identificar quanto o evangelho de João é repleto de conceitos teológicos; por conseguinte seria, segundo esse autor, menos confiável.

Nesse período, a modernidade estava instaurada e todos esses questionamentos sobre as escrituras eram típicos de um paradigma racionalista e progressista da modernidade, malgrado Roma condenar toda a modernidade sem abrir-se aos sinais de novos tempos. De igual modo, reagiram os protestantes de cunho fundamentalista, contrários à ciência natural, à filosofia e a exegeses modernas. Reações antimodernas da mesma natureza estiveram, de igual modo, presentes tanto no islamismo quanto no judaísmo, e são motivos de gravíssimos conflitos universais até o presente. A dura reação à modernidade gerou um novo tipo de fanatismo universal nas três grandes religiões proféticas do mundo. A mesma infalibilidade que alguns cristãos supõem encontrar na Bíblia cristã (ou no Papa), alguns judeus a supõem com relação à Bíblia hebraica (*halaká*) e alguns muçulmanos com relação ao Alcorão, tratando-os como livros inerrantes. Toda a crítica tipicamente moderna, nascida em ambientes cristãos e judaicos, resultou sumariamente construtiva, na medida em que a Bíblia se tornou o livro mais estudado e analisado do mundo, com portentosos eruditos que debateram acirradamente sobre cada frase, vírgula e conceitos bíblicos. Utilizaram-se da linguística, desvendaram situações jurídicas, religiosas e sociais de cada livro testamentário, analisaram a linguagem, a cronologia, os dados históricos, as inúmeras concepções teológicas existenciais e morais. Descobriram-se a idade, as origens, as fontes, a peculiaridade de cada um dos textos. Compararam-se as culturas extintas e ainda vivas. Investigaram-se as comunidades judaicas e cristãs do primeiro século e o significado de milhares de hinos, cultos, liturgias, legislações, etc. Um trabalho imensurável e inenarrável realizado até a atualidade.

O século XIX conheceu também a crítica que transbordou o tema Jesus Cristo e atingiu o tema Deus. Pela primeira vez na história do mundo, a existência de Deus transformou-se um tema obsessivo. Três nomes são suficientes para ilustrar a perspectiva: Nietzsche, Marx e Freud. A afronta atingiu níveis inimagináveis para um homem como Galileu: Deus foi 'analisado' exclusivamente como reflexo do ser humano, ou melhor, como o desejo do ser humano frágil, em que projeta algo além de si para se justificar na vida; ou também Deus poderia ser uma invenção, oriunda não de padres inescrupulosos, mas da carência de meios, da debilidade do ser ante um sistema opressor, do ser que necessita do além, já que nada pode fazer com o aquém, de homens e mulheres os quais se alienam como fuga da situação injusta do mundo e que, ao acreditar no Deus misericordioso e justo, alimentam ainda mais a situação social imoral da civilização; ou ainda Deus como uma projeção infantil, uma grande criação do desejo humano; Deus como impulsos indetectáveis conscientemente, como mecanismos psicodinâmicos inconscientes, os quais tentam afastar a extrema solidão, angústia e orfandade humana. Deus como autoengano que só nos gerou lágrimas, suor e sangue ao longo de todos os séculos, de nós, seres que simplesmente querem ser felizes, mas que se enganam a todo tempo. São questões complexas as quais abordaremos ao longo de nosso livro e que hoje, passadas algumas gerações, são ponderadas sob outros prismas, uma vez que até mesmo a embasada crítica sociológica, antropológica, psicanalítica e filosófica sobre a inexistência de Deus viu-se limitada em sua demonstrabilidade plena, não conseguindo ser o ponto final do tema, como algumas vezes se autossupôs.

* * *

A defesa de preconceitos, de modo disfarçado, como se fosse a proteção dos próprios valores, é uma das mais veementes demonstrações de falta de inteligência. É dessa atitude que não religiosos e religiosos precisam se despojar, caso queiram investigar sobre a religião ou sobre o ateísmo.

No que tange à religião, o tema é tão imbricado quanto na ciência. Tomemos como exemplo a causa de nosso estudo – Jesus. Esse é sempre um assunto difícil, seja num livro acadêmico, seja num livro religioso. Costumeiramente, quando se apresenta uma nova interpretação sobre Jesus, uma interpretação diferente da comumente conhecida, a inovação torna-se escândalo. Há tabu em tudo quanto envolva o nome de Jesus, mesmo entre os acadêmicos ateus. É chocante a audácia de alguns poucos em levantar temas diferentes, interpretações inesperadas, conclusões inimagináveis – formulações que ameaçam o mito Jesus.

Violar conceitos estabelecidos há milênios é tarefa árdua, pois é como se a sombra de um castigo divino pairasse sobre aqueles que questionam quando entram em contato com novas proposições. É tão proibido que, tão logo muitos religiosos começam a duvidar de algumas assertivas de suas religiões, tende-se a fingir que não se percebem as contradições que brotam em suas consciências ou, então, abandonam a religião. Adentrar temas, provocados pela dúvida, assusta. É mais fácil ser um crente cego ou um ateu irrefletido.

Jesus é ainda um tabu! Está interditado socialmente pensar alguns temas sobre ele, pois aquele que o fizer corre o risco de ao menos ser taxado de desrespeitoso (ou herege). Indagamo-nos: como um investigador sério, alguém que se faz perguntas, inquieta-se na tentativa de buscar respostas, poderá então lidar com a verdade se ela lhe é, grosso modo, socialmente proibida? Será que os 'propagadores das verdades' querem mesmo a verdade ou preferem a mentira, o engano, o dogma e a infalibilidade de conceitos? É por ser demasiadamente perigoso indagar de verdade que a maioria prefere silenciar e aceitar.

Se não há lugar para se enunciar dúvidas, sejam elas quais forem, há espaço amplo e aberto para a repetição do discurso decorado e conhecido. Quem é leitor voraz, frequentador de bibliotecas de temas religiosos e teológicos e acompanha o mercado editorial do tema religião, observa sem grande dificuldade a mesmice das publicações. Tratam-se, quase sempre, de repetições incansáveis do mesmo discurso. Esses 'pensadores' temem fugir do modelo, perder a identidade, não serem aceitos por grupos a qual estejam afiliados, e simplesmente imitam os modelos de suas referências. Apavoram-se de tal modo por não estarem na forma esperada que só poderão obviamente produzir discursos congelados e inflexíveis. Temendo os perigos que um estudo sério possa oferecer, repetem, incessantemente, clichês apreendidos anos antes, originado muitas vezes séculos atrás. Mais grave ainda: muitos desses autores, palestrantes, padres e pastores, supõem estar se aprofundando nos temas estudados. Como, se as premissas analisadas estão todas comprometidas com preconceitos enraizados? Que tipo de aprofundamento se dará, se não se volta às mais tênues origens e não se investiga, com rigor, em confrontação com opiniões divergentes, justamente as origens de certas concepções? Por que defender algo com tanta garra se sequer se conhece aquilo que se pretende defender? Ocorre a ilusão de que, por meio da repetição constante de ideias e sistemas, chegar-se-á, um dia, a um aprofundamento tal que o sentido das passagens evangélicas estudadas chegará a seu termo – o sentido total será, então, descoberto!

Primeiramente, é equívoca a ideia de um sentido total para uma passagem bíblica. Cada ser é um ser e a leitura se dará conforme as indagações de cada um – as respostas também são resultados da diversidade infinita de perguntas que as pessoas podem se fazer. Não se chegará jamais a um consenso fechado, definido, limitado, até porque, quando se lida com um bom material de estudo, os sentidos dos quais emergem estão sempre além do próprio texto analisado, havendo espaço para uma riqueza incalculável de compreensões, que nunca chegarão a um fim. A suposição de que há uma só verdade, uma só resposta, uma só interpretação empobrece qualquer estudo, limitando-o a argumentações monotemáticas. Talvez seja exatamente esse o desejo de pretensos estudiosos – é mais confortável reafirmar o afirmado e manter-se seguro na única interpretação aceita e vigente. Se assim for, retomamos o que anunciávamos acima: enclausura-se o objeto de estudo no desejo de segurança de quem estuda. Trata-se o próprio estudo como se ele fosse um mero objeto que servirá para a defesa de teses preconcebidas e previamente asseguradas. A limitação de semelhante visão e de semelhante trato com os estudos religiosos transforma o estudioso em um bajulador de ideias, em vista de ele estar sempre elogiando e reificando o que é aceito e determinado por uma 'classe de doutores'. Se a maneira de ler passagens bíblicas e o próprio Jesus está determinada, os autores desses livros e palestras apenas são uma máquina de repetição de si mesmos, produzindo os mesmos conceitos. Acomodar quem lê, na linguagem e conceitos habituais do leitor, no que ele já espera e presumivelmente aceita, é, portanto, a prática única possível para esses 'doutores da verdade'.

A gravidade de todo esse tema, em se tratando de estudos sobre Jesus, está justamente no fato de Jesus jamais ter sido representante da mesmice. Muitíssimo pelo contrário. Jesus é de uma originalidade impressionante e de uma liberdade de pensamento inédita na história. Jamais foi um alienado ou um acomodado. De modo algum! É triste notar a baixa qualidade de estudos sobre Jesus (é claro, há notáveis exceções), pois que ele próprio tinha a capacidade de despir os conceitos padrões de sua religião. Ele não se permitiu raciocinar como todos os homens e mulheres de seu meio raciocinavam. Ele quebrou a base segura e dada de interpretações do judaísmo e fez sua própria leitura de sua religião.

* * *

"O tempo está fora dos eixos."

– Hamlet, Shakespeare[14]

Escolher Jesus como alvo de nosso estudo requer necessariamente uma investigação que possibilite estabelecer uma relação entre nós e Jesus, observando rigoroso cuidado, para não confundir o homem real Jesus de Nazaré com a tradição que se formou sobre ele, ao longo desses dois mil anos. A relação entre nós e o Jesus histórico emerge a partir do horizonte que o próprio Jesus viveu, com informações de aspectos diversos que nos permitam uma aproximação criteriosa do homem Jesus, diferenciando-o quer do mito, quer do Cristo dogmático da fé.

O estudo sobre Jesus nos leva, se estamos desatentos, a cair em certos apriorismos conceituais; não é, contudo, possível desvendar um Jesus neutro, isento de interpretações, porque todo o intervalo histórico entre Jesus e os que têm interesse por ele interfere, inclusive nas perguntas que nos fazemos atualmente sobre Jesus. Sendo

---

[14] Shakespeare, William. *Hamlet* act I, scene 5. "The time is out of joint". Trad. Ana Amélia.

inevitável semelhante contaminação com a tradição cristã, ainda assim é fundamental o exercício de separarmos o joio do trigo. O trigo será o que conseguirmos depreender por meio de pesquisas acadêmicas, com o fito de fomentar interpretações fundamentadas sobre Jesus. Ainda assim, será inevitavelmente um Jesus interpretado, visto que o Jesus em si, para usarmos a expressão kantiana, não é factível de ser acessado. O joio encontra-se nas preconcepções existentes sobre Jesus, tenhamos ou não consciência delas, consolidadas por meio de todas as influências recebidas até o presente. Se somos abertos ao aprendizado, podemos inclusive nos esforçar para olhar Jesus com outras lentes, sem entendê-lo de modo automático, inclusive tendo humildade para descartar visões dogmaticamente concebidas, na religião ou fora dela. Evidentemente que, para esse processo, precisamos de disposição para abandonar nossa área de conforto intelectiva e cultural e para nos afetar com as tensões que possam emergir entre nossas estabelecidas concepções e aquelas propostas pelas pesquisas. É na tentativa de fazer perguntas novas (e velhas) e buscar respostas novas (e algumas velhas) que eu me proponho a fazer este estudo.

Desde o tempo em que a chamada *nouvelle histoire*, de origem francesa, realizou nova abordagem da história, com novas perspectivas temáticas e metodológicas, as pesquisas sobre Jesus submeteram-se inevitavelmente a novas tendências da historiografia. Representantes dessa escola, como Jacques Le Goff, realizaram investigações históricas pautadas não somente nos acontecimentos, mas também nas estruturas, nos modos de pensar, nas mentalidades, na história política de poderes, nos problemas espirituais das pessoas e das culturas. Estuda-se tanto os poderosos como também os grupos sociais diversos. As perspectivas das pessoas pobres e também a vida pública interessa muitíssimo. Desvenda-se a vida cotidiana, inclusive a vida privada. Ou seja, uma história que olha para o passado, minuciosamente, e que se orienta para o presente, criticando esse presente em virtude de entender que o passado só existe em função do que se pensa hoje, e que o hoje está intrinsecamente ligado ao que se foi no passado e continua sendo.

As novas relações com o espaço e o tempo, vividas nos séculos XX/XXI, só podem gerar novas leituras sobre Jesus. Assim sendo, abordaremos Jesus como um ser humano que não viveu somente no século I, durante trinta e três cronológicos anos de existência. Ele continha, em si, o resultado de muitas épocas da história judaica, uma história milenar àquela ocasião. Muitos dos problemas quotidianos que Jesus conheceu surgiram quatro séculos antes dele e ainda tinham vigência em sua época. Suas citações bíblicas demonstram que sua articulação com o tempo era imensa, visto como ele conseguia, de maneira muito impressionante, tomar posições com relação a seu presente, acertando as contas com sua época, ligando-se ao mesmo tempo ao que se denomina passado. Jesus percebia o quanto aquele passado estava tão presente, real e concreto. O futuro também fermentava seu ser. É impressionante a conexão exata de tudo o que Jesus viveu e falou com os longos dias desses dois milênios, desde o seu nascimento. Em momento algum dessa trajetória, ele tornou-se figura obsoleta e isenta de historicidade. São tempos distintos que se articulam numa só pessoa.

Para nós melhor apreendermos a contemporaneidade de Jesus, é preciso sondar o seu contexto cultural, o seu *sitz im leben*. Para isso, precisamos conhecer básicas informações sobre Moisés, Salomão e Isaías, quer dizer, é necessário conhecer, ainda que de modo abrangente e genericamente, ao menos a história do judaísmo, de Abraão até Jesus. Nesse esforço plural, almejando ser pós-confessionalista, ecumênico e interconfessional, pretendemos transitar.

2
BREVE INTRODUÇÃO AO JUDAÍSMO
- DE ABRAÃO A JESUS

Conhecer a história de Jesus é adentrar o mundo judaico do século I.[15] Sem judaísmo não haveria cristianismo; consequentemente, sem conhecer o judaísmo do século I, não se poderá conhecer o Jesus histórico. Para se adentrar na historicidade dos fatos, é preciso esclarecer um argumento importante, por óbvio que seja: o judaísmo da época de Jesus não é o judaísmo de nossa época. Tampouco o judaísmo do século I é o mesmo transcrito em alguns dos principais livros sagrados judaicos. Entre a constituição da religião dos hebreus, que ocorreu com Moisés, e o nascimento de Jesus, há uma distância de pelo menos mil e duzentos anos! Consequentemente, quando se aborda o tema judaísmo, há de se perguntar qual judaísmo e de que época. Infelizmente, nos países cristãos há uma enorme confusão com essa resposta. Habituados à leitura cristã dos acontecimentos judaicos, a maioria considera que o Deus expresso por Josué é o mesmo que o Deus expresso nos Salmos do rei Davi e é o mesmo do período grego, apresentado nas lutas de Jó. Também se acredita ser o mesmo Deus da Mishná e do Talmud, e o mesmo da Idade Média judaica e o de Moses Mendelssohn. Há, nessa leitura linear, não apenas o desconhecimento histórico, mas também uma certa concepção idealizada do Deus de Jesus em oposição ao

---
[15] No final do capítulo, apresentaremos as referências básicas para o estudo da história do judaísmo.

37

'Deus dos judeus', em que o primeiro seria a manifestação sublime do amor e o segundo, a manifestação antropomórfica de um Deus dos exércitos, a tolerar a vingança. Para fugir desse estereótipo nefasto, apresentaremos brevemente a história do judaísmo. Ademais, convém conhecer ao menos introdutoriamente essa história, porque alguns dos temas expostos por Jesus relacionam-se não apenas à sua época, mas também contêm elementos críticos de períodos anteriores da história judaica.

Apresentar a história de Israel não significa disputar com os fatos ou com as interpretações aceitas pela maioria dos religiosos judeus, sobretudo considerando que nosso objetivo é apenas introdutório. É necessário haver o esforço, por parte do leitor, para adentrar a história como os judeus a pensavam em cada época, como eles a apresentavam, evitando discussões comparativas entre aqueles períodos e o nosso. Desse modo, não cabe debater, nesta introdução, sobre a existência de Adão, de Noé, de Caim ou de Abel, conforme nos é narrado no livro Gênesis. Deve-se antes, como estudioso interessado e sério, compreender que essas figuras fundadoras da história dos hebreus eram importantes personagens no horizonte dos homens do século I. Se hoje há uma crítica histórica ao criacionismo bíblico, com a história de Adão e do paraíso sendo interpretadas como mitos, não foi desse modo que Jesus e os discípulos abordaram a temática. É essa vontade de se aproximar da história sem preconceitos que nos permite, efetivamente, nos relacionarmos com um homem que viveu no século I e, por meio dele, descobrirmos o quanto há para ser dito por esse homem, Jesus, para o mundo de hoje, independentemente de o leitor defender algum credo religioso.

O exemplo do dilúvio é sintomático. Efetivamente, trata-se de uma pré-história hebraica e tem conotações simbólicas importantíssimas. Embora haja enorme controvérsia nas pesquisas arqueológicas sobre a existência de um dilúvio, um fato é determinante para a análise cultural histórica: o dilúvio é apresentado como sendo a 'Vontade de Deus'. Noé agiu como um líder moral obediente à vontade de Deus. Esse é o conteúdo que interessa para esta leitura introdutória do judaísmo. Sendo mito ou sendo personagem histórico, a narrativa judaica apresenta, desde os seus primórdios, o Deus único e monoteísta como sendo a referencia da história judaica.

Diferentemente dos casos de Adão e de Noé, Abraão é, de fato, um mito formado a partir da existência de um homem histórico. Sua vida está descrita como uma grande saga. Viveu provavelmente em 1.800 a.C. – na Idade Média do Bronze! – e tem, como característica central, o fato de que com ele nasceu o monoteísmo absoluto. É verdade que outros povos ensaiaram um certo monoteísmo, mas com Abraão há uma característica especial: é Deus quem se autorrevela a ele, modificando o seu horizonte cultural por completo. A revelação não foi uma descoberta de Abraão, mas uma ação do 'Deus Único', que iniciou, portanto, segundo a unanimidade das teologias judaicas de todos os tempos, uma nova era na humanidade. Assim, a partir de Abraão, a cronologia do tempo entre os semitas passa a ser contada não mais como um ciclo da natureza, mas como o tempo detendo um começo, um meio e um fim. No começo, havia Deus. No meio, os seres humanos viveriam em busca de sua salvação. No fim, haverá Deus novamente. O tempo nada mais é do que o período de contagem no qual o ser humano existe, começando e terminando tudo com o poder absoluto, que é Deus. Essa concepção da divindade é inédita e não a encontramos, desse modo e com tanta clareza, em nenhuma outra cultura da região.

O conteúdo monoteísta propagado por Abraão também tem conotações éticas, políticas e religiosas inéditas na história da humanidade: Deus passou a ser a autoridade suprema, a única a ser respeitada em absoluto, a única a ser valorizada plenamente. Desse modo, não existe nenhum outro Deus diante de Abraão e de sua descendência, assim como não há nenhuma outra força a dominar seus descendentes: nem o dinheiro, nem o poder, nem o sexo, nem os rituais – apenas Deus, como o único soberano.

Houve um longo tempo entre Abraão e Moisés, aproximadamente 600 anos de diferença entre um e o outro grande líder. Nesse período, narra-se a história da dupla sucessão de Abraão, sendo a que se originou de um de seus filhos, Isaac, e a que se originou de outro de seus filhos, Ismael. Os hebreus, etnia que compôs os judeus, provêm de

40 ANDRÉ MARINHO

Isaac. Os árabes, segundo reclamam para si, derivaram de Ismael. Há muitas peripécias interessantes dos netos de Abraão, Esaú e Jacó, bem como a habilidade e astúcia do filho de Jacó, José, bisneto de Abraão.

Quando o hebreu Moisés nasceu, o povo que havia 'inventado' o monoteísmo (ou, segundo a própria visão judaica tradicional, 'para quem Deus se autorrevelou') estava escravizado no Egito. O monoteísmo abraâmico puro estava fraquejando, dado que, embora houvesse ainda a crença no Deus único, não havia uma religião sistematizada que pudesse realmente delimitar uma série de práticas de culto. Moisés é um líder bíblico tão imenso quanto Abraão. Para ele, Deus se autorrevelou, renovando a Aliança com o povo hebreu. Com Moisés, Deus não apenas reafirmava sua aliança com os hebreus escravizados no Egito, mas também Deus se autorrevelava explicitamente, legando ao povo mandamentos éticos, jurídicos, civis, morais, higiênicos, administrativos, alimentares, penais, processuais etc. Era o próprio Deus quem estava revelando, por meio de Moisés, uma Lei, a Lei de Deus, que deveria ser obedecida pelo povo. Esse compêndio legal, do qual os dez mandamentos são os mais conhecidos no Ocidente, era interpretado como uma demonstração de amor de Deus para proteger seu povo; afinal, ter uma Lei não era ter um privilégio, e ser escolhido por Deus não era ser especial: era ter um compromisso e uma missão.

A vida de Moisés foi épica. Liderado pelas vozes, que ele atribuía a Deus, buscou libertar seu povo da escravidão e, com a proteção de Deus e sem positivas perspectivas militares, foi à guerra, conduzindo o povo para a fuga do Egito para uma terra que houvera sido prometida por Deus, uma terra de onde emanariam as maiores dádivas, Canaã. Canaã situava-se além do vale do Nilo. Foi necessário contornar o golfo de Suez até alcançar o Mar Vermelho, para então subir pelo Golfo de Aqaba, contornando desse modo o deserto pelas regiões mais costeiras da triangular Península do Sinai, para conseguirem alcançar o que é hoje o extremo sul de Israel, ultrapassando o deserto de Negev para, por fim, alcançarem a região entre o que é hoje a Faixa de Gaza e o Mar Morto. O percurso pelo deserto foi extremamente difícil: mortes, sede, fome, revolta do povo hebreu, dúvidas. As dificul-

QUEM FOI JESUS? 41

dades são historicamente narradas no livro do Êxodo. Durante aquela travessia dura e áspera, uma religião foi nascendo a partir da própria revelação constante de Deus, que liderava o povo na fuga. Notem que não se trata de uma autoeleição do povo hebreu. Não é desse modo que as narrativas bíblicas apresentam os fatos. Deus elegeu um povo e lhe garantiu uma Terra Prometida, desde que o povo o reconhecesse como a 'autoridade suprema'. Moisés morreu antes de entrar na Terra Sagrada. Quem liderou o povo, após sua morte, foi Josué. Uma vitória estrondosa deste pequeno grupo: era um povo eleito por Deus, com uma terra prometida por Deus e conquistada pelo próprio Deus para o povo, em uma aliança selada com o Único Deus. Que sucesso! Que originalidade e identidade dos hebreus! Os ânimos estavam em seu auge: "Deus a favor dos hebreus!".

A tomada da Terra Sagrada se deu de modo bastante controverso, segundo os estudiosos contemporâneos. Havia outros povos na região, dentre eles os cananeus. Não se sabe ao certo o quanto foram incorporados à nova cultura e religião hebraica ou o quanto foram simplesmente expulsos do território. Décadas se passaram e o povo organizou-se em uma 'federação', na qual havia uma coesão política e de fé, liderados por juízes de cada tribo. Cedo, os acontecimentos modificaram um importante paradigma nessa história. As ameaças externas aumentavam, povos vizinhos queriam dominar a Terra Sagrada por Deus. Com o crescimento da tensão entre o povo, surgiu a demanda de se eleger um rei. Um rei? Sim, o que significa que havia uma profunda mudança teológica na mentalidade dos hebreus que, na época de Moisés, considerariam um rei o protótipo de uma adoração humana, vulgar, competindo com a unidade de glória e poder de Deus. Os tempos eram outros. Escolheram popularmente o rei Saul, que por 8 anos não conseguiu estabilizar as tensões com os vizinhos estrangeiros. Canaã chegou a ser atacada pelos filisteus e esses ganharam importantes batalhas. Antes de Saul cometer suicídio, um outro jovem ascendia ao poder, marcando a história do judaísmo de modo inédito: Davi.

Sobre o Rei Davi, a historiografia tem se debruçado de modo bastante abrangente. Era ele outro gênio que nasceu entre os hebreus. Extremamente religioso, ambicioso e audacioso, sua vida é uma saga histórica. Conseguiu Davi unificar as tribos em torno da monarquia, organizar um exército, implementar impostos únicos, fomentar uma identidade nacional entre o povo eleito. Não apenas: Davi expandiu as fronteiras, resolveu questões de litígio com estrangeiros; conquistou, por fim, Jerusalém. Sua política exterior expansiva é uma referencia para todos os judeus, inclusive para o movimento sionista do Estado de Israel. A coincidência não é fruto do acaso: o fato de a bandeira de Israel ostentar a estrela de Davi dá-nos a dimensão do quanto esse rei, de carne e osso, foi idealizado. Na sucessão dos séculos, tornou-se fonte de uma ideologia régia. Transformou-se, ainda, na imagem do libertador ideal, o Messias que deveria surgir, aquele que imporia a soberania de Deus perpetuamente. O rei Davi não apenas foi retratado ao longo dos séculos como o orador e o profeta exemplar, o observador rigoroso da lei – conforme as narrativas do judaísmo medieval –, como também no próprio cristianismo Jesus é idealizado como sendo o 'descendente direto do rei Davi'. No islamismo, Davi (*Dawud*) é igualmente reverenciado, a ponto de ser considerado o inventor da 'encadernação dos papiros' e de ser apresentado como o khalifa de Deus por excelência.

Após a tumultuada sucessão do reinado davídico, seu filho, Salomão, assumiu a liderança dos hebreus. No reinado de Salomão, a desigualdade começou a crescer na Terra Sagrada, a ponto de a permissividade com a escravidão de prisioneiros de guerra passar a ser comum. Mas como o povo que um dia foi escravo no Egito agora permitia a escravidão em sua terra sagrada? Sinais das mudanças dos tempos. A partir de Salomão, a monarquia gradualmente foi-se afastando do povo, de tal modo que a morte do rei representou, em 927 a.C., a separação da Terra Sagrada em dois reinos: o Reino de Israel, do Norte, e o Reino de Judá, do Sul.

Começou o período de lágrimas dos hebreus. Nesse momento histórico, surgiram importantes homens, verdadeiros inspirados que se comunicavam com Deus e que não representavam nenhuma classe social ou profissional. Eles não eram necessariamente fiéis aos reis: eram os profetas. Seus objetivos visavam reestabelecer a fé no Deus único, alertar o povo contra as contradições entre a política e a cultura

Quem foi Jesus?

e a revelação divina. Deveriam, com uma mensagem severa e consoladora, propagar a 'paz dos povos' e a 'fidelidade' do povo a Deus. São dos momentos mais lindos da história dos judeus. Esses intimoratos homens legaram para a humanidade o que há de mais belo nos livros da Bíblia hebraica: são os livros proféticos. As páginas de Amós a defender os oprimidos contra a luxúria dos ricos; a paixão de Oséias, ao falar do amor de Deus que era desprezado pelo povo; os exaustivos poéticos alertas de Isaías contra as artimanhas políticas; os ensinamentos de Jeremias sobre a amizade íntima com Deus fazem dos profetas judeus os modelos de base social para a história do Ocidente.

Não obstante esse esforço, o reino do Norte, Israel, foi tragado pelos Assírios entre 733-722 a.C, deixando de existir, o que foi evidentemente uma tragédia nacional. O Reino do Sul, Judá, manteve-se a duras penas, sempre ameaçado pelos assírios, de tal modo que, com a problemática situação política, a religião se esfacelava e a Aliança com Deus parecia ter sido rompida, conforme os profetas haviam alertado. O rei Josias (639 a.C. – 609 a.C.) tentou, ainda, implementar uma importante reforma religiosa, mas o destino do Reino de Judá foi igualmente trágico: os medo-babilônicos invadiram Asur e Nínive. O grande Templo de Salomão foi destruído, Jerusalém foi disputada entre os egípcios e os neobabilônicos, o Estado político de Israel havia desaparecido e só seria restituído, *in jure,* em 1947, após a Segunda Guerra Mundial.

Não obstante essas terríveis batalhas, os judeus, seja como etnia, seja como religião, sobreviveram na distante Babilônia (na região entre o que é hoje o Iraque e o Irã), para onde as autoridades foram deportadas. O Salmo 137 e o 1º capítulo de Lamentações narram-nos a terrível experiência da extinção do reino de Davi, da destruição de Jerusalém e do Templo, do desaparecimento das dez tribos, da ocupação por estrangeiros de Judá, da classe dirigente judaica executada e, alguns, deportados para a Babilônia. Surgiu, então, – e dura até hoje –, a diáspora judaica.

Na distante Babilônia, a religião judaica era praticada de modo mais rigoroso: mais respeito à Torá (os escritos sagrados atribuídos à Moisés), mais zelo na circuncisão, mais obediência ao sábado! Os judeus compreenderam uma importante lição para sua religião: era possível obedecer a Deus mesmo se as pessoas não estivessem na terra sagrada. São lindas as páginas do profeta Ezequiel, do Segundo Isaías e de Lamentações sobre esse duro período. Mas a história ainda mudaria.

Quando Ciro II tornou-se rei da Pérsia (Estado sucessor da Babilônia), estabeleceu uma política de moderação. O Império Persa permitiu a reconstrução do Templo e o retorno dos judeus a Jerusalém. Não obstante inúmeras colônias de judeus da diáspora tenham sido estabelecidas, o retorno à terra sagrada não foi capaz de desfazer a dispersão do povo. Deve-se considerar, igualmente, que tanto Ciro II quanto seu sucessor, Dario, o Grande, permitiram aos judeus a moradia em Israel, mas não lhes devolveram juridicamente o território; deviam, portanto, os judeus, viver em seu próprio país sob o domínio do Império estrangeiro.

Na sucessão dos traumas e dos tempos, houve outros líderes, como Xerxes, e outros importantes judeus, como Neemias e Esdras. Dessa terrível experiência, a elite religiosa judaica passou a centrar sua religião na espiritualidade da Lei, quer dizer, toda a vida deveria ser regulada pelas Leis reveladas por Deus, guardadas nas sagradas escrituras. Deus estava, Ele mesmo, manifestado na palavra da lei. Os profetas se calaram, mas as leis falaram em alto brado. Igualmente o 2º Templo ganhou maior centralidade na vida religiosa, com mais rigorosos rituais e maior clericalização das autoridades religiosas. As crises políticas entre os persas sucederam-se e, a cada nova tensão, mais importância ganhava a Lei e o Templo entre os judeus. Filipe II da Macedônia, entre 359 a.C. e 336 a.C., venceu por fim a Babilônia, de tal modo que em 336 a.C. Alexandre Magno, da Macedônia, havia dominado partes importantes do Império Persa, inclusive Israel. Uma nova transformação iria ocorrer, sob os auspícios da cultura grega (Macedônia).

É controverso o quanto os mestres que surgiram em Israel entre os séculos IV e III a.C. já sofriam a influência da rica e poderosa cultura grega. As evidências inquietantes revelam o protagonismo do antropocentrismo helênico ocorrendo dentro da própria cultura monoteísta judaica. O livro de Jó, por exemplo, nada se assemelha às narrativas sobre Elias, nem Provérbios, Eclesiástico e Eclesiastes assemelham-se aos profetas Amós, Oseias e Miqueias. Jó é um ques-

QUEM FOI JESUS? 45

tionador, que profere gritos de revolta e de contemplação; Provérbios copia a literatura sapiencial egípcia e versa tanto sobre a 'sabedoria divina' quanto sobre a 'sabedoria humana'. Eclesiástico – livro não reconhecido pelo cânone judaico – aborda temas como a liberdade e Eclesiastes, um dos mais sofisticados livros bíblicos, considera, em alguns de seus capítulos, a vida um ato de incoerência, sem importância. Tudo isso seria influência da cultura grega?

Sabe-se, com precisão, que Israel renovou sua arquitetura, suas artes, sua organização econômica e mesmo o idioma grego passou a ser a segunda língua falada na nação. Nesse período, importantes filósofos buscaram conciliar os ensinamentos judaicos com as diversas escolas de filosofia clássica da Grécia. Foi o trabalho de sábios judeus da diáspora de Alexandria, como Aristóbulo e Fílon.

No plano político, o desastre da liderança dos selêucidas (um dos sucessores de Alexandre Magno), especialmente de Antíoco IV Epífanes (215 a.C. – 162 a.C.), fomentou a revolta popular que Israel necessitava para lograr sua independência. Com a violência de Antíoco IV, roubando o grande Templo, um levante militar judaico, conhecido como a Revolta dos Macabeus, conseguiu, depois de grandes tormentas, derrotar os selêucidas. Depois de 400 anos, os judeus eram donos de seu território.

O período dos Macabeus foi o mais importante para o contexto de estudo sobre Jesus. Ali, triunfaram as ideias de fim dos tempos e da expectativa do fim, conceitos apocalípticos, conforme nos narra o Livro de Daniel. Igualmente, a reação popular se deu basicamente de quatro modos. Um grupo defendeu que deveria se preservar tão somente a autonomia religiosa e intelectual de Israel, considerando esse objetivo superior ao objetivo político de soberania nacional. Eram os *piedosos*, mais tarde o grupo que comporá o farisaísmo. Outro grupo defendeu a 'fuga do mundo' como solução para a salvação e a manutenção da Aliança com Deus. Foram denominados *essênios*. Outro grupo, rico e poderoso, decidiu manter-se em aliança com os selêucidas (e posteriormente fizeram alianças com os romanos), eram os *saduceus*. Por fim, havia o grupo que defendia a luta política, eram os *macabeus*.

Apesar de todo esse esforço para responder ao tempo histórico, a situação não melhorou em nada. Do caos civil gerado pela revolta dos macabeus até o ano de 63 a.C., os judeus pouco desfrutaram de alguma paz em seu território, porque entre junho e dezembro de 63 a.C., um dos membros do triunvirato romano, Gnaeus Pompeius Magnus, da importante gens dos *Pompeii*, mais conhecido entre os romanos como Pompeu, o grande, conquistou Jerusalém. Iniciava-se a era em que Jesus propriamente havia nascido: a Palestina Romana[16].

---

[16] Há inúmeros livros de conceituados historiadores, sociólogos, antropólogos e arqueólogos sobre a história de Israel, desde Abraão, e mesmo antes, desde a tradição de Gênesis até a época de Jesus. As principais informações desse capítulo foram extraídas da excelente *Encyclopadia Judaica*, de Fred Skolnik, e também de Küng, em *El judaísmo, pasado, presente y futuro*.

3
A PESQUISA CRÍTICA SOBRE A FONTE PRIMÁRIA - O NOVO TESTAMENTO

Há basicamente dois tipos de fontes históricas para se consultar e analisar sobre Jesus: as fontes cristãs e as fontes não cristãs. A primeira envolve complexa pesquisa histórica, dado que os textos foram escritos de modo 'catequético', são textos com o objetivo de se comunicar com fiéis ou simpatizantes cristãos. Não obstante isso, um árduo trabalho para separar o que é histórico do que é dogmático tem sido feito há pelo menos dois séculos com resultados notáveis, conforme apresentaremos adiante. A segunda fonte, a não cristã, é interessante na medida em que 'comprova' a existência de Jesus, bem como o quanto, ainda no século I, as comunidades cristãs já eram notadas por observadores afastados de uma possível conversão ao cristianismo.

As fontes não cristãs contribuem pouco para o conhecimento acerca dos ensinamentos de Jesus. Elas são sempre breves, costumam ser concordes entre si e costumam relatar sobre a 'crucificação'. Não há mais, na historiografia, de modo geral, a ilusão de encontrar um relato neutro sobre qualquer assunto, aplicando-se esse conceito evidentemente a Jesus; os testemunhos não cristãos não servem, pois, para esclarecer algum ponto obscuro sobre a vida de Jesus que possa ter sido ocultado pelos evangelistas ou pelos mais antigos relatos dos cristãos que sobreviveram até hoje.

Apenas para citarmos algumas referências, há menção a "Tiago, irmão de Jesus, que é chamado Cristo", feita por Flávio Josefo, historiador judeu que viveu entre 37 e 100 d.C. Outra fonte de contexto judaico são as referências rabínicas, bastante controversas atualmente no estudo historiográfico. Uma delas, nas mais antigas tradições do Talmud (segundo o historiador rabino J. Klausner), pode conter referências implícitas a Jesus; entretanto o texto *bSanh*[17] 43a., do período tanaítico, explicita o nome de *Ieshu* e transmite informações sobre o momento da execução, bem como seus executores, e as acusações contra Jesus (feitiçaria). Outra referência encontramos em Mara Bar Sarapion, um filósofo sírio, estóico e pagão, que escreveu no ano 73, de modo simpático com Jesus, ao afirmar que ele seria um "sábio rei dos judeus"; mas as melhores referencias ainda são as dos escritores e estadistas romanos, por serem mais distanciados da cultura judaica.

Plínio, o jovem, que viveu entre os anos 61 e 120, em plena correspondência com o imperador romano Trajano, evidencia que conhece boatos difundidos sobre cristãos, que distingue sobre os castigos impostos aos seguidores de Jesus, bem como detém relatos de ex-cristãos.

Tácito, o grande historiador romano que viveu entre os anos 55 e 120, ao relatar o império de Nero, refere-se a "Cristo" e à influência do cristianismo "no mundo inteiro". Igualmente Suetônio, que viveu entre os anos 70 e 130, refere-se à expulsão de judeus de Roma, durante o Império de Cláudio (41-54), o que está em pleno acordo com a referencia cristã de Atos dos Apóstolos, expulsão da qual os judeus-cristãos também foram vítimas.

Ao cotejarmos as fontes não cristãs com as fontes cristãs, surge enorme debate sobre a avaliação dessas fontes. Desse modo, elaboramos, neste capítulo, informações mais precisas e detalhadas sobre as fontes cristãs, para o leitor sentir-se seguro para se aproximar do Jesus histórico.

---

[17] Babylonian Talmud: Tractate Sanhedrin. Disponível em: <http://www.come-and--hear.com/sanhedrin/sanhedrin_43.html>. Acesso em: 10 jul. 2018.

Quem foi Jesus?

Autenticidade histórica do Novo Testamento

O Novo Testamento, com seus 27 livros, é o volume mais estudado da humanidade. Nenhum outro escrito submeteu-se a tanta crítica textual e literária e a análises de todos os tipos na história da escrita humana. Obra alguma da antiguidade nos chega com tantas cópias diversas e tão semelhantes entre si, somando, no total, 5000 manuscritos descobertos do Novo Testamento. Há fragmentos do Evangelho de João que datam da remota data de 125. Acrescenta-se aos documentos os diversos livros dos padres e dos escritores eclesiásticos que aparecem a partir do ano 150 e seguem até 430, com referências inteiras de passagens neotestamentárias validando, historicamente, os inúmeros papiros que nos chegam. Há variantes nas formas ortográficas, mas poucas no conteúdo, especialmente nas frases lapidares de Jesus que ocorrem com impressionante exatidão.

Adulterações no Novo Testamento

A ideia de uma adulteração da Igreja ao Novo Testamento é fruto mais de um preconceito contra aquela instituição do que de uma fundamentação histórica. Se compararmos uma das mais completas coleções do Novo Testamento, o Códice Sinaítico do século IV (ano 350) com o Códice Vaticano, outra antiga coleção, copiada por volta de 300-315 d.C., não encontraremos a presença de graves adulterações. Os livros estão presentes atualmente no Museu Britânico e na Biblioteca do Vaticano, respectivamente, para acesso dos pesquisadores. Juntam-se a isso os diversos fragmentos egípcios anteriores, do século III, guardados na Biblioteca Bodmer, em Cologny, Suíça, na Biblioteca Chester Beatty, em Dublin, e nas diversas traduções da antiguidade dos textos nas versões latina, siríaca, copta, gótica, armênica, geórgica, etiópica, eslava e árabe. Somam-se os trabalhos do apologista cristão Justino que, em suas obras *Diálogo com Trifão* e *Apologias do Cristianismo*, escritas entre 150-160, conservadas até hoje, aparecem inúmeras citações neotestamentárias, para referirmo-nos apenas aos mais usados documentos. Onde haveria espaço para adulteração da Igreja ou de alguma instituição se esses documentos já foram exaustivamente examinados por pesquisadores não religiosos e apresentam uma unidade impressionante? Enganam-se os que acreditam que os 'originais' do Novo Testamento estão trancafiados na Biblioteca do Vaticano. Em diversos museus e bibliotecas do mundo encontram-se esses cerca de 5.000 manuscritos que nos chegam da Antiguidade para cá, sendo unanimidade entre os pesquisadores sérios a ausência de adulterações sérias nas versões hoje traduzidas e editadas pelas mais sérias editoras do ramo. Notem bem: não estamos afirmando que não há adulterações. Estamos enfatizando que, nas cópias utilizadas atualmente para publicação, há rigoroso processo de seleção a fim de que os trechos ou cópias adulterados não sejam transmitidos para o leitor em geral.

Deve-se enfatizar que há, sim, algumas cópias adulteradas. No ato realizado pelos copistas, sobretudo da Antiguidade e da Idade Média, ocorrem erros de ditado, confusão de letras, divisão incorreta de palavras em escrita contínua, repetição de palavras, transposições inexatas de passagens. Esses são erros acidentais que são identificados nas cópias; há, no entanto, mudanças deliberadas. Há, sim, aperfeiçoamento de ortografia e gramática, há sim adição de elementos diversos, há esforço de esclarecimentos históricos e geográficos (o que gera adulteração), há fusão de leituras propositais e há mudanças por motivos doutrinais. O importante de reconhecer as adulterações é a possibilidade de cotejamento e de identificação dos textos nos quais não há adulterações. De fato, a pesquisa contemporânea historiográfica consegue distinguir e, consequentemente, isolar os trechos ou textos com adulterações acidentais ou deliberadas. Desse modo, das 5.000 cópias hoje utilizadas, há naturalmente trechos adulterados, mas há, em número muito superior, trechos intactos e que têm autenticidade garantida pelo cotejamento com os adulterados. Há toda uma ciência historiográfica para a identificação das adulterações.

Traduções

Atualmente são usados para pesquisa e tradução principalmente 120 papiros que são comparados entre si e se mantêm bem conservados. Os papiros não duravam mais de 200 anos e os que temos, chegaram-nos por exceção.

QUEM FOI JESUS? 51

As versões mais antigas que sobreviveram do Novo Testamento são escritas em grego e acredita-se que tenham sido originalmente compostos nessa língua. O grego koiné, forma popularizada do grego clássico, foi falado entre os séculos III a.C. a III d.C como língua franca do império romano oriental. Acrescenta-se a essas pesquisas as antigas traduções do original grego vertidas para outras línguas, como o latim e o copta, possibilitando amplos caminhos de deduções e cotejamentos.

Traduções de textos clássicos são sempre delicadas. As famosas traduções de São Jerônimo, a Vulgata (para o latim, em 382), a de Lutero (para o alemão em 1522), a de Jakub Wujek (para o polonês em 1593) e a autorizada versão do Rei James (para o inglês em 1611) são exemplos de grandiosos trabalhos, mas na análise crítica contemporânea detecta-se um sem número de problemas de tradução. Hoje em dia, o quadro está certamente muito melhor, não só pela diversidade de fontes consultadas, mas também pelo progresso dos métodos de tradução e pela quantidade incontável de ponderados tradutores e estudos sobre cada versículo neotestamentário. A tendência a uma interpretação partidária ou dogmática às traduções bíblicas está naturalmente em contrário aos avanços. Bíblias católicas, protestantes, ortodoxas que interpretam certas passagens à luz de suas doutrinas perdem espaço para uma tradução secular e fortemente pesquisada e debatida. Os últimos grandes trabalhos de tradução não são feitos por um tradutor, mas por uma junta de pesquisa. É o caso, por exemplo, da Bíblia de Jerusalém que, mesmo sendo católica, mantem-se fiel ao rigor de pesquisa histórica e de tradução.

Entre os problemas doutrinários de difícil solução apresentados no Novo Testamento, tende-se a acusar a tradução como responsável pela deturpação de certos conceitos – é mais fácil assim proceder do que ter de enfrentar a dificuldade de não compreender determinadas passagens.

Objetivo dos Evangelistas.

Na primordial comunidade cristã após a ressurreição (pós-pascal apostólica), Jesus era visto como ser presente, manifestando-se em essência, ainda que invisível, mas vivo, atuante, sem pertencer a um passado. A fé era baseada na sincera crença de que ele se reunia à comunidade, presenciando o testemunho dos fiéis e os auxiliando. Suas palavras inicialmente foram transmitidas oralmente pelas pregações nas diversas igrejas nascentes. Segundo uma das mais aceitas correntes de pesquisa, em determinado período indefinido surgiram os relatos da paixão e das palavras de Jesus, sendo esses escritos fonte base para os evangelhos sinópticos (Mateus, Marcos e Lucas).

Os evangelistas não presenciaram todos os fatos narrados nos evangelhos, mas seguiram as tradições orais das comunidades. Marcos, por exemplo, não foi um dos doze discípulos, mas sua composição sobre a paixão de Jesus é considerada, por muitos estudiosos, a base das demais narrativas. Os evangelhos não se preocupam em fazer uma narrativa estritamente histórica, dentro dos padrões da historiografia contemporânea, tampouco cronometrar a vida de Jesus tentando traçar uma linha evolutiva ou mesmo uma biografia. Seus objetivos não são colecionar dados e fatos, mas fundamentalmente testemunhar Jesus Cristo. Seus relatos são marcados pela sua fé e, com o olhar engajado, narram-nos as ações de Jesus. Objetivam auxiliar a conversão do homem em relatos extremamente apaixonados e engajadores; isso, porém, não invalida o papel histórico dos evangelhos nem fazem deles invenções catequéticas dos discípulos. Estuda-se hoje a busca do que é puramente histórico e do que é interpretação dos apóstolos sobre Jesus; a pesquisa exegético-histórica segue bem avançada nesse terreno. Com propriedade, autoridades acadêmicas (linguistas, filólogos, antropólogos, historiadores, exegetas) afiançam que as narrativas evangélicas são seguramente mais históricas do que mitológicas. O fato de terem sido escritos poucos anos após a morte de Jesus (final da década de 60 até o ano 100) auxilia em muito na autenticidade (se compararmos com os primeiros relatos sobre Buda, que surgiram após 500 anos de sua morte).

Diferença dos Evangelhos.

Os quatro livros que constituem o Evangelho (Mateus, Marcos, Lucas e João) são diferentes entre si em uma série de quesitos, principalmente em direcionamento. Todos tinham o mesmo objetivo, anun-

QUEM FOI JESUS?

ciar a Jesus Cristo como Salvador, mas suas narrativas são orientadas para comunidades cristãs diferentes. Mateus escreve para a mentalidade judaica, desejando provar Jesus Messias. Toda a sua narrativa tem como foco a apresentação e a rejeição do Messias. Já Marcos, o mais breve e antigo evangelho, por meio de ditos, sinais e dos sofrimentos de Jesus, conta a história do Servo que se sacrifica e, sem adornos, instrui a comunidade judeu-gentílica (constituída de judeus e gentios). Lucas narra extensamente o advento, as atividades, os antagonismos e admoestações pelas quais Jesus passou. Autor também de Atos dos Apóstolos, seus tópicos se centram fundamentalmente na 'salvação dos perdidos' e sua escrita é direcionada muito mais para os gentios. Esses três evangelhos são chamados sinóticos, pois são semelhantes entre si e provém, segundo uma maioria de exegetas e pesquisadores, de uma fonte inspiradora, um pré-evangelho, chamado *Q* (inicial do termo alemão *Quelle*, fonte). João, totalmente diverso dos evangelhos sinóticos e último evangelista a escrever (ano 90-100) e a morrer, conduz toda a sua narrativa para os gentios, apresentando milagres e grandes discursos que abordam temas gregos como a encarnação do verbo para a salvação dos homens.

Erros históricos, geográficos e científicos no *Novo Testamento*

A teologia protestante do século XIX iniciou uma série de questionamentos ao cristianismo, como já os citamos. Surgiu pela primeira vez a necessidade de uma interpretação histórico-crítica da Escritura. Observaram-se erros de ordem geográfica, histórica e científica. Mateus 27:9, por exemplo, refere-se a determinada passagem como sendo profecia de Jeremias e constata-se o equívoco, pois era de Zacarias. Segundo os Sinóticos, Jesus morreu no dia da páscoa, e segundo João a páscoa ainda não havia chegado. Lucas fala de um recenseamento mundial, mas sabe-se hoje que foi de esfera local. Esses e outros inúmeros erros concretos demonstram que os autores do Novo Testamento (hagiógrafos) são verdadeiramente humanos, com a deficiência e fraqueza de qualquer autor e livro humano. O próprio Lucas em 1:1 não esconde essa natureza. A Bíblia não é um livro revelado a um profeta por um anjo, inerrante e infalível, como se entende o

Alcorão. Os enganos apresentados nos versículos não ameaçam, de modo algum, a autoridade das escrituras.

Jesus Histórico e Cristo Dogmático

O iluminismo, a partir das análises de Reimarus (1774), começou a olhar com outros olhos para as escrituras e a perceber, ao longo das décadas de estudo, que os evangelhos não apresentam uma biografia de Jesus, mas testemunhos engajados de fé e, como consequência, interpretações teológicas sobre Jesus. Surgiu o caloroso debate sobre o que era real, histórico, e o que era interpretação, dogma. Uma boa maneira de contemplarmos o fenômeno é por meio dos títulos que Jesus recebe no Novo Testamento. Os evangelhos falam que, em vida, Jesus nunca pleiteara nenhum título para si e, no entanto, aparecem mais de cinquenta no Novo Testamento (nomes como 'Filho de Davi', 'Servo de Javé', 'Senhor', 'Redentor', 'Filho do Homem', 'palavra de Deus'). Teria mesmo Jesus se entendido como 'Filho de Deus se esse era um termo usado pelos gregos para heróis e semideuses? E como 'Logos', uma complexa expressão verbal grega, com um significado estranho para ser aplicado a um homem, segundo a mentalidade judaica? E ainda 'Messias', expressão judaica que expressava a pessoa do salvador no fim do mundo, guerreiro e libertador das opressões políticas do povo – traduzido para o tão usual termo grego Cristo? Afinal, essas expressões aparecem com frequência e não se tratam de casos isolados. 'Filho de Deus' quarenta e três vezes; 'Logos', apenas cinco vezes, mas curiosamente somente nas obras escritas por João, e 'Messias-Cristo' com surpreendentes quinhentas e cinquenta e três aparições! A questão que fica, sem rodeios, é: Jesus se entendia e os apóstolos o entendiam, de fato, com todos os títulos que se lhe atribuiu? E se todos esses títulos não correspondessem com precisão ao modo como Jesus se via e se mostrava?

Concluiu-se, ao longo de décadas de estudos, que esses títulos continham em si significados profundos que eram frutos da contínua reflexão das comunidades cristãs e que eram atribuídos a Jesus como interpretações – chaves de entendimento – do que os próprios títulos encerravam. É interessante notarmos o quão a abordagem dos evan-

gelistas é diferente entre si. Mateus, evangelista dedicado aos judeus-
-palestinenses, abertamente entende Jesus como o Messias-Cristo ao
passo que Lucas, escrevendo para judeus da diáspora e gentios, entendia Jesus sob outra perspectiva, como sendo o libertador de qualquer tipo de opressão. João, por sua vez, último evangelho escrito
após muitas décadas de reflexão e muito influenciado pela cultura
grega, fala transcendentalmente de um Verbo encarnado, que é o caminho, a verdade e a vida. São três pontos de vista distintos sobre o
mesmo Jesus e são três pontos de vista interpretados pela comunidade e pelos evangelistas (já que os evangelhos refletem as concepções
teológicas das comunidades a que foram destinados).

Após a morte de Jesus, as diferentes interpretações surgiram, sobretudo porque, e isso é decisivo, *antes Jesus era o anunciador e depois da crucificação passou a ser o anunciado*. Aqui está a divisão do
'Jesus Histórico' e do 'Cristo Dogmático'. O homem real, humano,
aldeão, iletrado e até acusado injustamente pelos seus opositores de
beberrão e glutão era o que se chama 'Jesus Histórico'. Os versículos
que deixam escapar esses traços e informações não estão severamente
comprometidos com a mensagem e com a conversão. Eles não trazem
em si o peso de interpretações teológicas. Narram naturalmente, sem
objetivos doutrinários determinados, e retratam com simplicidade e
naturalidade fatos de provável origem genuína.

Já o 'Cristo Dogmático' parte do Jesus que havia sido crucificado
terrivelmente e que surpreendentemente, após 3 dias, ressurgiu re-
volucionando a compreensão dos discípulos sobre aquele homem.
Afinal, quem, após sofrer uma terrificante tortura após a morte, ressurge tranquilamente e prossegue seu ideal como se o fato da morte
não fosse o mais significativo e decisivo da própria história? Essa im-
pactante vivência (teremos ocasião posteriormente de analisá-la e inclusive pensar sobre a possibilidade de explicações plausíveis para a
nossa mentalidade atual) – a da crucificação e ressurreição – fez com
que Jesus passasse a ser alvo da pregação e ocorreu um deslocamento
de eixo. Esta mudança de paradigma deu origem à possibilidade de
o evangelho se tornar uma religião independente do judaísmo, fato
que ocorreu nas décadas seguintes. Rudolf Bultmann, um dos maio-

56 André Marinho

res teólogos protestantes do século XX, sacudiu o mundo teológico com sua exaustiva análise sobre a questão. Ele observa com lucidez o fenômeno ocorrido nas comunidades cristãs apostólicas, retratado nos evangelhos:

- no lugar da pessoa real e concreta de Jesus (após sua morte), entrou em questão a figura mítica do Filho de Deus;
- no lugar da pregação sobre o final dos tempos feita por Jesus – o Reino de Deus –, entrou em questão a morte na cruz, a ressurreição e seus significados;
- no lugar da obediência exclusiva a Deus, vivida e ensinada por Jesus, entrou em questão a obediência a Jesus e, posteriormente, à igreja.

Os evangelhos não apresentam uma concepção única de Jesus, mas diversas, distintas, com acentos totalmente diferentes. Em última análise, a questão da fé permanece intocável: o cerne da mensagem, a vida, a morte e a ressurreição são transmitidas.[18]

---

[18] Para informações introdutórias mais detalhadas, recomendamos ao leitor os seguintes livros:
Sobre a autenticidade histórica do Novo Testamento: TREBOLLE, Barrera, Julio. *A Bíblia judaica e a Bíblia cristã*: introdução à história da Bíblia. Trad. Ramiro Mincato. Petrópolis: Vozes, 1995.
Sobre adulterações: *Bíblia de Jerusalém*. Edição 1998. Paulus, 2002.
Sobre o Objetivo dos Evangelhos: ver o clássico SCHWEITZER, Albert. *A quest of the historical Jesus, a critical study of its progress from Reimarus to Wrede*. New York: Macmillan, 1948; CULLMANN, Oscar. *A formação do Novo Testamento*. 13ª ed. São Leopolso: Sinodal, 2015.
Sobre o debate sobre o Jesus Histórico e Cristo Dogmático, ver um resumo abreviado da questão histórica em: BOFF, Leonardo. *Jesus Cristo libertador*: ensaio de cristologia crítica para o nosso tempo. 22ª ed. Petrópolis: Vozes, 1986. Uma das referências máximas da questão, traduzido em língua portuguesa: BULTMANN, Rudolf. Teologia do Novo Testamento. Trad. Ilson Kayser. São Paulo: Teológica, 2004.

PARTE II

QUEM FOI JESUS?

4

JESUS E O JUDAÍSMO:FORÇAS ANTAGÔNICAS ENTRE IRMÃOS?

> Pois é impossível deixarmos de falar das coisas que temos visto e ouvido.
>
> Atos 4:20

É com certa desconfiança que alguns judeus ouvem o nome de Jesus. Não se trata de mera implicância. A história de judeus e cristãos é um vale de lágrimas e de sangue. O antijudaísmo[19] cristão esteve presente nos últimos dois milênios da história ocidental. Os judeus eram obrigados a suportar por séculos expressões como 'assassinos de Deus', 'traidores', 'povo judas', dentre outras. Essa hostilidade, iniciada nas ainda jovens comunidades cristãs, gerou gravíssimas consequências históricas e apontava para problemas futuros.

Hoje, a situação teológica entre judeus e cristãos está remodelada. Estudiosos cristãos reconhecem que Jesus era judeu e o quão é inevitável o aprofundamento mais sério no estudo do judaísmo, caso se deseje saber mais sobre Jesus. Judeus têm ensinado muito a cristãos sobre o que é o judaísmo atual e qual era o judaísmo da

---

[19] É preferível o neologismo antijudaísmo, já cunhado por outros autores, uma vez que antissemitismo significa aversão a povos semitas, constituídos pelos hebreus, assírios, aramaicos, fenícios e árabes.

época de Jesus. O contrário também é verdadeiro, há vários rabinos que estudam os evangelhos, a fim de sorver benefícios ao analisar o judaísmo de Jesus.

A animosidade ainda existente por parte de alguns judeus não é, necessariamente, em relação à pessoa histórica de Jesus, e sim aos próprios cristãos que, de modo nada respeitoso, frequentemente quiseram impor aos judeus que Jesus é o Messias, a 2ª pessoa da Trindade, superior à lei mosaica etc. O afastamento principal entre ambas as religiões não se limita à questão da 'raça' (problematizada somente na época moderna), mas a como certos cristãos e judeus defenderam a própria religião de modo absolutista. Examinando a aversão desses judeus, indagamos: como judeus poderiam conviver bem com uma igreja (desde o séc. IV até meados do séc. XX) que reclamava posse exclusiva das Escrituras Judaicas (e as denominou Antigo Testamento), utilizando-as somente para 'provar' as profecias a favor de Jesus-Messias? Como relacionar-se com uma instituição eclesiástica que declarava constantemente que o povo judeu era o culpado pela morte de Jesus e que o imperador romano e seu império eram o próprio Reino de Deus? Como um povo perseguido, sem pátria nem lar, poderia acatar pregações da igreja católica, que afirmava ser a legítima, verdadeira e única herdeira de Israel?

O sofrimento multimilenar desse povo é insuperável: as perseguições sistemáticas desde a época imperial constantiniana no século IV; as carnificinas durante as três primeiras cruzadas da Alta Idade Média (1096-1192); o concílio de Latrão (1215), na época de São Francisco de Assis, estabelecendo oficialmente uma série de violências sistemáticas e oficiais; a desumanidade da inquisição e da caça a hereges, forçando emigrações em massa para a Polônia e para a Rússia; a tentativa de Clemente IV (1265) de implantar um gueto judeu; o aniquilamento de mais de 300 comunidades judaicas, entre 1348 e 1349, consideradas as comunidades culpadas por espalhar a peste; a expulsão de todo o povo judeu da Inglaterra (1290), da França (1394), da Espanha (1492) e de Portugal (1497); as perseguições do movimento protestante, inclusive de Lutero (não de Calvino). O ápice da loucura e do horror culminou na indescritível 2ª Guerra

QUEM FOI JESUS?

Mundial, que contou com a participação de muitos 'cristãos', quando um terço do povo judeu foi assassinado! É realmente preciso muito esforço para qualquer judeu, ciente de sua cultura, conseguir respeitar as instituições cristãs!

Apesar de todo o trauma, desde o século XIX nasceu uma aproximação crescente entre judeus e cristãos. Para os cristãos, o paulatino reconhecimento da singularidade das Sagradas Escrituras judaicas deu abertura a uma pesquisa comum, admitindo o respeito intelectual inalienável que se deve a rabinos, o que só proporcionou uma rica pesquisa da mentalidade judaica, na "descoberta ou [n]o redescobrimento do judaísmo e dos judeus em seu valor próprio e naquilo que eles significam para a Igreja"[20] e para qualquer estudo cristão. As fantasias e mitos sobre Jesus são deixados cada vez mais à parte por ambos os lados. A pergunta sobre a condição judaica de Jesus é levada a sério.

Em 1838, na comunidade judaica francesa, publicou-se o livro *Jesus Cristo e sua doutrina*.[21] Descendente de judeus espanhóis, o autor, Joseph Salvador, elaborou uma reforma no judaísmo que unia cristianismo e judaísmo em uma única doutrina progressista. Seu movimento intelectual representou uma das primeiras iniciativas de se fomentar um diálogo moderno entre as duas religiões.

No início do século XX, era comum uma concepção simpática de rabinos sobre Jesus. Eles haviam chegado à conclusão de que o Jesus histórico não poderia ter ensinado nada que não pudesse ser dito por um judeu do século I, independentemente dele ser ou não o Messias. Para a pesquisa judaica, tornou-se determinante a investigação sobre Jesus e os apóstolos, porque o Novo Testamento é uma das fontes mais ricas sobre o judaísmo teocrático pós-exílico da época apocalíptica.

Em 1922, editou-se o livro mais famoso sobre Jesus escrito por um judeu. Seu autor, Joseph Klausner, escreveu-o em hebraico, publicando-o primeiramente em Jerusalém, e o intitulou *Jesus de Nazaré*,

---

[20] OESTERREICHER. J. *The Rediscovery of Judaism a re-examination of the conciliar statement on the Jews*. Institute of Judaeo-Christian Studies, Seton Hall University, 1971.

[21] SALVADOR, Joseph. *Jésus-Christ et sa doctrine. Histoire de la naissance de l'Église, de son organisation et de ses progrès pendant le premier siècle*. Bruxelles: Hauman et compagnie, 1838.

sua vida, seu tempo, sua doutrina[22] (*Yeshu ha-Nozeri, Zemanno, Hayyav ve-Torato*). Afirmava que "Jesus é mais judeu que os judeus e era perigoso para o judaísmo nacional precisamente pelo seu judaísmo exagerado". Klausner, um historiador sionista, entusiasta do movimento para reviver a língua hebraica (*Safetenu Ittanu*), estudou a literatura rabínica e por meio dela chegou a essas importantes conclusões sobre Jesus, havendo sido, sua obra supracitada, bem recebida em círculos cristãos e em meios judaicos progressistas.

Leo Baeck, um rabino polonês-alemão, defendia a ideia de que "a maioria dos expositores da vida de Jesus se esquecem de esclarecer que Jesus é um caráter autenticamente judaico em cada uma de suas ações, que um homem como ele só podia crescer em solo judeu. [...] Sua morte e sua atividade, seu comportamento e sentimentos, suas palavras e silêncios, levam o selo de uma índole hebraica, o cunho do idealismo judaico, do melhor que houve e há no judaísmo, e que só se deu naturalmente dentro do judaísmo. Ele foi um judeu entre judeus".[23] No que pese a simpatia com Jesus, Baeck rejeitou o cristianismo como religião, considerando-a 'romântica'. Ele explicita, inclusive, que o cristianismo aspira à salvação individual, ao passo que o judaísmo, a "religião clássica, aspira à redenção da humanidade e do mundo". Baeck era igualmente simpático ao sionismo, porém mantinha uma atitude crítica ao movimento.

A existência desse diálogo não pretendia catequizar judeus, mas, como o fez o grande intelectual judeu Martin Buber, expressar que Jesus é 'um grande irmão', além de contribuir para a afeição entre ambas as partes. Buber, aliás, um dos mais importantes teólogos judeus do século XX, tinha grande estima pelo cristianismo original, embora criticasse a dicotomia entre matéria e espírito, considerando-a de base gnóstica, con-

---

[22] KLAUSNER, Joseph. *Jesus of Nazareth: His Life, Times and Teaching*. New York: The Macmillan company, 1925.

[23] BAECK, L. *Harnack´s Vorlesunger über das Wesen des Christentums: Monotsscrift für Geschichte und Wissenschaft des Judeuntums*. 1901, p. 97-120, cit. 118. Do mesmo autor, há ainda, em ingles: *Judaism and Christianity; essays, translated with an introd. by Walter Kaufmann*. Philadelphia: Jewish Publication Society of America, 1958. Em alemão: BAECK, L. *Paulus, die Pharisäer und das Neue Testament*. Frankfurt am Main: Ner-Tamid Verlag, 1961.

Quem foi Jesus?

cepção ampla dentro do cristianismo, de um modo geral. Para o grande rabino, a magia e a gnose ameaçavam a verdadeira religiosidade.

Afinal, como diz David Flüsser,[24] outro importante pesquisador judeu, com Jesus, judeus podem refletir sobre rezar, jejuar, amar ao próximo, a importância do sábado, o juízo final e o Reino de Deus. Todas essas autênticas questões tipicamente judaicas eram as de Jesus. A pesquisa desse importante professor da Universidade hebraica de Jerusalém sobre o cristianismo pré-Paulino contribuiu muito para o estudo judaico sobre o Novo Testamento. Cada vez mais estudiosos judeus reconhecem em Jesus um grande judeu e até um grande profeta. Jesus, em pessoa, não foi um crucificado, como crucificado foi o povo dele? Não é ele a própria imagem do judeu incompreendido?

Schalon Ben-Chorin, judeu especializado em religiões, dedicou a vida ao importante diálogo judaico-cristão e escreveu uma das obras mais relevantes sobre Jesus. Ele afirma: "Jesus é para mim o irmão eterno, não somente o irmão dos homens, mas o irmão dos judeus. Noto sua fraterna mão que me pega para seguir. Sua fé, fé incondicional, a absoluta confiança em Deus-Pai, a disposição para se humilhar por completo diante da vontade de Deus, é a atitude que Jesus vive exemplarmente para nós judeus e que pode nos unir, a judeus e cristãos. Não é a mão do Messias, essa mão marcada por chagas, não é uma mão divina, mas uma mão humana, em cujas linhas estão gravadas o sofrimento mais profundo... A fé de Jesus nos une, a fé em Jesus nos separa".[25] Ben-Chorin dedicou grande parte de sua vida para evidenciar não apenas as diferenças entre judaísmo e cristianismo, mas sobretudo os elos, motivo pelo qual lançou vários livros para promover o diálogo entre as duas religiões. Seu esforço também foi muito importante no contexto do pós-Segunda Guerra Mundial, quando os afastamentos entre as duas religiões, bem como entre alemães e judeus, foi inevitavelmente maior.

O século XIX e a primeira metade do século XX conheceram o encontro sério entre judeus e cristãos. Não era uma fraternidade astuta,

[24] FLUSSER, David. *Jesus*. Jerusalem: Magnes Press, 1997.
[25] BEN-CHORIN, S. *Bruder Jesus. Der Nazarener in jüdischer secht*, München, 1967, p. 12. Em inglês: *Brother Jesus: the Nazarene through Jewish eyes – Schalom Ben-Chorin*. Athens: University of Georgia Press, 2001.

64 ANDRÉ MARINHO

como é padrão em certas medidas político-diplomáticas. Esse encontro entre irmãos – os judeus, os mais velhos; os cristãos, os mais novos –, fundamentado no sério estudo da Bíblia, gerava a possibilidade de convivência pacífica e construtiva entre a duas grandes religiões. Os avanços foram, porém, interrompidos pela demência nazista.

Não obstante isso, uma conquista foi realizada: a identificação do elo íntimo que o cristianismo tem exclusivamente com o judaísmo. De nenhuma outra religião o cristianismo herdou tanto. O próprio Jesus não fundou uma nova religião, mas entendeu o judaísmo de um modo particular. Sem judaísmo, não haveria cristianismo e, por mais que seja difícil para alguns judeus e também para alguns cristãos, não se conseguirá fugir: Jesus foi um legítimo judeu.

* * *

Tudo em Jesus, seu nome, sua família, sua cultura religiosa, seu povo, seus seguidores, sua Bíblia (*Tanak*), suas preces, sua comida são tipicamente judaicas. Ele acreditava no mesmo Deus Uno de Abraão; foi circuncidado e participava de rituais judaicos. Jesus não é um mito, é uma figura histórica. Pode ser perfeitamente identificado num espaço e num tempo. Nenhum pesquisador sério põe mais em dúvida sua existência. Não é uma lenda ou um semideus. Viveu no norte da Palestina, na pobre região da Galileia. Segundo algumas pesquisas, nasceu mesmo em Nazaré[26], uma aldeia tão pequena que sequer é mencionada na Bíblia judaica nem no Talmud, com menos de 2.000 habitantes, onde viviam quase todos em cavernas pobres, escavadas no calcário. Tinha irmãos e irmãs[27], era filho de

---

[26] Em todas as narrativas, Nazaré é a cidade da infância de Jesus. Levando em consideração Mc 6:1, em que há a explícita afirmativa de Nazaré ser a pátria de Jesus, podemos também considerar Mc 1:24, Mc 10:47, Mc 14:67 e Mc 16:6 como afirmações sobre a origem natal de Jesus. João ainda é mais enfático nas afirmativas em seu evangelho, Jo 1:45s e Jo 7:52. O nascimento em Belém apontados explicitamente por Lucas 2 e Mateus 2 parecem indicar muito mais a necessidade de filiar Jesus como descendente de Davi do que referência histórica. São discursos teológicos.

[27] Ver as explícitas passagens: Lc 2:7, Mt 12:46.47.49 Jo 2:12, 7:3.5, At 1:14, 1Cor 9:5; Gal 1:19. A justificativa sempre alegada a favor da afirmação de Jesus ser filho único é uma defesa da mariologia, que sustenta a crença na virgindade perpétua de Maria. Também se argumentou que a palavra grega *adelphos* (ἀδελφός), utili-

QUEM FOI JESUS?

um carpinteiro, que deu a ele[28] o nome de Yehoshú'a (*Iahweh* salva). Nasceu no ano 4 antes de nossa era[29] (houve um erro na contagem do calendário gregoriano). Era carpinteiro, tal como o pai. Uma informação de Justino Mártir, de meados do século II, afirma que José e Jesus construíam arados. Seu pai ensinou-lhe a Torá. Na Galileia, naquela época, não havia escolas de estudos bíblicos, embora hou-

---

zada para irmãos de sangue, poderia significar primo-irmão, como aparecem na Septuaginta, versão grega da Bíblia, em Gn 13:8, Tb 7:2 etc. Se o grego, contudo, tem outra palavra para primo-irmão, *anèpsios* (ἀνεψιός), por que os evangelistas não a usariam? *Anèpsios* é usado somente uma única vez no Novo Testamento e numa epístola de Paulo em Cl 4:10, para se referir a Marcos, "primo de Barnabé", fato sobre que a historiografia tem consenso estabelecido desde a antiguidade. Se Paulo conhece ambas as palavras, tanto em Cl 4:10, quanto em Gl 1:19 (Tiago, o irmão – *adelphos,* 'irmão de sangue' – do Senhor), por que ele faria essa confusão de sentidos lexicais? O grego koiné de Paulo não era fruto somente da leitura da Bíblia Septuaginta da diáspora, mas ele conhecia a língua grega por outras bases culturais não judaicas, além de ser o idioma falado em sua cidade, Tarso, fora da comunidade judaica. O estilo da pregação de Paulo, segundo Bultmann (Das Urchristentum im Rahmam der antiken Religionen, Zürich, 1949), por exemplo, é muito relacionado ao gênero da diatribe cínico-estoica grega. Também é equivocado afirmar que os Evangelhos sinópticos, Atos e João desconheciam a diferença dos vocábulos e os tratavam como se fossem um só. Esta defesa também desconsidera que os livros de Lucas, Atos e João foram compostos na diáspora e que seus autores, os hagiógrafos, não eram apenas os que levam os seus nomes, mas sim toda uma comunidade cristã que compunha os escritos, conhecedora do koiné, segundo as tradições testemunhadas e ouvidas. Ninguém nestas comunidades conhecia a diferença entre os vocábulos? É estranho, porque em todo o Novo Testamento são usadas 5.624 (cinco mil, seiscentas e vinte e quatro) palavras diferentes, isto é, uma riqueza lexical muito superior à maioria dos autores da época. Os evangelistas tinham a capacidade de dominar esses vocábulos, mas precisamente quanto a duas palavras fundamentais sobre a historicidade de Jesus, o fato de ele ter irmãos, os evangelistas não sabiam aplicar o grego? Parece-me insustentável a defesa de querer assumir alguns usos da palavra *adelphos* como primo-irmão e, em outras passagens, só porque não estão relacionadas com algum trecho sobre a família de Jesus, traduzi-las somente como 'irmão'. Hoje em dia, a maioria dos hermeneutas admite que Jesus não era filho único, e sim o filho mais velho, o primogênito (Lc 2:7).

[28] Mt 1:25.

[29] O debate é grande, mas a maior probabilidade é que Jesus tenha nascido nos últimos anos do governo de Herodes Magno, segundo Mt 2:1ss. e Lc 1:5, mais especificamente na primavera de 4 a.C., de acordo com os cálculos pensados a partir de Josefo (Ant 17,167.213; Bell 2:10), respectivamente: JOSEPHUS, J. The Works of Josephus. A. Hendrickson Publishers, 1987.

vesse uma sinagoga doméstica.[30] Sabia ler, mas há dúvidas se sabia escrever[31]. De qualquer modo, é certo que não tenha participado de nenhuma escola rabínica. Jogam-lhe à face: "Como pode ser ele versado nas Escrituras, sem as ter estudado?".[32] Ao que tudo indica, ficou órfão de pai ainda na juventude[33]. Sua mãe e seus irmãos não lhe compreendiam bem e chegaram a considerá-lo louco[34] mas depois de sua morte passaram a aceitar o Evangelho[35]. Uma antiga tradição afirma, inclusive, que seus sobrinhos-netos morreram perseguidos durante o império de Domiciano.[36] A historiografia mostra um Jesus muito sensível, inclusive com o contato com a natureza, pois com frequência retirava-se à noite para orar nas montanhas, diante do céu estrelado. Jesus tinha uma mente veloz e uma imaginação impetuosa. Ressoam nele as duras reprovações do Primeiro Isaías, bem como a doçura do Segundo Isaías. Ele conheceu os suspiros de uma alma sensível como o era Jeremias, assim como se impressionou com a indignação de Ezequiel. As dores narradas nos Salmos ressoaram em sua alma, assim como os bons augúrios ensinados por Daniel. Toda a tradição judaica mais genuína deleitou Jesus, influenciando-o completamente e, sem dúvida, engrandeceu o seu espírito. Em seu *Bar-Mitsvá,* aos doze anos,[37] já demonstra

[30] Mc 6:2; Mt 13:54; Lc 4:16.

[31] Muitos indícios apontam Jesus lendo. Ele mesmo afirma: "Então, nunca lestes...?". Ver Mc 2:25, 12:10; Mt 21:42; Mc 12:26; Mt 22:31; Mt 12:5; 19:4, 21:16. Não há nenhum indício dele escrevendo, salvo Jo 8:6, mas as inscrições não são reveladas e podiam ser símbolos, desenhos, letras etc. É ainda obscuro o significado dessa 'escrita' de Jesus.

[32] Jo 7:15. Também em Mc 6:2 e Mt 13:54.

[33] Não há citações de Jesus nem dos evangelistas sobre o pai de Jesus, José, em sua idade adulta, evidência de que ele já não mais vivia.

[34] As referências são explícitas: em Mc 3:20-35 e Jo 7:5.

[35] Maria é narrada de outra forma, no início da comunidade cristã. Ela é uma das que se unem aos apóstolos (At 1:14). Tiago, seu irmão, também foi uma das testemunhas da ressurreição (1 Cor15:7). Também outros irmãos de Jesus eram cristãos (At 1:14 e 1 Cor 9:5).

[36] CESAREIA, Eusebio de. *História Eclesiástica.* Vol. 15. São Paulo: Paulus Editora, 2017.

[37] Ritual celebrado para afirmar a idade adulta religiosa e legal de um judeu. Jesus não celebrou o *Bar-Mitsvá* contemporâneo, mas provavelmente a sua ida ao Templo, aos doze anos, tenha a ver com um ato legal de maioridade. Há relatos na literatura talmúdica sobre a cerimônia. Embora o *Bar-Mitsvá* esteja presente em

QUEM FOI JESUS?

uma inteligência acima da média.[38] O tempo de sua atuação pública foi pequena. Segundo os evangelhos sinópticos, Clemente Romano e Irineu, sua vida pública durou apenas um ano – foi essa uma das grandes discussões da Igreja Antiga contra a tradição do Evangelho de João que apresenta a vida pública de Jesus em três anos. Ao iniciar seu ministério, tinha cerca de trinta anos.[39] Morreu por volta do ano 30. Sua crucificação foi, segundo João (é a data mais aceita), no dia 14 do mês de nisã. Nenhum de seus juízes poderia imaginar que o calendário ocidental seria contado a partir do nascimento desse homem.

É impressionante sabermos que de um lugar tão remoto (a Palestina era considerada o fim-do-mundo para os romanos), tão carente e desprezado, num espaço geográfico tão pequeno, vivendo tão pouco e morrendo tão jovem, tenha vivido o líder da maior religião mundial (mais de um bilhão de adeptos)!

* * *

A interação entre judaísmo e cristianismo não deve ser feita somente por meio de belas analogias. É preciso tocar certas feridas, se quisermos realizar um transparente diálogo. Cristãos necessitam dizer: "confessei a ti o meu pecado, e meu erro não te encobri".[40] Judeus, por sua vez, dirão: "Ouvi isto, todos os povos, dai ouvidos, habitantes todos do mundo, gente do povo, homens de condição, ricos e indigentes, todos juntos!".[41]

Desde o século II, houve hostilidade entre ambos os grupos. A acusação de Jesus ter sido assassinado por judeus, às vezes ainda em voga, e a existência de expressões pejorativas com relação a judeus nos países de cultura cristã são identificadas, de maneira sutil, no Novo Testamento, mas não é exato culpar os evangelistas por propagarem essa rixa. O motivo da morte de Jesus não foi somente uma

---

toda a história judaica, o ritual só ganha este nome no século XV, quando a idade foi fixada em treze anos para os meninos e doze para as meninas. Ver Lc 2:41-50.

[38] Lc 2:41-50.

[39] Tomando Lc 3:23 como a única referência.

[40] Sl 32:5.

[41] Sl 49:2.

68 ANDRÉ MARINHO

implicância de autoridades políticas gerando um assassinato. As razões são mais complexas.[42]

Os primeiros seguidores de Jesus, após sua morte e ressurreição, fundaram na Palestina comunidades de fé, assembleias, que se denominavam no mundo grego *ekklēsía*, de onde provém a palavra latina *ecclēsĭa*, igreja. Integrantes dessas comunidades eram judeus da Palestina – liderados pelos 12 apóstolos – e judeus criados na diáspora – liderados pelos seis integrantes do grupo de Estevão.[43] Quando Estevão foi perseguido pelo Sinédrio, ainda na década de 30, por continuar pregando o evangelho mesmo após a morte de Jesus, os judeu-cristãos, formados na cultura da diáspora, fugiram da Palestina e fundaram o movimento cristão em terras gentílicas.[44] Nessa ocasião, além de judeus hebreus e judeus helenizados,[45] o movimento nascente do evangelho também começou a ter adeptos originalmente pagãos.

---

[42] Ver o capítulo "Jesus, sua paixão e morte".

[43] Desse modo concluíram historiadores que viram, na instituição dos sete discípulos da igreja primitiva, narrado em Atos 6:1-7, uma separação correspondente à ocorrida nas sinagogas judaicas, pois em algumas lia-se a Bíblia em hebraico e, em outras, lia-se em grego (para os judeus da diáspora que viviam ou estavam em Jerusalém). Ver, sobre cristianismo 'judaico': DAVIES, William David. *Paul and rabbinic Judaism*: some rabbinic elements in Pauline theology. London: S.P.C.K., 1948; SANDERS, E. P. *Paul and Palestinian Judaism*: a comparison of patterns of religion. Philadelphia: Fortress Press, 1977. Ver, sobre cristianismo e helenismo: MOMIGLIANO, Arnaldo. *On pagans, Jews, and Christians*. Wesleyan University Press: Distributed by Harper & Row, 1987; ROKEAH, David. *Jews, pagans, and Christians in conflict*. Jerusalem: Magnes Press, Hebrew University, 1982.

[44] Foram esses judeu-cristãos-helenistas que fundaram diversas comunidades gentílicas. Quando Paulo iniciou sua primeira viagem apostólica, entre 46 e 48, diversas comunidades já existiam, inclusive na capital imperial, Roma. Contudo, a importância de Paulo de Tarso no desenvolvimento dessas comunidades é fundamental.

[45] A clássica separação das raízes helênicas e judaicas do cristianismo, uma em oposição à outra, num contraste tipicamente hegeliano, já não é mais corrente entre os historiadores e exegetas atuais. Foram as descobertas arqueológicas de Nag Hammadi e as escavações de sinagogas em Cafarnaum, Corazaim, Tiberíades, que agitaram as correntes de pensamento estabelecidas desde Bossuet (séc XIV). Assevera, assim, o diagnóstico de BARRERA, Julio Trebolle, A Bíblia judaica e a Bíblia cristã: introdução à história da Bíblia. Petrópolis: Vozes, 1995, p. 38: "O decisivo é assinalar que mesmo o judaísmo palestinense era um judaísmo totalmente helenizado (Hengel), de modo que não se pode opor helenismo e judaísmo, como se fez por muito tempo. O judaico, assumido pelos primeiros cristãos, estava helenizado

QUEM FOI JESUS?

Eram não-judeus que desconheciam a cultura judaica, tinham dificuldades de compreender com exatidão o horizonte cultural de Jesus, mas mesmo assim aderiam à mensagem cristã. Na esfera semítica, os seguidores de Jesus eram chamados de 'nazarenos' ou 'nazoreus'.[46] No mundo greco-romano, o termo 'cristão', cunhado em Antioquia, provindo do título 'Cristo', prevaleceu. A palavra grega 'Cristo' (Χριστός, *Khristós,* o ungido)[47] aplicou-se para, de alguma forma, traduzir o conceito messiânico judaico para a cultura helênica.

Originou-se muito lentamente um primeiro movimento sincrético entre o judaísmo-cristão e a cultura grega, assimilação que resultaria, mais tarde (c. séc III-IV d.C.), na primeira grande virada de paradigma do cristianismo, deixando de ser, o cristianismo, judaico-apocalíptico, para se transformar no cristianismo ecumênico helenista, cujo maior representante na antiguidade foi Orígenes[48].

Menos de vinte anos após a morte de Jesus, levantou-se um debate entre os apóstolos sobre se os pagãos deveriam ou não se converter ao judaísmo, o que em última análise queria dizer se o cristianismo (nessa época já tinha esse nome) iria continuar sendo uma facção não legitimada do judaísmo ou se o cristianismo se transformaria em uma religião independente. A extensa divulgação territorial do evangelho em terras gentílicas até a Europa facilitava a emancipação do cristianismo. Muitos cristãos, oriundos do paganismo, não se sentiam motivados a cumprir certas observâncias de rituais judaicos, como

fazia tempo, e o helênico, que os primeiros cristãos puderam assumir, chegava-lhes através dos canais judeus".

[46] At 24:5.

[47] O termo *Cristo* não tinha muito significado para judeus palestinos. Ele aparece inúmeras vezes nos evangelhos, porque estes foram escritos em grego e o nome 'Jesus Cristo' significava, em aramaico, Jesus-Messias.

[48] Esta mudança de paradigma foi profunda. Orígenes fez da teologia cristã uma ciência. As concepções helenistas do cristianismo dessa época já viam em Jesus a encarnação de Deus, visão inaceitável para qualquer judeu do século I. As pregações, em vez de se centrarem na cruz e na ressurreição de Jesus, como era corrente entre os primeiros judeu-cristãos, era versada na encarnação e preexistência do Logos e do Filho de Deus. De modo também muito diferente dos judeus, que não 'teorizavam', e sim 'praticavam', os gregos eram contemplativos e teóricos. É preciso assinalar que, quando Orígenes nasceu, Jesus já havia sido morrido há pelo menos cento e cinquenta anos.

70 ANDRÉ MARINHO

faziam os discípulos judeus. Por fim, a separação foi se instaurando lentamente e a inimizade entre cristãos e judeus também. Havia uma tendência, por parte de cristãos, a depreciarem os judeus e verem no judaísmo uma religião incompleta, além de haver ressentimentos, por Jesus não ter sido aceito como o Messias. O antagonismo também existia por parte de judeus que entendiam o cristianismo como uma deturpação do judaísmo. A convivência forçosa entre ambos aumentou quando, em 135 d.C., todos os judeus foram expulsos da Palestina e tiveram de habitar terras estrangeiras, formando definitivamente a diáspora judaica. As comunidades cristãs da Palestina desapareceram completamente e também a liderança que essas comunidades exerciam com relação a cristãos de todo o mundo. Jerusalém era o centro do cristianismo. Por causa da invasão de 135 d.C., o centro cristão dispersou-se ainda mais.

Nessa época, o governo imperial romano tinha consciência de que o cristianismo era mais do que uma nova facção do judaísmo. Os romanos, que em geral eram tolerantes com as religiões, durante alguns períodos agiram com muita repressão e violência contra o cristianismo, percebendo antecipadamente a ameaça que aquela nova doutrina poderia fomentar na política. A intuição deles estava certa.

O cristianismo rompeu com o judaísmo fazendo concessões à cultura grega, "o que do ponto de vista judaico era um escândalo, e do ponto de vista romano, um perigo".[49] Cristãos, diferentemente de judeus, almejavam a conversão da humanidade inteira. Agiram habilmente, assimilando a cultura estrangeira. Teólogos dos séculos segundo, terceiro e quarto adotavam modelos filosóficos helênicos e transpunham-nos para a teologia cristã, como o fez genialmente Orígenes. Optaram ainda, nos cultos, pela língua grega – só em meados do século IV se firmou o latim. A arte paleocristã nasceu da pintura popular, com desenhos retratando peixes, trigos e uvas, símbolos representando os cristãos. As figuras desenhadas do Cristo Pantocrator, com olhos esbugalhados, nenhuma simetria, a Bíblia na mão e o dedo indicador apontado para o céu, como se Jesus fosse um professor, retratado apenas da cintura para cima, sem propor-

---

[49] TOYNBEE, Arnold. Helenismo. 4ª ed. Rio de Janeiro: Zahar Editores, 1975, p. 206.

ções, quer representar que o que interessa não é o realismo mimético, e sim a alma. Os efeitos dessa helenização foram evidentes ao cristianismo apostólico-judaico: o cristianismo passou a ter um aspecto mais teórico e contemplativo. Questões como as do 'Deus Encarnado' passaram a fazer parte do cotidiano das igrejas. A helenização evidente do cristianismo colocou-o em outro paradigma: era claro que o cristianismo não era mais judaico e nada mais tinha a ver com o judaísmo de Jesus. Sua preponderância foi tão grande que, até hoje, a forma de se entender Jesus é muito mais romano-helênica do que judaica.

Ao mesmo tempo em que se mostrava altamente flexível, o cristianismo herdava da intransigência judaica o exclusivismo de sua visão existencial e rejeitava o modo de vida helênico. Esse misto de liberdade e coerção repercutiu no mundo grego de maneira impressionantemente favorável ao cristianismo. Como elucida Toynbee, "os helenos da época imperial sentiam culturalmente falta de autoestima e viviam do passado de uma civilização morta. O cristianismo devolvia um pouco do significado e do estímulo por eles perdidos. Tornando-se membro de uma religião que era um crime capital, não faltavam estímulos heroicos para os adeptos. A capacidade de levar a própria doutrina às últimas consequências impressionava muito as pessoas, numa época carente de grandes ideologias. Esses mártires, constituídos, de modo geral, pela classe média inferior, nunca agiam de modo violento, em afronta direta ao Império, e não tinham uma ideologia política consciente. O processo de conversão dos cristãos era lento e progressivo. Há que considerar, sobretudo, a potência de coesão social dos cristãos, característica que atraía muita gente, tanto pobres quanto ricos".[50] O fato de todos os que tinham fé comum em Cristo se tratarem (e se considerarem) 'irmãos' e 'irmãs', independentemente da diferença étnica, social, sexual, era muito surpreendente. Também a rede de obras 'assistenciais' simples, porém eficientes, que os cristãos erguiam, sem a ajuda do Estado, era de pasmar: miseráveis, órfãos, enfermos, viajantes, viúvas, idosos e todos os tipos de necessitados, seguindo a famosa práxis

---

[50] TOYNBEE, *Helenismo*, p. 206.

de Jesus: "Se alguém quiser ser o primeiro, seja o último de todos e o servo de todos".[51]

Em 235 d.C., ao passo que as perseguições dominavam o ambiente, alastrava-se a adesão em massa ao cristianismo. "Uma Igreja cristã erguendo-se dentro do Estado mundial como um contra-Estado".[52] O cristianismo era uma força moral que moldava profundamente os últimos séculos da sociedade greco-romana.

Em 303 d.C., o culto a César não era mais a religião dominante. A terça parte do Estado Romano era agora cristã! Em menos de 300 anos, o cristianismo dominou o maior império mundial! O imperador Constantino tinha bom-senso (*realpolik*) suficiente para, em 313 d.C., não se opor ao cristianismo e até mesmo ser o primeiro imperador a converter-se. A virada do jogo estava estabelecida. Os pungentes sofrimentos do passado foram prontamente esquecidos. Em 392 d.C., o imperador Teodósio proibiu todas as religiões não cristãs de praticarem cultos e usou de força para extirpá-las. Não ser cristão se tornou um crime de *laese maiestatis*. Em 438 d.C., o imperador Teodósio II estabeleceu o *Codex Theodosianum, 438*, excluindo o judaísmo do Império! A tirania contra os judeus duraria mais 1.500 anos! Justamente, 1.500 anos depois, os judeus levariam um violentíssimo golpe: Hitler. Sem dúvida, o antijudaísmo cristão nada tem a ver com a pessoa de Jesus; relaciona-se, contudo, com o cristianismo como religião de Estado, como instituição e, posteriormente, como base cultural de estados 'laicos' e 'antijudaicos'.

* * *

A noite entre 9 e 10 de novembro de 1938 foi de terror. Tornou-se conhecida como *Kristallnacht,* a Noite dos Cristais, o primeiro dos grandes *pogroms* nazistas. A 2ª guerra mundial ainda não havia começado. Um ataque violento a todas as sinagogas, lojas e diversas habitações judaicas da Alemanha e da Áustria foi realizado pela SA, a Seção Tormenta. Nessa noite, 30.000 (trinta mil) judeus foram presos por defenderem seus lares, seus comércios e seus templos. 7.500 (sete

---

[51] Mc 9:35.
[52] TOYNBEE, *Helenismo*, p. 206.

QUEM FOI JESUS? 73

mil e quinhentos) estabelecimentos foram destruídos, incluindo cemitérios judeus, hospitais, escolas e casas. 267 (duzentas e sessenta e sete) sinagogas tornaram-se escombros[53] e mais de 1.000 (mil) foram queimadas. Rolos da Torá, bíblias judaicas e livros de oração também foram depredados. As famílias escutavam de suas casas a destruição do lado de fora. O pânico tomou conta das cidades. Gritos desesperados, o calor do fogo e o estalar dos vidros anunciavam o início da declarada fúria nazista. "Então toda a comunidade elevou a voz; puseram-se a clamar, e o povo chorou aquela noite".[54] De que modo os alemães e austríacos – denominados de 'arianos' – se portaram diante da destruição imoral das sinagogas? A grande maioria em silêncio. Nesse mesmo ano, 130.000 (cento e trinta mil) judeus fugiram da Alemanha e outros 520.000 (quinhentos e vinte mil) ali seriam mortos nos anos seguintes.

A 2ª Guerra Mundial foi o capítulo mais imoral da história humana. "Nunca um Estado havia decidido e anunciado com a autoridade de seu chefe-responsável matar a um determinado grupo de pessoas, incluindo anciãos, mulheres, crianças e lactantes, sem querer deixar sobreviventes, nem nunca um Estado tinha levado semelhante decisão à prática, com todos os meios dos quais dispõem um Estado".[55] O Holocausto, a *Shoah,* foi uma Catástrofe sem paralelos. Foi, como a historiadora Lucy Dawidowicz nomeou, "uma guerra contra os judeus".

O absurdo da perseguição nazista, que abrange desde janeiro de 1933 até setembro de 1945, só pôde existir porque houve um silêncio do povo, que se traduziu em consentimento. O teólogo católico, o suíço Hans Küng, em um livro referência no assunto judaísmo e cristianismo, editado em 1993, é muito claro em sua exposição sobre o assunto – sem os constrangimentos habituais que católicos sentem ao falar do tema. Ele afirma que "Adolf Hitler não foi um 'acidente laboral' da história alemã nem um 'joguete do destino'. Adolf Hitler subiu ao poder apoiado por uma amplíssima maioria do povo alemão e, apesar de todas as críticas, contou até o final com a impressionante

---

[53] FEINERMANN, Emmanuel; THALMANN, Rita. *La nuit de cristal.* Paris : R. Laffont 1972.

[54] Nm 14:1.

[55] JACKEL, Ebert e Piper. *Dokumentation*, p. 118.

lealdade da maior parte da população".[56] É verdade também que houve resistência política, mas ela foi exceção. Já em 1933, quando Hitler se tornou chanceler alemão, seu livro *Mein Kampf, Minha Luta* testemunhava seu ódio a judeus. Nesse mesmo ano, ele havia afastado todos os judeus das atividades pertinentes ao Estado. Em 1935, a publicação das leis raciais de Nuremberg, para "defender o sangue e a honra alemãs", eram conhecidas de todos os alemães. Ninguém foi pego de surpresa. Tudo aconteceu em público, à vista de todos. "Claro que é necessário estabelecer uma diferença entre os cabeças e o rebanho, entre os que dão ordens e os que as cumprem, mas somente com a finalidade específica de destacar com clareza a responsabilidade que recai sobre ambas as partes, pois a ditadura nazista não poderia ter nascido nem permanecido sem a sentença 'interessada' do 'homem da rua', sem o fascismo cotidiano. Não é menos certo, também, ainda que habitualmente se omita nos discursos rememorativos, que este regime criminoso não teria vez no poder sem a tolerância e a promoção das elites – em sua maioria conservadoras – que dominavam a burocracia alemã, na indústria, na justiça, na medicina, no jornalismo, no exército [...] Vale igualmente também para as universidades, para os estudantes e para os professores".[57] O resultado foi uma guerra aterrorizante, com 6 (seis) milhões de judeus assassinados e um total de 55 (cinquenta e cinco) milhões de mortos! O maior massacre dos últimos séculos.

A 2ª Guerra tem antecedentes mais complexos do que simplesmente o desvario de seu protagonista. Em sua origem, além da situação humilhante da Alemanha após a 1ª Guerra, as décadas do entre guerras sofreram o declínio do liberalismo, não só na República de Weimar, como também no Franquismo na Espanha, na ditadura portuguesa de Salazar, no Estado Novo brasileiro, na Guarda de Ferro da Romênia etc. Os fascismos, e mais precisamente o fascismo nacional-socialista de Hitler, autoproclamavam-se a salvação para as ainda frágeis democracias e consideravam o anticomunismo o e antiliberalismo os inimigos número um, colocando-os como algozes da sociedade. Com o desenvolvimento de grandes empresas capitalistas e de

---

[56] KUNG, Hans. *El judaísmo. Pasado, presente, futuro.* Trotta, p. 226-227.
[57] KUNG, *El judaísmo. Pasado, presente, futuro*, p. 226-227.

Quem foi Jesus?

movimentos trabalhistas, um ressentimento apoderou-se de homens que perderam suas posições sociais respeitáveis e que não encontravam mais lugar para si num mundo altamente dinâmico e comercial. "Esses sentimentos encontraram sua expressão característica no antissemitismo"[58] e a suscetibilidade desses homens e mulheres começou, no dizer de Hobsbawm, "a desenvolver movimentos políticos específicos baseados na hostilidade aos judeus no último quartel do século XIX em vários países. Os judeus estavam presentes em quase todo lugar e podiam simbolizar com facilidade tudo o que havia de mais odioso num mundo injusto, inclusive seu compromisso com as ideias do Iluminismo e da Revolução Francesa que os tinham emancipado e, ao fazê-lo, os haviam tornado mais visíveis".[59] A escolha do bode-expiatório estava feita: era muito conveniente, para os alemães, culparem os judeus por tudo o que se criticava na época: o racionalismo, o liberalismo, o libertinismo, o marxismo. Para os adeptos do nazismo, o veredicto de que os judeus eram os responsáveis pela crise econômica que arrasava a Alemanha (isto é, a República de Weimar) era definitivo. Com relação ao catolicismo, "o que ligava a Igreja não só a reacionários anacrônicos, mas aos fascistas era um ódio comum pelo Iluminismo do século XVIII, pela Revolução Francesa e por tudo o que na sua opinião dela derivava: democracia, liberalismo e, claro, mais marcadamente, o 'comunismo ateu'".[60] Verdade seja dita: o catolicismo *jamais* pregou o extermínio do povo judeu, mas acabou apoiando, direta ou indiretamente, a ascensão de Hitler ao poder.

Ainda que católicos, protestantes, agnósticos e ateus ignorassem o que aconteceria nos anos seguintes, quando a guerra já tinha começado, Walter Laqueur revela que "milhões de alemães souberam no final de 1942 que os judeus praticamente desapareceram. Rumores sobre o destino deles chegaram, principalmente, por meio de oficiais e soldados que voltavam à Alemanha da frente leste. Também nos discursos bélicos dos dirigentes nazistas as alusões eram claras que havia sucedido algo bastante mais drástico que um simples transpor-

---

[58] HOBSBAWM, Eric. *Era dos Extremos*. 2ª ed. São Paulo: Companhia das Letras, 2016, p. 123.

[59] HOBSBAWM, *Era dos Extremos*, p. 123.

[60] HOBSBAWM, *Era dos Extremos*, p. 118.

76 ANDRÉ MARINHO

te da população. O conhecimento de como se matavam os judeus ficou reservado a poucas pessoas. Relativamente poucos alemães se interessavam pelo destino dos judeus. A imensa maioria estava envolvida numa série de problemas que os afetava de forma pessoal. O tema era desagradável, as suspeitas não levavam a nenhuma parte, o pânico impedia de se discutir sobre o destino dos judeus. As considerações sobre essa questão foram deixadas de lado"[61].

Onde os protestos públicos de padres, pastores e fiéis cristãos contra o que ocorria? Qual foi a postura oficial das Igrejas diante da política radicalmente sanguinária? Silêncio. Essa é a palavra para os cristãos alemães e austríacos. Não o silêncio que evoca o respeito, a paz, o sagrado. Era o silêncio da falta de iniciativa, da indiferença, do medo, da passividade. Claro que não se pode obrigar cristão a cristão a uma postura de explícito repúdio ao nazismo. Também não devemos condenar os que não foram capazes de ser mártires. Religiosos são homens comuns, fracos na fé, frágeis nas ações, imaturos nas decisões. Precisamos assinalar, com máxima clareza possível, a diferenciação que pretendemos fazer, a partir de agora, entre indivíduos e instituições cristãs. Nada, absolutamente nada *exime* a postura frágil das instituições cristãs com relação ao holocausto judeu. É justamente das instituições cristãs, isto é, de uma agrupamento religioso instituído, que deveria seguir Jesus, que devemos cobrar e exigir uma postura com relação ao que ocorreu.

Importantes teólogos protestantes da igreja reformada manifestaram-se publicamente contra o nazismo, como Karl Barth (que foi expulso da Alemanha), Martin Niemöller (deportado a um campo de concentração) e Dietrich Bonhoeffer (morto em 1945, no campo de Flossenbürg). Barth escreveu um documento, a "Declaração Teológica de Barmen", orientando os cristãos protestantes diante das inúmeras dúvidas que tinham com relação ao nacional-socialismo de Hitler.[62] Tanto essa declaração, quanto a revista *Theologische Exis-*

[61] LAQUEUR, Walter. *The terrible secret: suppression of the truth about Hitler's "final solution"*. Harmondsworth, Middlesex, England; New york, N.Y., USA: Penguin Books, 1982.

[62] HOCKENOS, Matthew D. *A church divided: german protestants confront the nazi past*. Indiana: Indiana University Press, 2004.

tenz Heute, que ele fundou nessa ocasião, afirmavam que "só se tem uma verdadeira existência teológica quando se compreende que Jesus Cristo, e só ele, é o nosso guia, ao passo que não se tem existência teológica quando se invoca um guia eclesiástico, em vez de ser guia no serviço que se nos ordenou. Toda invocação a um *Führer* é tão vã quanto o grito dos sacerdotes de Baal: Baal, escuta-nos".[63] Baal é o símbolo da ameaça, para o judaísmo e para o cristianismo.

Uma ínfima parcela de protestantes aderiu à declaração de Barmen. Também do lado católico registram-se oposições, mas poucas. Quando Hitler ainda não tinha subido ao poder, "o cardeal Bretam, de *Breslau*, chamou o nazismo de 'um erro grave', e descreveu seu nacionalismo fanático como 'um delírio religioso que tem de ser combatido com o maior vigor possível'".[64] "Naquele mesmo ano, uma declaração oficial do Dr. Mayer, vigário-geral da arquidiocese de *Mainz*, determinou que os católicos estavam proibidos de votar em nazistas, devido à política racista do partido. [...] De qualquer forma, alguns dos bispos recusaram-se terminantemente a assumir uma posição contra o nazismo – e, sobretudo, contra Hitler".[65] Também o padre Barnhard Lichtenberg, prefeito de Berlim, além de reprovar publicamente as perseguições nazistas, todas as noites terminava a missa com uma oração especial pelos judeus e pelas vítimas da guerra. Foi preso, condenado a dois anos de prisão e acabou morrendo, aos 69 anos, a caminho do campo de concentração de Dachau. "Apenas sete católicos, em todo o Reich alemão, recusaram-se a prestar serviço militar [na condição de católicos]; seis foram executados, o sétimo foi declarado louco".[66] Na noite do Kristallnacht, apenas o prefeito do distrito oriental de Schlossberg foi para a frente da sinagoga de sua cidade, de uniforme, e afirmou: "como cristão e alemão quero impedir em minha jurisdição um dos maiores crimes. Não posso atuar de outra maneira".[67] Aquela foi a única sinagoga em toda Alemanha que não foi queimada. Somente um único

---

[63] MONDIN, Battista. *Os grandes teólogos do século vinte*. Trad. José Fernandes. São Paulo: Editora Teológica, 2003.
[64] JOHNSON, Paul. *História do Cristianismo*. Rio de Janeiro: Imago, 2001, p. 586-587.
[65] JOHNSON, *História do Cristianismo*, p. 586-587.
[66] JOHNSON, *História do Cristianismo*, p. 596.
[67] KUNG, Hans, El judaísmo. Pasado, presente, futuro, editorial Trotta, p. 235.

78 ANDRÉ MARINHO

bispo alemão, Clemens August von Galle, protestou em 1941, abertamente, contra o "monstruoso programa da eutanásia" de Hitler, e foi suficiente para gerar grande repercussão. Exceção notável ao silêncio foi exemplificada pela igreja católica holandesa e bispos luteranos dinamarqueses que expuseram publicamente uma postura a favor dos judeu; essas eram, no entanto, as ações de confronto de alguns raros católicos e protestantes alemães. Poderíamos ainda adicionar nomes de sinceros cristãos ligados à cúria, leigos e ateus, como Alfred Delp, Dr. Max Josef Metzger, Irene Sendler, Oscar Schindler, Nicholas Winton, Raoul Wallenberg, Zofia Kassak-Szczuzka, Jan Karski, Maximilian Kolbe, Aristides de Sousa Mendes, Luís Martins de Sousa Dantas, Aracy de Carvalho Guimarães Rosa etc. A minoria que enfrentou veementemente as insânias nazistas sofreu 'sanções' as mais diversas e foi fadada a viver na clandestinidade, perseguidos e assassinados.

As igrejas protestantes alemãs não só deixaram de protestar, como também 28 (vinte e oito) delas se transformaram na informalmente denominada *Reichskirche*,[68] a igreja nacional do Reich, que o declarava como autoridade suprema das igrejas, sendo o livro *Minha Luta*, de Hitler, o maior dos documentos das igrejas. A cruz foi substituída pela suástica. Chegou a haver celebrações especiais como a paixão e a crucificação nazistas (pelo Putsch[69] de 1923), sacramentos nazistas, um serviço matrimonial para a SS, batismos, hinos de fidelidade à SS, um funeral nazista especial e até um bispo: Ludwig Müller[70], teólogo da igreja evangélica alemã que se dedicava a unir cristianismo e nacional-socialismo alemão. Chegou-se ao absurdo de se afirmar que Jesus era ariano![71] Essa igreja protestante do Reich só se manteve

---

[68] Seu nome institucional é Deutsche Evangelische Kirche.

[69] A tentativa de golpe fracassado de Hitler à Alemanha, em 9 de novembro de 1923, gerando vinte mortes.

[70] SCHNEIDER, Thomas Martin. "Ludwig Müller (Theologe)". In: *Biographisch-Bibliographisches Kirchenlexikon* (BBKL). Herzberg: Band 6, 1993, p. 294–299.

[71] Confesso ao leitor que, ao dedicar-me a esta pesquisa, surpreendeu-me demasiadamente a existência da Reichkirch. Algumas vezes, durante a revisão deste livro, procurei outras fontes, formais e informais, para assegurar-me de que efetivamente existiu uma igreja desse tipo. É um absurdo tão chocante ter havido uma Igreja do Reich, que verifiquei as informações diversas vezes. Ver: HEINZ Boberach; HERMLE, Siegfried; NICOLAISEN, Carsten; PABST, Ruth. *Handbuch*

QUEM FOI JESUS?

nos primeiros anos de Hitler, desmantelando-se depois, tamanho o absurdo de sua existência. Houve tanta polêmica em torno dela que os próprios nazistas se desinteressaram. Onde estavam os quatorze mil párocos protestantes alemães que não protestaram com relação a toda a loucura diante de seus olhos?

No catolicismo, a situação foi igualmente vexatória. O episcopado alemão, durante todos os anos do nacional-socialismo, não pronunciou uma única palavra oficial a favor dos judeus.[72] A conduta de Pio XII é condenada até hoje, quando papas visitam Jerusalém, falam sobre o horror da guerra, mas não assumem a postura de abstenção da igreja católica com relação ao holocausto judeu. Pio XII, papa de 1939 a 1958, pensava mais em termos jurídico-diplomáticos do que evangélicos. A sua preocupação era com a igreja-instituição. Seria equivocado afirmar que ele pessoalmente não fez nada a favor de judeus durante a guerra; ajudou, é verdade. Também afirmar que os bispos alemães eram nazistas não é correto; mas não poderiam muitíssimo mais se tanto os bispos, quanto o papa, convocassem os católicos do mundo a bradarem contra o horror do racismo antissemita? Que teria ocorrido se o episcopado católico alemão houvesse se pronunciado em alto e bom som contra o horror nazista? E se o Vaticano tivesse alertado o mundo, desde 1933, mediante o conhecimento do conteúdo do livro *Minha luta*, com relação ao perigo para os anos futuros? Por que os bispos não se uniram aos quatorze mil párocos evangélicos alemães e, em lugar de calar, não se opuseram abertamente? A triste constatação de H. U. Thamer demonstra a oportunidade perdida: "as Igrejas eram as únicas instituições que podiam escapar às pretensões totalitárias do nacional-socialismo e, inclusive, opor-se a elas; no entanto não convocaram à resistência política. Sua coordenação fracassou e sua atitude básica, prioritariamente nacional e conservadora, provocava continuamente sua lealdade ao Estado".[73]

---

der deutschen evangelischen Kirchen, 1918 bis 1949, Band 1: Überregionale Einrichtungen. Vandenhoeck & Ruprecht, Göttingen, 2010. MELZER, Karl-Heinrich. *Der geistliche Vertrauensrat – Geistliche Leitung für die Deutsche Evangelische Kirche im Zweiten Weltkrieg?* Göttingen, 1991.

[72] SCHOLDER, K. Die *Kirchen zwischen Republik und Gewaltherrschaft.* Berlim, 1988.

[73] KUNG, El *judaísmo. Pasado, presente, futuro*, p. 236.

80   ANDRÉ MARINHO

Provavelmente, muitos desses cristãos tinham graves conflitos de consciência, incluindo o Papa. Ele não era de modo algum um homem alienado. Pio XII não foi um racista antissemita que protegia os interesses financeiros do Vaticano – essa é uma explicação demasiado simplória para entender a psicologia desse papa, bem como dos principais membros da cúria da época; mas ainda assim as indagações são embaraçosas a Roma: como uma instituição cristã, seja ela local, seja multinacional, não combateria – ainda que aos berros – as leis racistas de Nuremberg (1935), as invasões de Mussolini na Etiópia (1936), a 'Noite dos cristais' (1938), a invasão da Itália fascista à Albânia (1939) e, sobretudo, ao plano conhecido por todos desde 1933, radicalmente antissemita? Como o jornal do Vaticano, o *Osservatore Romano,* poderia referir-se ao tratamento dos judeus no campo de concentração somente como se fosse "excessivamente duro"? Como uma Igreja, e isso depois da guerra, em 1949, excomunga comunistas e não faz o mesmo com os 'cristãos' Hitler, Himmler, Goebbels e Bormann? O que há por detrás desse desatino?

Certamente eram tempos dificílimos, o que não justifica em nada a postura de 'líderes' cristãos pusilânimes. Tampouco a ideia de que "só os que passaram pela situação poderão entendê-la" ajuda em alguma coisa. Se assim fosse, ponhamos fogo em qualquer livro de história, pois ninguém também nunca compreenderá a complexidade dos fatos. Essas tentativas de fugir do tema são bem características de uma parcela da historiografia alemã quando abordou o assunto. Jürgen Habermas[74] alertou para uma tendência de nivelação relativizante da culpa alemã. Certos historiadores tentaram pôr a culpa da existência do nazismo e do antijudaísmo da 2ª Guerra no bolchevismo. Outros afirmaram que "são todos vítimas". Não sobra, então, ninguém responsável? Não se deve jamais minimizar Auschwitz. Fazê-lo é uma postura irresponsável ante a realidade, ocorrida há menos de cem anos. Os crimes não foram cometidos por pessoas-fantasmas, como se todas elas fossem obrigadas a fazê-lo. O fato de o nazismo contar com dez milhões de membros no partido nacional-socialista não é um dado irrelevante, assim como informar-se que Hitler foi educado

---

[74] HABERMAS, J. *Piper-Dokumentation,* p. 14.

na igreja católica austríaca em que, desde o iluminismo, havia um antijudaísmo enraizado, ajuda a pensar a complexidade da questão.

O que está na origem de toda essa covardia e ignorância político-histórica de católicos e protestantes não é somente o medo que tinham de suas igrejas desaparecerem ou então uma fuga a-histórica da realidade, mas algo muito pior: o antijudaísmo enraizado na cultura cristã. Hitler foi o estadista que levou às últimas consequências esse antijudaísmo.

Pio XII opôs-se a uma declaração pública contra o antissemitismo.[75] A mentalidade católica vigente era de que "judeus eram os assassinos de Deus". Com uma ideologia antiprotestante, antiliberal, antissocialista e antidemocrática, a igreja romana da primeira metade do século XX também tinha, na verdade, um caráter fascista. Segundo o juízo de Hans Küng, o "silêncio sobre o Holocausto foi mais do que um fracasso político: foi um fracasso moral. Foi a recusa de fazer um protesto moral independentemente de oportunidades políticas; uma recusa, ademais, de um cristão que se achava merecedor do título como 'representante de Cristo' e que ocultou seus erros após a guerra, [...] e, até morrer, recusou o reconhecimento diplomático do jovem Estado democrático de Israel".[76]

Se nos debruçarmos sobre a história da cristandade, veremos que as medidas nazistas para proteger o sangue, a honra e a pureza germânica; a proibição de judeus frequentarem os vagões-restaurantes dos trens; a ordem para as autoridades policiais expulsarem judeus das ruas em certas datas festivas; a queima de livros judaicos; a obrigatoriedade de judeus pagarem impostos para os perseguidores; a proibição de judeus entrarem na justiça com ações civis; a destruição das sinagogas em todo o reinado; a obrigatoriedade de judeus viverem em guetos determinados – nenhuma dessas medidas era novidade na história do cristianis-

---

[75] A encíclica papal Mit Brennender Sorge, publicada em 14 de março de 1937, é um documento de Pio XI sobre a situação da igreja católica no Reich e prenuncia aos cristãos os receios da igreja romana sobre a situação política que se aproximava. Nesta época, ainda não havia ocorrido a Kristallnacht. O que se questiona é a ausência de outros documentos como este, após a declaração da guerra, contendo um explícito repúdio às perseguições nazistas, especialmente, citando o caso dos judeus.

[76] KUNG, Hans. *A Igreja Católica*. 21ª ed. Rio de Janeiro: Objetiva, 2002, p. 223.

82 ANDRÉ MARINHO

mo. Segundo qualquer bem informado livro dessa história, não muito diferente do nazismo, eram proibidas há séculos as relações sexuais e o casamento entre judeus e cristãos, assim como comerem juntos (Sínodo de Elvira em 306). Não se permitia que judeus andassem na rua durante a semana santa (III Sínodo de Orleans em 538); ordenou-se a queima do Talmude e de outros escritos judaicos (XII Sínodo de Toledo em 681); judeus deveriam pagar o dízimo eclesiástico igual a cristãos (Sínodo de Gerona em 1078); judeus não podiam acusar nem testemunhar contra os cristãos (III Sínodo de Latrão, ano de 1179); era proibida a construção de sinagogas (Concílio de Oxford, 1222) e só podiam viver em bairros delimitadamente judaicos (Sínodo de Breslau 1267).[77]

Também o velho Lutero, o ícone da volta ao evangelho cristão, não fugiu de seus próprios preconceitos contra os judeus. Se, num primeiro momento, foi defensor dos judeus, depois que percebeu que eles não se converteram mediante suas afirmativas escreveu, em seu estilo de confronto, *Dos judeus e de suas mentiras*, em 1543, afirmando que os judeus são arrogantes, que não conseguem se convencer de que Jesus é o verdadeiro Messias e parte para uma série de baixas acusações, tão famosas: "assassinos de crianças", "avarentos", "cegos". A resposta dos rabinos judeus que entraram na contenda com ele foi dura: Maria havia sido uma prostituta, Jesus um filho de prostituta e os cristãos os filhos de Satanás. Apesar de ter escapado da inquisição católica, Lutero vituperou seu antijudaísmo sem disfarçar e exigiu, retoricamente, que se queimassem as sinagogas dos judeus e as casas fossem destruídas. Não é incrível que Lutero, a grande alternativa ao catolicismo medieval-papal, o tão fantástico reformista que conclamou a igreja a voltar ao evangelho, o pastor que amava as Sagradas Escrituras e que entrou numa briga com a poderosa igreja de Roma, por amor ao evangelho, tenha uma postura dessas? É claro que Lutero era um cristão, um homem que entendeu o cristianismo como raros e que, no entanto, nos revela algo mais grave do que sua postura individual: mesmo em um gênio, enraizado em Cristo, o antijudaísmo era uma força.

Que justificativas para toda essa hedionda perseguição de dois milênios? Muitas vezes argumenta-se: a) os judeus cometeram ao longo

---

[77] HILBERG, H. *Die Vernichtung der europäischen Juden. Die Gesammgeschichte des Holocaust.* Berlim 1982, p. 15.

QUEM FOI JESUS?

83

dessa história muitas faltas (qual povo não as cometeu? Isso nos permite punir todo uma etnia com chacinas frequentes?); b) é preciso explicar tudo de acordo com a sua época (tudo mesmo? Até a desumanização, por parte de religiosos que tinham, como referência, um autêntico mensageiro da paz, Jesus?); c) não foi a 'verdadeira igreja', nem os 'verdadeiros cristãos', os responsáveis (onde estavam, então, a 'verdadeira igreja' e os 'verdadeiros cristãos'?

A história do antijudaísmo vem de longe e o nazismo só existiu porque havia uma mentalidade bimilenar contra judeus. Todos os cristãos dos vinte séculos que animaram sentimentos antijudaicos esqueceram-se de uma só coisa, afirmada aqui pela terceira vez: Jesus era judeu! "Em verdade vos digo: cada vez que o fizestes a um desses meus irmãos mais pequeninos, a mim o fizestes".[78]

* * *

A carta de Konrad Adenauer, prefeito católico de Colônia, na Alemanha, deposto pelos nazistas, e futuro chanceler da República Federativa Alemã de 1949 a 1963, é extremamente lúcida. Enviada a seu amigo, o Dr. Bernhard Custodis, pastor protestante em Bonn, em 23 de fevereiro de 1946 (menos de um ano após o fim da guerra), é um protesto tardio e que convém a cristãos a analisarem: "em minha opinião, o povo alemão, os bispos e o clero tem muita culpa nos acontecimentos que ocorreram nos campos de concentração. É claro que logo não se pôde fazer grande coisa, mas a culpa se contraiu anteriormente. O povo alemão, também os bispos e o clero em sua maior parte, condescenderam com a agitação nacional-socialista. Permitiram ser manipulados quase sem opor resistências, às vezes com entusiasmo. Aí reside sua culpa. Por outro lado, ainda que não se pudesse ter um conhecimento preciso do que acontecia nos campos de concentração, sabia que se desrespeitava a liberdade pessoal e todos os princípios jurídicos, que se cometiam grandes crueldades nos campos de concentração, que a Gestapo, nossa SS, e, em parte, também nossas tropas procederam contra a população civil polonesa e russa com uma crueldade sem precedentes. Os *pogroms* judeus de

---

[78] Mt 25:40.

84   ANDRÉ MARINHO

1937 e 1938 aconteceram em plena luz do dia. Deu-se a conhecer publicamente os assassinatos de reféns na França. Por conseguinte, afirmar que a opinião pública ignorava que o governo nacional-socialista e a direção do exército transgredia por princípios o direito natural, a Convenção de Haia e os preceitos humanos mais elementares é mentira[...] Opino que os bispos podiam ter evitado muitas coisas se todos juntos, em um dia determinado, tivessem condenado publicamente, do púlpito, todos aqueles desmandos. Não se fez isso e a omissão não tem perdão possível. Se, como consequências de uma postura valente, os bispos tivessem ido parar na cadeia ou nos campos de concentração, isso não teria sido danoso, mas ao contrário. Nada disso se fez e, por conseguinte, o melhor é calar".[79]

Adenauer, alemão católico que era, foi chanceler. Embora durante a guerra tenha feito forte oposição ao nazismo, quando ela acabou preferiu também se calar. A ferida estava muito aberta entre o povo alemão. As décadas de 1950 e 1960 viveram uma omissão, por parte dos alemães, quando o assunto era evocar a ferida ainda exposta.[80] Hoje, muitos historiadores alemães criticam o momento perdido de autorreflexão, que deveria ter sido feita logo após a guerra.

Na década de 1980, apesar de filmes, peças de teatro, romances e livros de história terem levantado a questão sob enfoques diversos, a ferida novamente abriu-se na Áustria. Era o caso de *Kurt Waldheim*, secretário geral da ONU de 1972 a 1981 e presidente da República da

---

[79] DENZER-FABRICIUS, p.253

[80] É notável a exposição do tema por homens da literatura e do cinema. O diretor de cinema polonês Andrzej Wayda criou a sua trilogia sobre a 2ª guerra: *Geração* (1955), *Kanal* (1956) e *Cinzas e Diamantes* (1958). O primeiro filme alemão sobre Hitler foi produzido somente em 2004: *A Queda – as últimas horas de Hitler* (*Der Untergang*), dirigido por Oliver Hirschbiegel e tendo, como ator principal, Bruno Ganz. No campo da literatura, há alegorias interessantíssimas sobre o nazismo e a guerra mundial: *Doutor Fausto*, de Thomas Mann, publicado em 1947; *Admirável mundo novo*, de Aldous Huxley, publicado em 1946; *O homem sem qualidades*, de Robert Musil, publicado em 1930 (livro que levou o autor ao exílio, à miséria e à morte). Também os livros literários de Günter Grass são muito interessantes. Este último é um guardião da consciência histórica alemã, delator de todas as hipocrisias relativas à memória do nazismo. O conto *A tortura da esperança*, de Villiers de l'Isle-Adam, publicado em 1888 (Mar de Histórias, Vol. 5, Nova Fronteira), é profético, assim como o sensacional filme *Metropolis* (1927), de Fritz Lang.

Áustria de 1986 a 1992. Ele foi oficial do exército alemão e havia omitido e mentido sobre esse fato de sua vida. Enquanto alguns o criticaram, a maioria o defendeu. Essa defesa popular gerou o questionamento entre intelectuais sobre o porquê de muitos o protegerem. Conforme observaram sociólogos, psicólogos e filósofos, a defesa ao político era uma maneira de autojustificação do povo, isto é, uma tentativa de superar o passado, negando ou suprimindo as próprias culpas. Não que se deva crucificar todos os ex-militares nazistas e um povo inteiro, mas o que os críticos exigiam é o assumir sua própria história, em vez de escondê-la, ainda mais um líder político democrático, secretário geral da ONU. Não se demandava a elaboração de uma lista de mais culpados ou de menos culpados, mas também não se poderia considerar vítimas os membros do partido nazista nem os da força-armada, como durante alguns anos quis defender determinada historiografia alemã. O debate austríaco ganhou proporções maiores do que se supunha e o caso chegou a um comitê internacional de historiadores. Waldheim foi declarado *persona non grata* em alguns países e os Estados Unidos o colocou numa lista de observação. Em meio ao debate público, o bispo de Viena, Helmut Krätzl, em março de 1988, fez a seguinte declaração pública, no púlpito de sua igreja: "calando e esperando não se conseguirá que desapareça o antissemitismo. Até há pouco me pareceria exagerado supor que persiste na Áustria um antissemitismo forte, mas tenho outra opinião a esse respeito desde que, com o motivo de festa nacional, preguei em Mariazell que o antissemitismo é incompatível com o cristianismo. Ao terminar a missa, pessoalmente, por carta e por telefone, recebi violentas desaprovações pelo que havia dito. Diziam-me que os cristãos nada têm a ver com os judeus, que a culpa do antissemitismo é exclusivamente dos judeus, que falar de antissemitismo não resulta em nada se não em suscitá-lo, e de novo. Um deles teve inclusive a ousadia de sustentar que as repetidas menções das crueldades de Auschwitz não são mais que uma pura mentira histórica. Parece, então, necessário ir de novo à raiz do antissemitismo e perguntar: persiste ainda o antissemitismo ou surgiu novamente?".[81]

---

[81] KRATZEL.*Vergiftete Brunnen. Antwort auf proteste von gläubingen*. Publik – forum, 11 mar. 2008.

Os cristãos não podem fugir da pergunta de Krätzl. Precisam assumir o passado triste e fracassado, não fugir dele. Precisam lutar ao máximo para que, sob hipótese alguma, algo do gênero ameace se repetir, com que povo for.

Ainda hoje, uma visita ao Yad Vashem, em Jerusalém, o memorial oficial de Israel, para recordar os mártires e heróis do holocausto, lembra-nos milhões de judeus que fizeram sua última oração, o salmo 44, antes de morrerem nos campos de concentração. É muito humano pensarmos que oraram nos seguintes termos:

> Minha desonra está o dia todo à minha frente,
> E a vergonha cobre a minha face,
> Pelos gritos de ultraje e de blasfêmia
> Na presença do inimigo e do vingador.
> Aconteceu-nos tudo isso, e não te esquecemos,
> Nem traímos a tua aliança;
> Nosso coração não voltou atrás,
> E nossos passos não se desviaram do teu caminho.
> Se tivéssemos esquecido o nome do nosso Deus,
> Estendendo nossas mãos a um deus estrangeiro,
> Por acaso Deus não o teria percebido,
> Ele que conhece os segredos do coração?
> É por tua causa que nos matam todo o dia,
> E nos tratam como ovelhas de corte.
> Desperta! Por que dormes, Senhor?
> Levanta-te! Não nos rejeites até o fim!
> Por que escondes tuas faces,
> Esquecendo nossa opressão e miséria?
> Pois nossa garganta se afoga no pó,
> Está grudado no chão o nosso ventre.
> Levanta-te! Socorre-nos!
> Resgata-nos, por causa do teu amor!

* * *

A declaração de culpa das igrejas evangélicas alemãs, escrita em outubro de 1945, foi a primeira ação legítima que pôde dar novamente credibilidade ao protestantismo alemão. A última frase do documento[82] contém uma afirmação indispensável: "nós acusamos a nós mesmos, por não termos nos empenhado mais corajosamente pela nossa crença, por não orarmos mais lealmente, por não acreditarmos tanto na felicidade e por não amarmos tão ardentemente". De modo ainda mais claro declarou a Igreja Confessante em 8 de agosto de 1947, no documento *Darmstädter Wort*: "caímos no erro quando começamos a acariciar o sonho de um destino especial alemão, como se Alemanha fosse a salvação do mundo. Assim, percorremos o caminho com o uso ilimitado do poder político e colocamos nossa nação acima do trono de Deus". Não obstante, esses dois documentos, apesar de realizarem a *mea culpa*, não citam explicitamente o nome *judeus*. Eles revelam ainda a dificuldade de se assumir na íntegra os fatos ocorridos antes e durante a guerra mundial.

Também os esforços diplomáticos do Vaticano, iniciados pelo novo papa João XXIII (1959-63), quase quinze anos depois do final da guerra, ao retirar da oração da sexta-feira santa a frase 'traiçoeiros judeus', iniciaram a reconciliação católica. Esse mesmo papa, quando delegado apostólico na Turquia, nos anos da guerra, ajudou pessoalmente muitos judeus concedendo-lhes certidões de nascimento em branco, por meio da Delegação Apostólica. Já papa, quando um dia passava pela porta da Sinagoga de Roma, pediu para parar o carro, entrou na Sinagoga – a primeira visita de um papa a um templo judeu – e abençoou os judeus que estavam saindo. Recebeu no Vaticano cem rabinos e os cumprimentou falando: "eu sou José, seu irmão"! O Concílio Ecumênico do Vaticano II (1962-65), que ele como papa realizou, gerou o *Nostra Aetate*, uma explícita declaração que afirma que a igreja reconhece dos judeus "nasceu, segundo a carne, Cristo. [...] Recorda ainda a Igreja que os Apóstolos, fundamentos e colunas da Igreja, nasceram do povo judaico, bem como muitos daqueles primeiros discípulos, que anunciaram ao mundo o Evangelho de Cristo. Sendo assim

---

[82] BARNETT, Victoria. For the Soul of the People: Protestant Protest Against Hitler. Oxford: Oxfort University Press US, 1992.

88   ANDRÉ MARINHO

tão grande o patrimônio espiritual comum aos cristãos e aos judeus, este sagrado Concílio quer fomentar e recomendar entre eles o mútuo conhecimento e estima, os quais se alcançarão sobretudo por meio dos estudos bíblicos e teológicos e com os diálogos fraternos. [...] Ainda que as autoridades dos judeus e os seus sequazes urgiram a condenação de Cristo à morte não se pode, todavia, imputar indistintamente a todos os judeus que então viviam, nem aos judeus do nosso tempo, o que na Sua paixão se perpetrou. E embora a Igreja seja o novo Povo de Deus, nem por isso os judeus devem ser apresentados como reprovados por Deus e malditos, como se tal coisa se concluísse da Sagrada Escritura. Procurem todos, por isso, evitar que, tanto na catequese como na pregação da palavra de Deus, se ensine seja o que for que não esteja conforme com a verdade evangélica e com o espírito de Cristo. Além disso, a Igreja, que reprova quaisquer perseguições contra quaisquer homens, lembrada do seu comum patrimônio com os judeus, e levada não por razões políticas mas pela religiosa caridade evangélica, deplora todos os ódios, perseguições e manifestações de antissemitismo, seja qual for o tempo em que isso sucedeu e seja quem for a pessoa que isso promoveu contra os judeus".[83]

Somente em 1975, houve uma convincente declaração do Sínodo Conjunto dos Bispados Católicos da República Federal da Alemanha: "nós somos o país cuja história política mais recente se viu assombrada pela tentativa de exterminar sistematicamente o povo judeu. Naquele tempo do nacional-socialismo e apesar do comportamento exemplar de determinadas pessoas e grupos, fomos globalmente uma comunidade eclesiástica que virou as costas a esse povo judeu perseguido, que se preocupou demais com a ameaça a suas próprias instituições, uma comunidade que silenciou sobre os crimes cometidos com judeus e com o judaísmo. Muitos se tornaram culpados por puro temor de perder a vida. Atormenta-nos, especialmente, pensar que alguns cristãos chegaram inclusive a participar ativamente dessa perseguição. A dignidade prática de nossa vontade de renovação de-

---

[83] Nostra Aetate, 4. Disponível em: h<ttp://www.vatican.va/archive/hist_councils/ii_vatican_council/documents/vat-ii_decl_19651028_nostra-aetate_po.html>. Acesso em: 10 jul. 2018.

pende também da admissão dessa culpa e da disposição para aprender dolorosamente com essa história de culpa de nosso país e também de nossa Igreja: justamente nossa Igreja alemã deve estar alerta diante de todas as tendências a limitar o direito humano e a abusar do poder político; deve prestar sua maior ajuda a todos os que são perseguidos hoje por motivos raciais ou ideológicos. Sobretudo, deve assumir compromissos especiais a favor da tão culposa relação da Igreja universal com o povo judeu e com a sua religião".

Franz Köning, austríaco, um dos mais importantes cardeais do século XX, afirmou em 26 de setembro de 1987, na Igreja de St. Pölten, Áustria, referindo-se ao Holocausto: "ao olhar para o passado, temos que enquanto cristãos fazer um *nostra culpa* pelo fracasso e, sobretudo, pelos erros dos responsáveis eclesiásticos da época".[84] Köning foi o único membro da hierarquia da igreja que declarou a culpa não somente dos 'cristãos' e da 'igreja', mas também dos 'responsáveis eclesiásticos da época'.

Nunca é tarde para assumir os erros, pedir perdão e começar um novo caminho![85]

Um dia, cristãos dirão a seus irmãos judeus, como certa vez foi dito a José, filho de Jacó: "perdoa a teus irmãos seu crime e pecado, todo o mal que te fizeram! Queiras perdoar o crime dos servos de Deus! E José chorou ouvindo as palavras que lhe dirigiram. Vieram

---

[84] Segundo KATHPRESS, em *Katholische Presseagentur Österreich*.

[85] Outros documentos protestantes sobre uma autocrítica dos cristãos e pedidos de desculpas a judeus são o Toward a Renewal of the Relationship of Christians and Jews (do Sínodo da Renânia em 1980). Disponível em: <http://www.ccjr.us/dialogika-resources/documents-and-statements/protestant-churches/eur>. Acesso em: 10 jul. 2018. A Conferência de Lambeth de 1988, intitulada Jews, Chrisitians and Muslims: the Way of Dialogue, disponível em: <https://www.episcopalchurch.org/library/document/jews-christians-and-muslims-way-dialogue-1988>. Acesso em: 10 jul. 2018. A declaração da Igreja Luterana Evangélica na América, em 1994, intitulada *Declaration to the Jewish Community*, disponível em: <https://www.bc.edu/content/dam/files/research_sites/cjl/texts/cjrelations/resources/documents/protestant/ELCA_declaration.htm>. Acesso em: 10 jul. 2018. Do lado católico, temos a Declaração conciliar *Nostra Aetate*, de 1974; a Nota de 1985, sobre o Modo Correto de Apresentar os Judeus e o Judaísmo na Pregação e Catequese, disponível em: <http://www.jcrelations.net/Guia_para_o_di__logo_Cat__lico-Judaico_no_Brasil_-.2642.0.html?L=4>. Acesso em: 10 jul. 2018.

os seus próprios irmãos e, lançando-se a seus pés, disseram: 'Eis-nos aqui como teus escravos!' Mas José lhes disse: 'Não tenhais medo algum! Acaso estou no lugar de Deus? O mal que tínheis intenção de fazer-me, o desígnio de Deus o mudou em bem, a fim de cumprir o que se realiza hoje: salvar a vida a um povo numeroso'. Ele os consolou e lhes falou afetuosamente".[86]

Para uma relação nova entre cristãos e judeus, será preciso que, *por parte dos cristãos*, assuma-se um novo rumo que:

- *jamais* devemos fingir que essas atrocidades nunca ocorreram e que a nova geração não tome parte nesse assunto. Só porque não havíamos nascido nessa época, não se fica excluído de responsabilidades. Que todo esse horror possa servir de alerta para a maneira como se faz religião hoje. *É preciso atuar* com firmeza contra qualquer tipo de perseguição contra seres humanos e especial atenção com relação ao antissemitismo (incluindo aqui os árabes) e a xenofobia por parte de cristãos. Reconciliação entre os povos e as religiões, sim; esquecimento do passado, não;

- *reconheça* a dívida positiva contraída com os judeus por parte dos cristãos: graças ao judaísmo existe **Jesus, que era judeu**, agiu entre judeus e não negou nem o judaísmo nem seu povo;

- *reconheça* a dívida negativa contraída com os judeus por parte dos cristãos: as perseguições de séculos, em que foram vítimas os judeus e algozes os cristãos, *nada tem a ver com Jesus*, e sim com um anticristianismo de 'cristãos' e de instituições ditas 'cristãs'. As instituições cristãs têm o dever de pedir perdão aos judeus;

- *reconheça* que *os judeus não foram os assassinos de Jesus*, nem são os grandes vilões do mundo, como infelizmente se afirmou durante séculos – são conceitos simplórios e desumanos;

- *propicie* o diálogo, isto é, **cristãos aprenderem com judeus** sobre o judaísmo e, inclusive, sobre Jesus;

- *disponibilize-se* para, embora séculos de sombras, *cristãos e judeus darem-se as mãos e, crentes no mesmo Deus Único, lutarem a favor da liberdade do ser-humano.*

---

[86] Gn 50:17-20.21b.

QUEM FOI JESUS?

Num mundo que conseguir realizar esses propósitos, continuará havendo judeus e cristãos, mas eles serão, antes de tudo, humanos.

Podemos aprender com o...

- **Judaísmo**: uma religião de resistência incrível, que se manteve ao longo de quase 3.000 anos de adversidades sem grandes divisões, com uma força autônoma admirável, em continuidade, vitalidade e dinamismo incríveis, mantendo as tradições da comunidade e, ao mesmo tempo, inovando-se com o diálogo intelectual com o mundo contemporâneo, chegando a gerar os mais profícuos intelectuais do ocidente;
- **Cristianismo**: uma portentosa religião que é capaz de realizar reformas radicais em suas próprias estruturas (veja o caso do paradigma protestante-evangélico da reforma), cuja alta produção acadêmica teológica sempre foi empenhada em reconsiderar suas origens, sendo também essas igrejas responsáveis por manter a rica tradição europeia até o início da modernidade;
- **Islamismo**: uma viva religião de extensões mundiais, do Marrocos até a Índia, simples em sua teologia, rica em sua capacidade de abarcar toda a vida e o caminho de quem a segue, aberta ao diálogo com o cristianismo e o judaísmo (assim é o Alcorão), respeitando sobretudo a comunidade (*umma*) e estabelecendo para esta normas éticas fundamentais para o mútuo respeito;
- **Espiritismo:**[87] uma doutrina com impressionante abertura para a modernidade. Um de seus próprios fundamentos se assenta sobre a necessidade de se autocriticar e de corrigir seus pontos que venham a estar ultrapassados, valorizando sempre os novos tempos e o diálogo com os mais diferentes tipos de cultura.

---

[87] Neste item, separamos cristianismo e espiritismo apenas didaticamente, porque queremos sempre dar um direcionamento mais pormenorizado em nossa análise, ao tratarmos o tema espiritismo. Esta nota justifica-se porque o espiritismo se apresenta como doutrina cristã.

Fundamental refletir...

▪ Determinados Judeus ortodoxos ultrarradicais, ligados ao movimento sionista do Estado de Israel que, ao se impor ao povo palestino, negando muitas vezes o direito desses de existir e utilizando a agressividade militar com abuso, num patente antissemitismo de semitas contra semitas (os palestinos), ignoram que, sejam os reivindicadores judeus fundamentados biblicamente nas fronteiras da época de Davi, seja na jurisdição medieval do Grande Rabinato, a paz não se construirá com posicionamentos extremos e sem diálogo! Nem o fundamentalismo fanático terrorista palestinense ou árabe, nem religiosos nacionalistas judeus! Não poderá existir nem somente Israel, nem somente a Palestina! Precisam lembrar-se da Bíblia Judaica, do Talmude e de Maimônides, que pregavam a extraordinária frase do Êxodo 22:20: "Não afligirás o estrangeiro nem o oprimido, pois vós mesmos fostes estrangeiros no país do Egito". Que o Estado de Israel lembre-se de que a Bíblia é um livro que narra a experiência histórica sofrida de judeus oprimidos por sistemas despóticos! Poderão, esses judeus, caso sejam autenticamente ortodoxos, repetir, sentindo as palavras do salmista "Por causa do teu nome, Iahweh, perdoa a minha falta pois é grande",[88]

▪ A militarização da igreja medieval, responsável por campanhas militares de porte continental, hasteando a bandeira do apóstolo Pedro, supondo que o próprio aprovasse tais empreendimentos, forjando 'guerras santas' de cristãos (romanos) contra cristãos (ortodoxos), sempre supostamente aprovadas por 'Cristo" (!?), pervertendo a 'cruz' de modo monstruoso, esquecendo-se de que Jesus sempre foi radicalmente contra a violência e que qualquer resquício na atualidade de tais procedimentos, como a tendência de alguns cristãos de se utilizar da força (poder, influência, dinheiro, esmolas) para catequizar, nada mais é do que a continuidade desse mesmo sistema medieval no presente, isto é, impor a fé por meio da opressão! Que esses 'cristãos' investiguem se o que os motiva, em verdade, é a pessoa de Jesus Cristo, chamado frequentemente de 'O Príncipe da Paz';

---

[88] Sl 25:11.

QUEM FOI JESUS?

■ Determinados segmentos do ultranacionalismo islâmico que, agindo à semelhança de judeus ortodoxos radicais, transformaram a Terra Santa de judeus, cristãos e muçulmanos em símbolo de fanatismo político e de paixões nacionalistas. Esses muçulmanos radicais, minoria entre todos os muçulmanos, deturparam no século XX o conceito de *jihad*, politizando-o, a fim de justificar suas reivindicações políticas e fundamentalistas. Legaram ao mundo ocidental (infelizmente esse mundo em parte aceitou) a equivocada ideia de que o islamismo é uma religião violenta e que fanáticos de grupos como a Al-Qaeda e Isis são alguns de seus mais importantes representantes! Esqueceram-se de que a própria palavra *islam*, que significa 'submissão a Deus', provém do vocábulo *salam*, isto é, paz. O típico cumprimento muçulmano é o 'salam alaijum/alaika', 'a paz esteja convosco'. O terrorismo da Al-Qaeda e de outros grupos extremistas nada tem a ver com os altos ideais de Maomé, assim como as Cruzadas do presidente Bush e as Guerras de Jeová de Ariel Sharon não podem ser justificadas nem por Jesus, nem por Moisés, respectivamente. Esses ortodoxos muçulmanos devem lembrar-se de que o Alcorão, o livro sagrado, considerado a Suprema Revelação de Allah (Deus), ditado palavra a palavra por Allah ao profeta Maomé, utiliza três vocábulos diferentes sobre o perdão: *Afa,* "esquecer, apagar da mente"; *Safaha,* "tolere o diferente"; *Ghafara,* "ser indulgente, contrabalançar as questões". Os radicais ultranacionalistas necessitam reanalisar as lindíssimas suratas de Allah, que afirmam: "Se eles se inclinam à paz, inclina-te tu também a ela, e confia em Allah, porque Ele é o Oniouvinte, o Sapientíssimo".[89] "Tolerai e perdoai, até que Allah faça cumprir os Seus desígnios, porque Allah é Onipotente";[90]

■ Determinados grupos e lideranças espíritas que supõem sua própria doutrina como superior, mais requintada, evoluída e desenvolvida do que as demais religiões, engendram, com tais comportamentos, a vaidade, a divisão, a discórdia e a incapacidade para o diálogo com a diversidade. Esse tipo de espírita precisa re-

[89] Alcorão, 8:61.
[90] Alcorão, 2:109.

cordar-se de que Kardec foi plenamente aberto aos que lhe eram diferente e jamais diminuiu ou desvalorizou outras culturas religiosas, para autoafirmar a sua própria. Que escutem a palavra de Kardec: "Provai, sobretudo pela união e pela prática do bem, que o Espiritismo é a garantia da paz e da concórdia entre os homens, e fazei que, em se vos vendo, se possa dizer que seria desejável que todos fossem espíritas".[91]

---

[91] "Resposta de Allan Kardec ao Convite dos Espíritas de Lyon e de Bordeaux". In: KARDEC, Allan. *Viagem Espírita em 1862*. Federação Espírita Brasileira.

JESUS E A HIERARQUIA

> Então, sem rodeios, eu lhes direi: Nunca vos conheci.
> Apartai-vos de mim, vós que praticais a iniquidade.
> – Jesus [92]

Assim como em algumas sociedades muçulmanas atuais – que obedecem o Xariá, a legislação islâmica, em que não há separação entre direito e religião –, o judaísmo da época de Jesus desconhecia o desmembramento de poderes típicos da modernidade, sendo religião, direito, política e administração regidos por meio das leis da Torá.

O judaísmo do século I era dividido em diversas facções. As mais famosas e importantes eram os saduceus, os fariseus, os zelotas e os essênios. Cada qual representava visões religiosas díspares e guardava uma perspectiva diferente sobre o futuro de Israel. Não obstante as diferenciações, não formavam religiões próprias. Eram muito mais partidos políticos do que facções ou seitas.

A casta israelita, no período da crise do Estado teocrático (séc. II a.C a 70 d.C), era composta por sacerdotes saduceus – grandes proprietários de terra –, levitas aristocratas[93] e populares fariseus. Dessas

---
[92] Mt 7:23
[93] Sobre os saduceus e os levitas, ver: SALDARINI, Anthony J. *Fariseus, escribas e saduceus na sociedade palestinense*: uma abordagem sociológica. Trad. Paulo Ferreira Valério. São Paulo: Paulinas, 2005; LE MOYNE, Jean. *Les sadducéens*. Paris: Lecoffre, 1972.

classes dominantes, sai o sumo-sacerdote, o chefe supremo do Sinédrio, quase sempre um saduceu.[94]

Dos grupos mencionados, eram os saduceus os de maior influência institucional, por controlarem o conselho e a corte suprema dos judeus, o Sinédrio. Essa instituição detinha o poder político, religioso e jurídico em âmbito judaico. O Sinédrio deveria prevenir levantes entre o povo, o que conferia sempre às autoridades-chefes tendências à postura repressiva. Por ser espaço de importante poder, havia disputas internas. Outros partidos, como era o caso dos fariseus, buscavam ascender aos cargos do Sinédrio, provocando tendências à instabilidade política. Não obstante as tensões intrajudaicas, o poder do Sinédrio era ambíguo, uma vez que os romanos detinham efetivo poder de controle militar e policial da região. Não por acaso, a cúpula do Sinédrio buscava manter boas relações com as autoridades romanas. As fontes cristãs sobre o Sinédrio são negativas, narrando a instituição como corrompida,[95] diferentemente de como são apresentadas as informações nas fontes judaicas tanaíticas.[96]

As concepções religiosas dos saduceus eram igualmente conservadoras, zelando pelos sacrifícios do culto, ocorridos no Templo. Consideravam a Torá[97] a referência suprema, embora fossem muito criticados pelos fariseus porque 'reduziam Deus ao ser humano'. De fato, a concepção de Deus dos saduceus era a mais antropomórfica e os sacrifícios oferecidos pelos saduceus no Templo eram, segundo os fariseus, semelhantes a homenagens pagãs a um rei humano. Por sua vez, os saduceus condenavam as crenças em poderes sobrenaturais, típicas dos fariseus. Os Evangelhos narram que os saduceus não acreditavam na ressurreição[98] nem na existência de anjos e espíritos.[99] Flávio Josefo,[100] importante historiador judeu do século I, afirma que

[94] At 5:17.

[95] Mc 14:53s; Jo 18:13s; At 4:3-6; At 22:25-30.

[96] Sanh 11:2; Tosef., Sanh 7:1.

[97] Os saduceus aceitavam somente a Torá escrita (*she-bi-khetav*). A Torá é composta de cinco livros: *Gênesis, Êxodo, Levítico, Números e Deuteronômio*. Os judeus a denominam também de "a Lei" (título usual na tradução da Septuaginta). A mensagem da Torá foi, segundo a tradição judaica, ofertada a todas as nações.

[98] Mt 22:23; Mc 22:18; Lc 20:27; At 23:8.

[99] At 23:8.

[100] Wars 2:162f e Ant 18:16; em JOSEPHUS, J. The Works of Josephus. 1987

Quem foi Jesus?

o grupo não acreditava na imortalidade da alma. Interpretavam a lei de talião (*Lex talionis*), "olho por olho, dente por dente" do Êxodo (21:24) literariamente. Ademais, os saduceus, conforme elucida ainda Flávio Josefo,[101] não aceitavam a influência de Deus na vida humana, afirmando que todas as nossas ações estão tão somente no nosso poder; não havia, portanto, intervenção divina na vida. No Evangelho de Mateus,[102] Jesus supostamente não faz distinção entre fariseus e saduceus, o que não é preciso historicamente. Jesus tinha plena consciência da diferenciação dos grupos, bem como os apóstolos. A mistura dos dois grupos deve ser atribuída ao próprio evangelista.[103]

O sistema social da alta hierarquia era de caráter hereditário, exclusivo a poucas tradicionais e ricas famílias. Saduceus, fariseus e levitas,[104] essas três classes, setenta e um membros escolhidos no total, formavam o Conselho Supremo do Sinédrio, de onde, em tese, se governava Israel.[105]Eram malquistos pelo povo que, embora concedessem legitimidade de direito, reclamavam da imobilidade política do governo, alheio às necessidades básicas da população. O clima

---

[101] Ibid, Ant, 13:173

[102] Mt 33:7ss, Mt 16:6s.

[103] As diferenciações eram nítidas e Jesus as conhecia, como outros textos dos evangelhos de João e de Atos dos Apóstolos evidenciam. Possivelmente, para fins retóricos, o evangelista Mateus tenha classificado os grupos de igual modo. Os saduceus foram os responsáveis, sob o âmbito legal judaico, por liderar, no Sinédrio, o processo da morte de Jesus. Eles são, como já aduzimos, narrados sempre de modo negativo na Bíblia cristã. Considerando Atos 4:1s e 5:17s, os apóstolos Pedro e João, após a morte de Jesus, foram presos por ação desse grupo. O fato de o evangelista Mateus misturar fariseus com saduceus, como sendo um discurso de Jesus, pode ser compreendido pela aversão que a primeira comunidade cristã judaica tinha tanto dos saduceus, quanto dos fariseus que fossem próximos aos saduceus (não dos fariseus em geral). Cabe ressaltar ainda que, muito provavelmente, o mais importante líder da primeira comunidade cristã de Jerusalém, Tiago, tenha sido morto por ordem dos saduceus. O evangelista Mateus escreveu seu evangelho justamente para essa comunidade. A mescla é evidência de uma crítica comum aos dois grupos. Jesus fez a crítica diretamente aos próprios fariseus. Possivelmente tenha sido Mateus quem interpolou o nome dos saduceus, atribuindo a eles igual valor de crítica. O tema é inconcluso na historiografia sobre o tema.

[104] Desempenhavam papel de sacerdotes, guardas e coristas no Templo.

[105] JOACHIM, Jeremias. *Jerusalém nos tempos de Jesus*. 4ª ed. São Papulo: Paulus Editora, 1997.

político era tenso também com Roma: a Judeia era um Estado vassalo romano. As autoridades do Império, presentes em Jerusalém, interferiam, costumeiramente nas decisões do Sinédrio, sendo as intromissões rejeitadas pelos fariseus e bem toleradas pelos saduceus – causando tensão entre os dois partidos. A fúria antigrega e antirromana dos fariseus esbarrava na rica classe dos colaboracionistas saduceus.[106]A hierarquia 'eclesiástica', responsável por toda a vida do povo, era desastrosamente dividida.

O Sumo Sacerdote saduceu que regeu o Sinédrio no período da vida pública de Jesus foi Caifás. Nenhuma evidência histórica revela algum encontro de Jesus com o Sumo Sacerdote antes dos acontecimentos da crucificação. Sabe-se que Caifás fora apontado para o cargo de Sumo Sacerdote por Valerius Gratus, antecessor de Pilatos, o que evidencia as ligações entre saduceus e romanos. Caifás era membro de uma importante família em Jerusalém.

A relação entre Jesus e a autoridade hierárquica religiosa de seu tempo sempre foi tensa. Os registros relatam que:

- não poucas vezes, as autoridades indignavam-se contra Jesus, por seus prodígios que impressionavam fortemente a multidão,[107] como se pode ler nas seguintes passagens: "mas quando os principais sacerdotes e os escrivas viram as maravilhas que Jesus havia feito, e as crianças aclamando no tempo, dizendo sobre Ele [Jesus] "Filho de Davi", se indignaram" (Mt, 21:15); "Quando Jesus terminou essas palavras, as multidões se admiravam de seus ensinos, porque ele ensinava com autoridade, diferentemente dos rabinos da Lei" (Mt, 7:28);

- Jesus não tolerava a petulância dessas autoridades e as respondia com surpreendente conhecimento escriturário, deixando-as sem argumentação:[108] "E aconteceu que num Sábado [dia de descanso sagrado], Jesus passava pelas plantações, e seus discípulos abriam caminho, arrancando espigas. Os fariseus disseram

---

[106] JOSEFO, F. *História dos hebreus: obra completa.* Rio de Janeiro: CPAD, 1992. v. III. p. 416.

[107] Mt. 21:15; Mt 7:28.

[108] Mc 2:23-28, Mt 22:23-33.

Quem foi Jesus?

a ele: Olhe, por que seus discípulos estão desrespeitando a lei no Sabbath [Sábado]? Jesus respondeu: nunca lestes o que fez [o rei] Davi quando seus companheiros tiveram necessidade e fome? Na época do Sumo Sacerdote Abiatar, eles entraram na Casa de Deus e comeram o pão da proposição [consagrado], que é destinado apenas aos sacerdotes comerem. E Davi deu os pães a seus companheiros. E dizia a eles: o sábado é feito para o homem, e não o homem é feito para o sábado" (Mc, 2:-23-27b);

■ as autoridades queriam prender Jesus, mas temiam o apoio popular que ele detinha:[109]"E quando procuraram prendê-lo, tiveram medo da multidão, porque o consideravam um profeta" (Mt, 21:46); "Os principais sacerdotes e os escribas ouvindo isso, procuravam como destruí-lo, porque tinham medo dele, uma vez que toda a multidão estava admirada de seus ensinos" (Mc, 11:18);

■ Jesus, num diálogo com escribas e sacerdotes, exemplificou que o herege pode ser mais religioso que o sacerdote e o levita (parábola do bom samaritano);[110]

■ os chefes dos sacerdotes, não suportando tamanho perigo, reuniram o conselho e disseram: "Que faremos? Esse homem realiza muitos sinais";[111]

■ Jesus foi abertamente contra a prática dos saduceus de impor a 'justiça' do 'olho por olho, dente por dente'. Ao contrário, Jesus condena esse ensinamento:[112] "Ouvistes o que foi Dito: Amarás o teu próximo e odiarás o teu inimigo. Eu, porém, vos digo: amai os vossos inimigos e orai pelos que vos perseguem." (Mt, 5:43)

Essa relação distanciada entre Jesus e a autoridade hierárquica religiosa revela que a Jesus nunca interessou crescer nas estruturas de poder dentro da religião. Pelo contrário, ele encontrou justamente nessas autoridades adversários mortais. Em momento algum identificou-se com os ricos saduceus e com os requintados levitas.

---

[109] Mt 21:46, Mc 11:18.
[110] Lc 10:29-37.
[111] Jo 11:47.
[112] Mt 5:38; Ex 21:24;.

Jesus era um homem do interior, criado numa das periferias de Israel, a Galileia. Do seu berço natal não se esperava nada de bom.[113] Em Jerusalém, era considerado um 'aldeão'. Não possuía formação rabínica, era iletrado.[114] Aliás, frequentemente jogavam-lhe à face frases como: "Não é este o carpinteiro, o filho de Maria, irmão de Tiago, José, Judas e Simão?".[115] Não obstante isso, apesar de ser 'leigo', como 'leigos' eram seus discípulos, era chamado, inclusive por fariseus,[116] de Rabi, ou seja, 'Senhor Doutor'. Jesus jamais se colocou como 'perito' em todos os temas, dando palpites sobre quaisquer assuntos.[117] Muitas vezes ficava calado ou respondia por meio de comparações, em vez de definições teóricas. Não usava um vocabulário inacessível, cheio de jargões teológicos e arcaísmos bíblicos, era compreendido por todos.[118] Não pregava uma religião secreta para iniciados e nem defendia o sistema eclesial. Não ignorava os opositores e nem os acusava de heresia. Criticava pontualmente as autoridades, sobretudo quando tentavam lhe armar ciladas teóricas.

Quanto mais se estuda o Novo Testamento, mais se reconhece o quão Jesus não concordava com a hierarquia política de seu tempo. Como o definiu Joseph Klausner, professor judeu PHD, em história e literatura hebraica, "Jesus e seus discípulos, que provêm das amplas camadas sociais e não da classe rica e dominante, sofreram uma escassa influência dos saduceus. [...] Estava tão longe do saduceísmo assim como esses sacerdotes aristocratas estavam longe do povo comum".[119]

* * *

---

[113] Jo 1:46, 7:52, Lc 4:16.

[114] Jo 7:15, Mc 6:2-3, Mt 13:54-58. A historiografia majoritária contemporânea defende que Jesus sabia ler, mas não é certo que soubesse escrever, sobretudo porque não era prática comum simples artesãos disporem de material papirográfico para o treino da escrita.

[115] Mc 6:3.

[116] Jo 3:2.

[117] Lc 12:14.

[118] Mt 13:51, Mc 2:17, Mc 2:13, 6:34-35.

[119] KLAUSNER, Joseph. *Jesus of Nazareth. His life, Times and teaching*, 1925. Na edição alemã, *Jesus von Nazareth. Sein Zeit, sein Leben und seine Lehre.* Berlim, 1952, p. 299.

QUEM FOI JESUS?

O rabino Nilton Bonder teorizou o tema tradição e traição com muita argúcia.[120] Segundo sua análise, muitas vezes uma desobediência é respeitosa, ao passo que seguir a tradição, ou o que é consagrado como o 'certo', é muitas vezes um 'certo' que é errado. A partir dessa perspectiva, a transgressão vai ganhando um novo sentido porque ela pode transformar-se em sinônimo de transcendência. Aquele que é rotulado como o traidor, e que é realmente um traidor porque rompeu com o estabelecido, propondo uma nova realidade, é, muitas vezes, mais autenticamente fiel do que o que 'obedece' e no fundo desrespeita. Um dos protótipos exemplificados por Bonder é Abraão. Ele é o filho que sai de casa e dá certo: nasce, a partir dali, toda uma nação! Abrãao teve, antes de sua ruptura, de trair seu povo e sua família para transcender, e o fez a pedido de Deus.[121] O traidor é o que não cumpre as convenções ou acordos previamente estabelecidos, não atende às expectativas, em geral, da tradição. Ele é, diferentemente do que a tradição conceitua, um ser de coragem, porque concretiza o seu ato de trair, enquanto muitos poucos o fazem publicamente. Aquele que o faz de modo transparente é o forte, e não o fraco. Ser traído é também doloroso. Os traídos precisam se ver consigo mesmos, com os próprios sentimentos, com a própria visão que detêm do mundo.

Nessa sociologia da traição, Jesus é uma das grandes personificações da traição e Bonder faz questão de salientar essa interpretação. Afinal, se nós pensarmos com o conhecimento histórico que detemos sobre Jesus, teremos alguns indícios que nos apontam claramente a essa conclusão. Jesus não age pela conveniência ou com medo dela. Ele não valoriza sua imagem para o mundo, numa preocupação tipicamente egóica. Sabe que é ousado e que suas ações são atrevidas. Realiza-as conscientemente; ele é, portanto, imediatamente considerado um traidor pela hierarquia judaica, a defensora do estabelecido, do apego, da tradição. É fato que Jesus não é fiel à hierarquia religiosa e nem demonstra querer sê-lo. Jesus arca com a responsabilidade de suas posições, não teme ser ele mesmo, é profundamente honesto em

---

[120] BONDER, Nilton. *A alma imoral: traição e tradição através dos tempos*. Rio de Janeiro: Rocco, 1998.
[121] Gn. 12:1-2.

102 ANDRÉ MARINHO

sua visão sobre Deus e sua atitude, face aos poderosos da hierarquia, incomoda, porque expõem à nudez certos temas e questionamentos que constrangem a todos. Bonder assevera: "o Jesus histórico não é o adorador do que é 'correto', da família, da propriedade e da tradição: sua origem perigosa transgrediu culturas e morais, e ainda hoje ele seria crucificado. Os primeiros a crucificá-lo seriam aqueles que não suportariam compaixão e complacência para os homossexuais, os delinquentes, os marginais. Não seria absurdo dizer, portanto, que em certos círculos tradicionais de devoção cristã o personagem histórico ainda hoje seria aprisionado e crucificado".[122] Bonder não deixa de declarar seu respeito a Jesus e à postura dele no mundo: "a pureza de Jesus não é genética e ele não é representante do 'correto'. Ele simboliza uma possibilidade em que sua tradição, a judaica, sempre acreditou: transgredindo-se a violência do passado, se chegará a um mundo melhor. Preservar é tão fundamental quanto modificar".[123]

A hierarquia não era o lugar de Jesus. Ele identificou-se com o povo judeu, as pessoas comuns, cotidianas, delas ele era representante, como pode ser representante hoje de qualquer outro povo ou causa que esteja afogada na tirania. A criatividade, a amizade, o novo, o surpreendente e o maravilhoso esbarram em Jesus. Ele era um vulcão em ebulição, resolutamente abrasado por um grande ideal. Ao mesmo tempo portava a razão, a lógica, a disciplina. Não era um déspota nem um sentimentalista. Paixão e serenidade nele conviviam em equivalente grandeza. Sua causa era a libertação do ser humano de qualquer grilhão. A tradição exigiu satisfações e o resultado foi sua condenação à morte.

* * *

O mais famoso judeu de Nazaré vivia num mundo repleto de falsos-profetas.[124] A contar de seu nascimento, faziam quatrocentos anos que o judaísmo não aceitava oficialmente um novo profeta. O último havia sido Malaquias. Jesus, por sua vez, não pleiteou título de profe-

---

[122] BONDER, Nilton. *A alma imoral: traição e tradição através dos tempos*. 1ª ed. Rio de Janeiro: Rocco, 1998, p. 108.
[123] BONDER, *A alma imoral: traição e tradição através dos tempos*, p. 124.
[124] Mt 24:11.23.24, Mt 7:15-20, 1 Jo 4:1.

QUEM FOI JESUS?

ta para si, embora a multidão lhe conferisse.[125] Os primeiros cristãos viram em Jesus "o Rei pacífico de Zacarias e o Servo sofredor do Segundo Isaías, o menino Emanuel anunciado por Isaías e também o Filho do Homem de origem celeste visto por Daniel".[126] O importante rabino liberal britânico Claude Montefiori interpreta Jesus como sendo o profeta judeu mais radical de todos.[127] Jesus não desconhecia que estava diante de um sistema social extremamente intocável e ríspido. Embora não fizesse declarações políticas, provocava toda a estrutura de sua época. Os temas indiscutíveis ele voluntariamente atacou.[128] Agiu contra o autoritarismo de modo prático e falou em nome de uma liberdade rejeitada pelo *establishment*. Não aceitou a vida tal qual ela existia. Era um descontente com o sistema vigente. Não pregou a revolta, embora ele mesmo tenha afrontado a muitos. Não era um diletante ou anarquista colorido. Sua credibilidade[129] com o povo era vasta. Sua ação tem tal maestria que nem mesmo seus inimigos negam sua grandiosidade.[130] Não questiona por si, para triunfar no auto-orgulho, mas ao contrário, expõe-se ao risco de morte, para cumprir a vocação que considerava ter recebido de Deus.

Os traços de profeta israelita são nítidos em Jesus. São esses mesmos traços que fazem com que ele fosse honrado apenas com os lábios,[131] mas, em verdade, a pergunta que ele mesmo se fazia era: quem desejava levá-lo a sério, segui-lo, com todas as consequências que implica tão perigosos riscos?

A grande questão para Jesus, com relação ao tema autoridade, não era o problema do obedecer ou de não obedecer. Jesus sabia que, se não obedecesse às leis romanas e judaicas de seu tempo, não haveria possibilidade de sobreviver na comunidade. Muitas vezes, ele obedeceu sem questionar publicamente. O seu problema com autoridade não é

---

[125] Mt 16:14, 21:46, Mc 6:15p, Lc 7:16.39; 24:19, Jo 4:19, 9:17.

[126] Bíblia de Jerusalém. 1ª edição. 9ª reimpressão. São Paulo: Paulus, 2013, p. 1236.

[127] Ver, do autor: MONTEFIORI, C. *Some Elements of the Religious Teaching of Jesus*, 1910. MONTEFIORI, C. *Synoptic Gospels*. 2 vols. 1972; MONTEFIORI, C. *Some elements of the religious teaching of Jesus*. 1910.

[128] Mc 3:3, 11:15 etc.

[129] Mt 7:29; Mc 1:22; Lc 4:43; Mc 1:27.

[130] Mt 12:38 ; Mt 22:34-40.46 ; Mt 27:17 ; Mc 12:17; Lc 20:26.

[131] Mc 7:6-7.

pessoal, mas conceitual e político. Parece-nos que o embate que Jesus enfrentou foi muito mais sobre a indagação de quem detém o poder legítimo do que se ater exclusivamente ao enfrentamento com os pequenos poderosos locais. A todo instante, Jesus estava fazendo avaliações pessoais sobre se conferia ou não legitimidade ao poder de determinadas instituições. Ele questionou papeis sociais, a hierarquia e o domínio cultural sobre a liberdade individual. No Sermão da Montanha, vemos que Jesus contesta o conteúdo de determinadas ordens, o modo como elas são dadas ou o processo como as ordens são transmitidas.

Os questionamentos de Jesus são gravíssimos, porque versam sobre o limiar entre o conceito de autoridade e o conceito de legitimidade. Se aquele conceito é muito problemático para Jesus, este o é ainda mais. Para Jesus, à feição do ideal mais original de monoteísmo absoluto apresentado por Abraão, somente Deus pode ser a autoridade suprema, legítima em si mesma, pela própria ação de Deus desde a criação de tudo o que há. Esse retorno ao monoteísmo estrito realizado por Jesus não exclui a sua admiração a determinadas pessoas. Ele valoriza a grandeza humana,[132] mas ele não confere a ninguém, nem a poder algum, tampouco a instituição alguma, o absoluto atribuível a Deus. Para Jesus, Deus, somente Deus, seria a fonte de legitimidade e de autoridade.

* * *

Poucos pensadores mudaram o rumo da filosofia: Nietzsche foi um deles. Seus investimentos contra a cultura metafísica, sua crítica à modernidade, seu desejo de superação da moral, sua imponente crítica ao 'instinto pela verdade e pelo conhecimento' fazem dele um filósofo perigosíssimo, com uma "coragem para o *proibido*".[133] Dificilmente no século XX pode-se pensar filosofia, no ocidente, sem passar pelo pensamento nietzschiano.

Por causa de sua frágil saúde – ele era portador de sífilis –, trabalhou pouco em universidades e quase não pôde dar aulas. Não formou discípulos. Dialogava consigo mesmo, uma vez que os amigos, na maioria,

---

[132] Mt. 8:5-13; Lc 7:1-10; Jo 4:46-53.

[133] NIETZSCHE, Friedrich. *O Anticristo: maldição ao cristianismo*: Ditirambos de Dionísio. Prólogo. São Paulo: Companhia das Letras, 2007.

QUEM FOI JESUS?

não alcançavam seu pensamento. O livro que considerava a sua obra mais importante, *Além do bem e do mal,* foi publicado com o próprio dinheiro – trezentos exemplares –, sendo que em um ano havia vendido apenas cento e quatorze exemplares. Ele sabia que era um autor desconhecido. Imerso em melancolia, ele mesmo declarou: "alguns nascem póstumos".[134] Era um pastor sem igreja e um professor sem alunos. Sua vida foi um dramático destino que infunde respeito. Seu trilhar na filosofia é de uma honradez impressionante, afastado de qualquer oportunismo.

Quando escreveu o seu último livro, em novembro de 1888, aos 44 anos, prenunciou: "este livro é para pouquíssimos. E talvez eles ainda não vivam".[135] Ele encerra sua vida intelectual com *O Anticristo –maldição ao cristianismo!*

Nietzsche, nas passagens bíblicas de seu *O Anticristo,* utilizou-se da renomada tradução bíblica de Lutero, a mesma tradução que o ajudou a aprender a ler e escrever na infância; é curioso, no entanto, que ele, mestre em línguas clássicas, não tenha recorrido a textos do Novo Testamento em língua grega para escrever seu ensaio crítico. Parece ter tido sempre dificuldade de ler os evangelhos,[136] por carecer, talvez, de conhecimentos específicos de teologia ou mesmo pela sua formação anticristã, formulada ainda em sua juventude. Não se baseia na Bíblia de Zurich, nem na católica de Von Allioli, de 1834. Parece preferir a Bíblia da casa de seus pais, a remota e clássica versão luterana.

Nietzsche provinha de uma família de pastores protestantes: avô paterno e pai párocos. Sua visão sobre o cristianismo, desde a infância, está muito influenciada pela atmosfera familiar em que foi criado: um cristianismo débil, decadente, pouco varonil. Nunca dedicou estudos intensos à Bíblia: "da teologia não me ocupei muito, a não ser na medida em que me atraía seu lado filológico: a crítica aos evangelhos e o estudo das fontes neotestamentárias... Pois, então, eu ainda imaginava que a história e a investigação histórica estavam em condições de dar respostas diretas a certas perguntas religiosas e filosóficas".[137] De todos os movimentos teológicos de sua época, os do seminário

---

[134] NIETZSCHE, *O Anticristo: maldição ao cristianismo.*
[135] NIETZSCHE, *O Anticristo: maldição ao cristianismo.*
[136] NIETZSCHE, NIETZSCHE, *O Anticristo: maldição ao cristianismo,* item 28.
[137] NIETZCHE, F. *Were und Briefe. Historisch-kritische Gesamtausgabe,* V, 471.

de Tübingen, os de Ernest Renan, foi a obra de David Strauss, *Vida de Jesus,* que o influenciou de modo determinante, quando ainda era um jovem estudante. Nunca foi exegeta, apesar de afirmar atração pela filologia bíblica. Não demonstrava ter se debruçado atentamente sobre versões, traduções e incongruências teológicas e linguísticas do Novo Testamento, tão comuns ao protestantismo liberal e à filologia. A verdade é que Nietzsche se interessava pouco por teologia. Ele interpretou as letras evangélicas de modo muito circunscrito a sua época, a partir da visão aberta por Strauss e que dominaria os círculos protestantes intelectuais alemães. Isso não significa que ele seja um repetidor de Strauss. O caminho anticristão de Nietzsche é próprio. Sua abordagem bíblica antiquada é identificável por meio da maneira arbitrária com que ele interpreta as palavras de Paulo na Primeira Epístola aos Coríntios, 7:2-9, demonstrando não considerar o horizonte apocalíptico judaico do século I e os motivos histórico que fizeram Paulo escrever determinadas frases inconcebíveis para o pensamento da modernidade.[138] É desleal julgar o apóstolo Paulo com os olhos do século XIX, inserindo o apóstolo cristão na cosmovisão judaica somente quando convém. Nesse aspecto, algumas vezes o filósofo falhou intelectualmente. Também Nietzsche não conhecia a força e a profundidade originais do cristianismo. É importante, ao estudar a visão dele sobre o cristianismo, perguntarmo-nos: sua ignorância a respeito de fundamentos teológicos se dá por desinteresse pessoal, por antipatia de fundo psicológico ou por que os conteúdos teológicos do século XIX não eram tão bem revisados, amadurecidos e críticos como hoje? Talvez as três respostas pudessem revelar algo de fundo biográfico. No que tange à teologia, a crítica tão ferrenha que Nietzsche faz ao conceito cristão de 'Reino de Deus' demonstra com clareza que ele não vislumbrava o que hoje qualquer bom manual de teologia antropológica desvenda sobre os conteúdos teológicos do que é este 'Reino' e como conceituá-lo.

No presente, teólogos mais experimentados afastam de si a possibilidade de uma interpretação alienante das escrituras. Interessa-lhes demonstrar justamente o oposto: o quão o 'Reino *de Deus*' é aguar-

---

[138] NIETZSCHE, *O Anticristo: maldição ao cristianismo,* Item 56.

dado por cristãos para um futuro, mas a partir do presente, do aqui e do agora. O estar à espera, em pacífica esperança e confiança plena nas promessas de Jesus, não significa *a priori* o mesmo que se manter distanciado da realidade, indiferente à vida político-sócio-existencial. Para Jesus, o 'Reino' começa já no presente e se plenificará no futuro. Essa histórica percepção central do que é o 'Reino de Deus' – um dos temas-chave do cristianismo –, Nietzsche a concebe de modo bastante embrionário.

Nietzsche fez filosofia a socos. O deboche azedo de seu anticristo, além de desprezar o cristianismo, provoca agitação tanto nos defensores quanto nos radicais opositores a essa religião; ele, apesar de interpretar o cristianismo como um vício, uma imoralidade, uma infâmia e uma história maldita,[139] soube, contudo, diferenciar Jesus do cristianismo e nesse quesito ele discerniu com transparente honestidade intelectual. Toda a exposição que Nietzsche apresentou em *O Anticristo*, tanto de Jesus quanto do cristianismo, foi feita a partir de dentro de seu amadurecido sistema de pensamento, tão bem expresso em *Genealogia da moral* e *Além do bem e do mal*. As suas teses estavam comprometidas a partir de seus conceitos sobre o niilismo negativo e positivo.

O que interessava a Nietzsche em seu anticristo era a *psicologia do Redentor*. É surpreendente a leitores desavisados certos trechos em que ele demonstra simpatia por Jesus: "[...] apenas a *prática* cristã, uma vida tal como a *viveu* aquele que morreu na cruz, é cristã... Ainda hoje uma vida *assim* é possível, para determinadas pessoas e até necessária: o cristianismo autêntico, original, sempre será possível [...]";[140] "esse [Jesus] 'portador da boa nova' morreu como viveu, como *ensinou* – não para 'redimir os homens', mas para mostrar como se deve viver. A *prática* foi o que ele deixou para a humanidade: seu comportamento ante os juízes, ante os esbirros, ante os acusadores e todo tipo de calúnia e escárnio – seu comportamento na *cruz*. [...] *Não* defender-se, *não* encolerizar-se, *não* atribuir responsabilidade... Mas tampouco resistir ao mau – *amá-lo*".[141]

---

[139] NIETZSCHE, *O Anticristo: maldição ao cristianismo*, p. 81.
[140] NIETZSCHE, *O Anticristo: maldição ao cristianismo*, p. 39.
[141] NIETZSCHE, *O Anticristo: maldição ao cristianismo*, p. 35.

108 ANDRÉ MARINHO

Para Nietzsche, Jesus foi *mal-entendido* pelos próprios apóstolos. Segundo ele, nasceu a partir de Jesus uma igreja judia com castas, privilégio, ordem, fórmulas contra o povo. O filósofo se indagava, defendendo Jesus e acusando os primeiros cristãos: não foi Jesus um 'santo anarquista' que contrariou a ordem dominante?[142] Escreveu o filósofo: "a história do cristianismo – da morte na cruz em diante – é a história da má compreensão gradativamente mais grosseira de um simbolismo *original*".[143] Foi a partir da morte de Jesus que começou, segundo Nietzsche, a deturpação – o que ele chamará mais adiante de o *disangelho*. "O destino do evangelho foi decidido com a morte – foi pendurado na 'cruz'... Somente a morte, essa morte inesperada, ignóbil, somente a cruz, geralmente reservada para a *canaille* [canalha] – somente esse horrível paradoxo pôs os discípulos ante o verdadeiro enigma: '*quem foi esse? O que foi isso?*'".[144]

E sobre os primeiros cristãos, ele afirma: "evidentemente, a primeira comunidade *não* compreendeu o principal, o que havia de exemplar nessa forma de morrer, a liberdade, a superioridade *sobre* todo o sentimento de *ressentiment* [ressentimento]: – sinal de como o entendia pouco! Jesus não podia querer outra coisa, com sua morte, senão dar publicamente a mais forte demonstração, a *prova* de sua doutrina".[145] Segundo o filósofo, os primeiros cristãos traíram o evangelho, porque se ressentiram com o desfecho da vida de Jesus. Não perdoaram a crucificação, no sentido evangélico mais puro. Exigiam, psicologicamente, reparação, julgamento, castigo, vingança. Criaram um Deus totalmente diferente do de Jesus, o Deus do *ressentimento*.[146] Foi quando inventaram a ressurreição.[147] Por fim, apesar de preservar a figura de Jesus, ele afirmará que Jesus foi um "interessantíssimo *décadent* [decadente]".[148]

É preciso ter cuidado com Nietzsche. Ele é um filósofo perigoso. Sua leitura seduz, impressiona, impacta, encanta: nenhum outro filó-

---

[142] NIETZSCHE, *O Anticristo: maldição ao cristianismo*, p. 27.

[143] NIETZSCHE, *O Anticristo: maldição ao cristianismo*, p. 37.

[144] NIETZSCHE, *O Anticristo: maldição ao cristianismo*, p. 40.

[145] NIETZSCHE, *O Anticristo: maldição ao cristianismo*.

[146] NIETZSCHE, *O Anticristo: maldição ao cristianismo*, p. 40.

[147] NIETZSCHE, *O Anticristo: maldição ao cristianismo*, p. 42.

[148] NIETZSCHE, *O Anticristo: maldição ao cristianismo*, p. 31.

sofo escreve tão bem quanto ele. Da perspectiva atual, suas análises sobre o cristianismo são muito *chiaroscuro*, preto-no-branco, e carecem de demonstrações e embasamento crítico, embora elas sejam muito perspicazes e profundas. Será mesmo que os primeiros cristãos inventaram a ressurreição? Será que, numa possível investigação psicológica, o que os motivava inicialmente era um pavoroso ressentimento? A questão da ressurreição é tão simples assim que basta dizer que ela foi uma 'invenção' para se resolver uma série de questões intrínsecas ao cristianismo? Não é pretencioso demais alguém num livro de cem páginas querer desmascarar uma religião de dois mil anos? *O Anticristo* é um livro mais panfletário do que uma acurada investigação. Quer ferir.[149]

Para além dessas indagações, há outros questionamentos do filósofo que se assemelham, guardadas as comparações históricas possíveis, com os questionamentos de Jesus:

■ *Nietzsche tem razão ao afirmar* que teólogos e estudiosos religiosos tendem[150] a olhar a realidade de modo superior e alheio, como se o conhecimento de conceitos religiosos lhes fizessem 'distintos' e 'excluídos' da vida comum. Também esses estudiosos abusam de palavras como humildade, castidade, pobreza, santidade, Deus, salvação, eternidade, *forjando* a realidade, como se nenhuma outra visão de vida pudesse ter relevância e negando valor à realidade concreta dos seres humanos. Somente esses conceitos importam, todos os demais são dispensáveis. Não interessam as forças históricas, os fenômenos psicossociais, a cosmovisão das

---

[149] Há inúmeros tratados que analisam essa obra de Nietzsche, uma referência é: KASPERS, K. *Nietzsche and Christianity.*

[150] Nietzsche é radical em sua crítica. Ele afirma todos esses pontos como sendo absolutamente corretos. Quem se utiliza da palavra "tendem" sou eu, porque não concordo com o radicalismo panfletário anticristão, embora aceite que a tendência de religiosos e teólogos esteja bem delineada pelo filósofo. Nas obras completas de Nietzsche, encontraremos alguns exemplos que contradizem esta crítica extremada de *O Anticristo* e, até mesmo por causa deles, sinto-me mais tranquilo para usar "tender a". Essa 'amenização' da crítica ao cristianismo em outros trechos de seus obras evidencia, mais uma vez, o caráter panfletário e bombástico de *O Anticristo.*

épocas. Os teólogos estão do lado da verdade e todos os que não concordam com eles estão com a mentira ou com a ilusão;[151]

■ *Nietzsche tem razão ao afirmar* que, muitas vezes, sacerdotes, isto é, guias espirituais, pastores, padres, palestrantes e líderes religiosos *falseiam* o conceito de Deus e de moral. Ao afirmarem ou subrepticiamente induzirem os crentes à obediência às leis que eles defendem, o modo como eles pregam Deus, estão fomentando autênticas alavancas de poder, uma vez que misturam Deus e as leis ensinadas por esses líderes, como se fossem uma coisa só, e se colocam como capazes de 'redimir'[152] os fiéis; criam, portanto, "instrumentos de tortura, mediante os quais o sacerdote se tornou senhor, ficou senhor";[153]

■ *Nietzsche tem razão ao afirmar* a megalomania de muitos religiosos. Acabam acreditando que eles mesmos são sinônimos de conceitos como 'Deus', 'verdade', 'luz', 'espírito', 'amor', 'sabedoria', 'vida', como se esses religiosos fossem "o sal, a medida e também o *Juízo Final* de todo o resto...",[154] como se eles fossem o fim, e não os meios. Pregam o 'não julgueis', mas *mandam para o inferno* tudo o que é diferente. Glorificam a Deus, como se estivessem glorificando a si mesmos;[155]

■ *Nietzsche tem razão ao afirmar* que a noção do pecado, culpa e castigo é um golpe de mestre para se parasitar fiéis, fazendo de muitos líderes religiosos vampiros pálidos e sanguessugas a atacarem os fiéis. É um crime, para ele o maior crime da humanidade,[156] que só fortalece as *estruturas perversas* de poder dos que pregam esses conceitos, negando a vida, "autoviolando o homem pelo conceito de pecado";[157]

■ *Nietzsche tem razão ao afirmar* que o ideal ascético do cristianismo – a abstinência sexual, impregnado também nos paradig-

---

[151] NIETZSCHE, *O Anticristo: maldição ao cristianismo*, itens 8 e 9.
[152] NIETZSCHE, *O Anticristo: maldição ao cristianismo*, p. 26.
[153] NIETZSCHE, *O Anticristo: maldição ao cristianismo*, p. 38.
[154] NIETZSCHE, *O Anticristo: maldição ao cristianismo*, p. 44.
[155] NIETZSCHE, *O Anticristo: maldição ao cristianismo*, p. 44.
[156] NIETZSCHE, *O Anticristo: maldição ao cristianismo*, p. 49.
[157] NIETZSCHE, *O Anticristo: maldição ao cristianismo*, p. 56.

mas cristãos não-celibatários, pregando uma realização contrária à vida, aos instintos biológicos, como se não fossemos também animais, como se sexo fosse maldito e maculado, numa "hostilidade declarada à vida, à natureza, à vontade de vida! Deus como fórmula para toda difamação do 'aquém', para toda mentira sobre o 'além'! Em Deus o nada divinizado, a vontade de nada canonizada!...".[158]Para Nietzsche, esses ideais ascéticos nada têm a ver de fato com a essência humana, é antes uma forma de demência, "'o melhor instrumento de poder', e a 'suprema licença de poder'".[159]

São bem duras as críticas de Nietzsche a religiosos, especialmente a sacerdotes e teólogos. Tudo isso ele conceitua com palavras fortes: uma grande decadência, idiotice, falsidade, ficção, ódio, falsificação, esperteza, obscenidade, infortúnio, maldição, veneno etc.

Alguém precisaria defender o cristianismo? Lembremo-nos de que o próprio Nietzsche faz uma clara distinção entre Jesus e cristianismo: "Que pavoroso paganismo! – Jesus havia abolido o próprio conceito de 'culpa' – ele negou todo abismo entre Deus e homem, ele *viveu* essa unidade de Deus e homem como *sua* 'boa nova'".[160]

Nietzsche precisa ser levado a sério, apesar de sua crítica ao cristianismo ser repleta de preconceitos do próprio filósofo. Não é um ateu inconsequente, é o gênio que faz um bombástico diagnóstico de sua época. Sem adentrar nas críticas dele à existência de Deus, toda a investigação arrebatada que faz revela que ele não estava fora da cultura cristã, mas muito ao contrário, ele fazia parte dessa tradição. Sua força revolucionária, sua paixão de cunho profético escondem, por trás de suas linhas, um pacato pensador na vida social, sempre tomado de doenças, delicado, vulnerável, tímido, tido como agradável por quase todos, que tem como sombras do passado sua família de pastores protestantes. Sua vida é de uma sobriedade impressionante. Sua doutrina tem consequências alarmantes.

---

[158] NIETZSCHE, *O Anticristo: maldição ao cristianismo*, p. 18.
[159] NIETZCHE, Friedrich Wilhelm. *Genealogia da moral: uma polêmica*. Tradução, notas e posfácio Paulo César de Souza. São Paulo: Companhia das Letras, 2009, p. 80.
[160] NIETZSCHE, *O Anticristo: maldição ao cristianismo*, item 41.

112 ANDRÉ MARINHO

Nietzsche tinha a visão nítida das tendências da hierarquia judaica e do que é, ainda hoje, a hierarquia religiosa. Ele sabe que Jesus nada tem a ver com a hierarquia do século I: ao contrário, foi esta hierarquia quem matou Jesus: *"Dies brachte ihn an's Kreuz"* – "Isso o levou à cruz".[161]

* * *

Que muitas instituições cristãs estão repletas de ordens internas, que obrigam a subordinação de seus fiéis à hierarquia, é matéria conhecida há séculos. Ocorre que, como nunca antes na história humana, os seres humanos de nossa época não aceitam facilmente dobrar-se à hierarquização da vida religiosa. Se, na própria vida leiga, há enorme resistência à obediência, por que no espaço religioso haveria de ser diferente? Há religiosos tradicionalistas que acreditam que, justamente porque o mundo rejeita a ordem e a subordinação, é necessário, ao revés, fomentar-se essas duas características nas instituições religiosas. Seria a religião um dos únicos espaços da vida humana que poderia acolher, obedientemente, as exigências da disciplina e da hierarquia. Ainda que, efetivamente, as religiões sejam antigas guardiãs da tradição, a grande maioria das pessoas que busca a religião almeja trilhar um caminho para ser menos infeliz, angustiada, ansiosa etc. Querem essas pessoas, em última instância, a paz e a felicidade. Por isso, não será fácil nem pertinente convencê-las de que deverão observar a hierarquia para se 'salvarem'.

Não obstante isso, muitos religiosos e não-religiosos continuam associando Jesus à hierarquia institucional. O que lhes carece, intelectualmente, é a análise de que Jesus foi livre da ordem e da subordinação como regras absolutas. Isso significa que Jesus obedeceu exclusivamente ao que ele concebia como 'Deus' e a mais nada nem ninguém. Nesse aspecto, é importante ressaltar que há, sim, uma única autoridade, um único caminho, uma única ordem, uma única subordinação para Jesus, que era Deus.

Ao contrário disso, inclusive fora dos meios religiosos, a sociedade humana organizou-se de modo que haja uma profunda necessidade de tudo classificar, fatiando a realidade e as pessoas. Em termos autentica-

---

[161] NIETZSCHE, *O Anticristo: maldição ao cristianismo*, p. 27.

QUEM FOI JESUS? 113

mente cristãos, emerge um conflito, porque uma das premissas de Jesus era a igualdade entre todos perante Deus. Uma vez que as divisões sociais rotulem as pessoas como A ou B, ou que as categorias comportamentais pressuponham que C é melhor do que D, ou que E é inferior a F, a classificação conduz inevitavelmente à crítica que Nietzsche fez: de os religiosos se sentirem superiores aos não religiosos. O julgamento do outro[162] nunca foi aceito por Jesus. Ele nunca aceitou patotas sociais e nem permitiu que seu grupo apostólico se tornasse uma patota. Não há, no comportamento de Jesus, uma tentativa de incluir os excluídos, porque incluí-los significaria afirmar que eram diferentes. Eles todos são um só, portanto não há incorporação e integração. A hierarquia necessariamente exige, para existir uma autoridade, um poder maior de alguém e, consequentemente, um mando, uma rédea. Jesus nunca estabeleceu que haveria uma proeminência entre seus discípulos. Eles, em verdade, deveriam ser *primus inter pares,* os primeiros a se considerarem um entre muitos, motivo pelo qual Jesus chamou atenção quando, em determinado momento, houve uma discussão acalorada entre os apóstolos, para se definir quem dentre eles seria o superior.[163] O que Jesus advogava era também semelhante ao princípio latino *par in parem non habet judicium,* significando que não há soberania de um ser sobre outro, porque todos são iguais. Para Jesus, deveria haver, na sociedade humana evangelizada, uma igualdade plena, que não é um igualitarismo social, mas uma igualdade nas condições de humanidade intrínseca, que nada mais é do que o reconhecimento de uma realidade que pertence a todos: a vida, a morte, o sofrimento, a busca pela felicidade. Comuns em tudo isso, não deveria haver, pragmaticamente, seres que escapassem a essa realidade; não haveria possibilidade de se arrogar superior ou inferior porque uma igualdade tácita – primeira e última – é a condição efetivamente existente.

A crítica de Jesus à hierarquia estendia-se, de modo mais radical, para além de núcleos tradicionais religiosos: nada deveria agir como poderio sobre o ser humano, nem poder, nem dinheiro, nem sexo,

---

[162] Mt 7:1-2; Lc 6:37-42. Bastante ilustrativa a esse respeito, e dentro da mesma concepção de Jesus, é a leitura de Tg 4:12.
[163] Lc 22:24-27; Lc 9:46-48; Mt. 18:3-4; Mc 9:35.

114 ANDRÉ MARINHO

nem desejos, nem aspirações – nada, absolutamente nada. É o retorno do monoteísmo absoluto abraâmico, tão bem exemplificados na passagem do sacrifício de Isaac.[164] Não há, para Jesus, prerrogativas para nada: as Igrejas podem salvar, mas podem também não salvar; os ensinamentos podem libertar, mas, mal compreendidos, podem aprisionar. Não há, consequentemente, poder temporal de nada sobre nada. Apenas Deus, na cosmovisão judaico-cristã, que é de onde o ser humano descendeu e é para onde o ser humano ascenderá,[165] seria o eixo central da vida. Nada de postos, cargos, posições de destaque! Não interessam patentes, sobrenomes, sistemas de poder, sagrações. E nem mesmo o olhar criterioso de alguém pode definir, à perfeição, quem está com Deus e quem com ele não está; para Jesus, apenas Deus pode definir, portanto, quem está salvo. Não cabe qualquer julgamento, nem pelo pensamento.[166] A nobreza, o sangue, a *high-society* não têm privilégio algum. Ao contrário, esses, por serem tão cheios de si, possuem enorme dificuldade para entrar no 'Reino de Deus'.[167] Esse é o motivo pelo qual Jesus declinou quando quiseram conferir-lhe, espontaneamente, títulos, honras e distinções. Mesmo quando o classificaram com patentes morais, ele declinou, afirmando que o único que pode ter algum título é Deus.[168]

Jesus é um insubordinado, porque é um não ordenado a nada desse mundo, sendo sua ação sempre signo de confusão com relação aos defensores do disciplinamento. Ele não foi um anarquista vulgar. Sabia que seus questionamentos iriam, pela lógica social e cultural do mundo, levá-lo a labirintos perigosos. Curiosamente, o processo de seu julgamento e de sua morte fogem de muitos padrões da época, havendo, por parte dos seus acusadores, os defensores da ordem, uma total insubordinação à mesma, para que se levasse ao fim o objetivo de matar Jesus. O

---

[164] Gen 22:1-19. Essa narrativa é denominada no judaísmo como *Akedah*. Tertuliano e Clemente de Alexandria compararam o sacrifício de Isaac ao sacrifício de Jesus. Há vasta tradição teológica sobre a passagem no judaísmo, assim como nas artes judaica e cristã.

[165] Ex 3:14 e Ap 1:4.

[166] Mt. 5:27-30; Mt. 18:8-9.

[167] Lc 18:24-23; Lc 12:33-34.

[168] Lc 18:19; Mt 19:16-22; Mc 10:17-22.

QUEM FOI JESUS?

carnaval que se tornou seu julgamento, o alvoroço por querer matá-lo, a miscelânea jurídica que fizeram para poder sacrificá-lo mostram que todo o processo jurídico de sua morte foi irregular, repleto de celeumas; em uma palavra, desordenado. A hierarquia sofre costumeiramente da hipocrisia de pregar para os outros a disciplina, mas, para si, aceita certa dose de complacência.[169] Querem que os outros não tenham contradições internas e sejam fielmente obedientes e perdoam as próprias idiossincrasias, não tolerando as de outrem. Jesus questionou, por seu comportamento, o que é ordem e o que é desordem; afinal, aqueles que pregam tanto a ordem tiveram de usar certos graus de desordem para matá-lo. A restrita e cega obediência a padrões culturais é sempre atitude perigosa, porque nenhum ser humano – um ser que tem uma intrínseca necessidade de liberdade – se adaptará plenamente à hierarquia. Ao contrário do que seus inimigos esperavam, Jesus demonstrou ser, efetivamente, muito mais coerente com seu próprio discurso – simétrico entre palavra e ação – do que eram seus opositores. Consequentemente, podemos compreender que essa dicotomia entre ordem e desordem não subordina Jesus a nada. Ele está livre desses rótulos. Sua insubmissão não é simplória teimosia juvenil. Ele não se sujeita, porque, em verdade, sua ação e seus ensinamentos não se limitam à submissão ou ao combate. Tampouco quer uma mediação, conciliando dialeticamente os poderosos. Ele consegue simplesmente viver fora da esfera de querer o poder.

Podemos aprender com o...

▪ **Judaísmo** que, após a expulsão de todo o seu povo da Palestina, pela intervenção militar romana, por ocasião da Segunda Guerra Civil de 135, e de presenciar a tristíssima destruição do grande templo, além do genocídio de 850.000 (oitocentas e cinquenta mil) pessoas, precisou preservar-se como religião, para permanecer existindo. Sem radicais políticos (todos foram eliminados), sem rei ou Messias, sem sacerdócio, culto e templo, sem a própria terra santa, essa surpreendente religião conseguiu resistir. Os fariseus deram continuidade à tradição, criando escolas acadêmicas de estudo, ainda na estrutura dos setenta rabinos, sendo

---

[169] Mt. 23:4; Lc 11:46.

que eram todos pobres (agricultores e artesãos) que prontamente entendem a necessidade de se tornarem modelos éticos para a comunidade, acolhendo a não violência e transformando as Escrituras, o estudo intenso e a oração diária no centro da vida judaica, conseguindo assim, de modo impressionante, sobreviver apesar de todas as perseguições externas, pela força indiscutível da vontade e da comunidade;

• **Cristianismo, especialmente as igrejas ortodoxas**, que apesar do centralismo papal típico do medievo, numa labiríntica organização disciplinar monárquica absolutista, nunca perdeu de vista a comunhão das Igrejas, sem autoridade centralizadora, sendo o sacerdote o servo de todos, aquele que compartilha o serviço da mesa (*diakonia*), o representante do serviço em favor da comunidade. Mesmo a igreja ocidental, desde a antiguidade ambiciosa por superioridade, dominação e autoridade, conheceu em suas fileiras importantes movimentos de pobreza e penitência que questionavam a hierarquia, como os cátaros e os valdenses. Impossível não mencionar Francisco de Assis, *il Poverello* que, no auge das pretensões papais, ofereceu uma nova visão, como alternativa, ao sistema romano, baseado exclusivamente na pobreza, na humildade e na simplicidade;

• **Islamismo**, uma fascinante religião que prega explicitamente que a única autoridade é *Allah* (Deus)! Nada de especulações teológicas infindáveis, nem teorizações filosóficas rebuscadas: honrar, orar e obedecer a Deus é o eixo central da religião. A fé no Deus único é o conteúdo central, inabalável e insubstituível dos muçulmanos. Nenhum outro poder se compara à obediência irrestrita (*islam*) que o muçulmano deve somente a Deus. Qualquer outro poder só pode ser validado, se for validado a partir do Deus, que é repleto de indulgência, justo, protetor, plenamente compassivo, que une e reúne.[170] Conforme está escrito na 112ª surata do Alcorão: "Dizei: Ele é Deus, o Único! Deus! O Absoluto! Jamais gerou ou foi gerado! E ninguém é comparável com Ele!".

---

[170] Ver a lista dos mais belos nomes de Allah reunidas por Abu Hurayra, amigo do profeta, na coleção de Hadith.

QUEM FOI JESUS? 117

■ **Espiritismo**, que desde a sua formulação inicial, com Allan Kardec, determinou categoricamente não haver chefes institucionais nem mesmo doutrinais. A única autoridade (espiritual) e existente é a moral e as autoridades terrenas têm como função levantar a moral das pessoas, e não esmaga-las com orgulho.[171] Tudo deve estar submetido à razão, ao pensamento crítico, à análise. Nenhum traço autoritário, nenhum 'médium' como infalível, afastamento de qualquer burocracia tipicamente uniforme.

Precisamos refletir no...

■ **Judaísmo, cristianismo, islamismo e espiritismo**, ser necessário manter atenção para qualquer discriminação, dominação, repressão e inquisição, por serem inaceitáveis em nossa época e nessas doutrinas/religiões! A liberdade de expressão não poder ser jamais tolhida, ainda que muitas vezes rabinos, teólogos e estudiosos de todos os tipos façam questionamentos abertos. Jesus, mas também Moisés, Maomé e Kardec sabiam escutar e dialogar. Numa época de riqueza e suntuosidade monetária, vivemos também escândalos financeiros frequentemente. As sinagogas, igrejas, mesquitas e grupos espíritas precisam de uma política financeira transparente. Seus seguidores necessitam saber como suas contribuições estão sendo aplicadas e de que modo a contribuição da comunidade está cooperando para as instituições realizarem seus nobres objetivos. A hierarquia deve servir, e não ser servida. Deve ser transparente, e não sombria com as informações.

---

[171] KARDEC, Allan. *O livro dos espíritos*. 93ª ed. Brasília: FEB, 2013. Ver questões 274 e 918.

6

JESUS E OS ESSÊNIOS

Que se avalie: num mundo de tantas guerras e desencontros entre as pessoas; onde o 'sucesso' e a 'fama' são condições para o 'êxito social', a opção de se retirar do mundo e viver em comunidades isoladas não seria um autêntico desejo cristão? Viver numa ordem religiosa estruturada, em contato exclusivo com a natureza, longe da balbúrdia cotidiana, tendo a oportunidade de ler a boa filosofia e a teologia clássica, alimentando-se frugal e saudavelmente, de modo semissolitário e livre, não seria uma nobre aspiração? De modo não muito diferente, assim pensaram Santo Antão, São Pacomio, além de jovens *hippies* cristãos do Nepal. Se compararmos o estilo de vida de Jesus, livre de amarras sociais, nômade, vivendo da caridade alheia, dormindo na casa de amigos ou ao relento, desvinculado da família, não seria ele um pré-*hippie*?

Assim como essas analogias, a literatura cristã é repleta de hipóteses e teorias de conspiração sobre a convivência de Jesus com os essênios,[172] o grupo apolítico de sua época. Uns falam de um jovem

---

[172] Sobre os essênios, a bibliografia é vasta. Eis alguns importantes livros e teses de doutorado: MARTINEZ, F. G; BARRERA, J. *Os homens de Qumran: literatura, estrutura e concepções religiosas*. Trad. de Luis Fernando Gonçalves Pereira. Petrópolis: Vozes, 1996. Para uma análise da crítica com relação às publicações em defesa de Jesus-essênio ver: CHARLESWORTH, J. H. *Jesus and the Dead Sea Scrols*. New York, 1992; BERGER, Klaus. *Qumran e Jesus: uma verdade escondida?* Petropolis, RJ: Vozes, 1994; *Textos de Qumran*: edição fiel e completa dos documentos do Mar Morto.

120 ANDRÉ MARINHO

Jesus que, dos 12 aos 30 anos, permaneceu retirado em mosteiros essênios no deserto; outros, de que ou aprendeu com os essênios ou lhes ensinou; e outros ainda dizem que, antes de Jesus ser essênio, essênia era sua mãe, Maria.

Será tudo isso uma confusão de interpretação e de 'revelações'? Até onde Jesus se identificou com os essênios? Jesus validaria o afastamento sagrado do mundo em busca de purificação?

* * *

Não nos esqueçamos: o cristianismo é derivado do judaísmo e o judaísmo é uma religião profética. Seus grandes representantes eram profetas, homens que questionaram o sistema e o colocaram em cheque. Diferentemente das estruturas religiosas originárias da Índia,[173] nas quais o representante religioso é o místico que frequentemente se retira para meditar, o judaísmo e o cristianismo conhecem a prática da oração, não a da meditação. Por isso, desde sempre, homens que se retiravam para o deserto, no judaísmo da época de Jesus, eram exceções e, na maioria das vezes, considerados estranhos pela população. Também hoje, entre cristãos, a quantidade dos que levam vida asceta ou cenobita é pequena, apesar de existirem. Na época de Jesus, causava incômodo social o celibato de um jovem homem judeu. Embora alguns estudiosos tenham levantado a hipótese de Jesus ter se casado (e alguns mais entusiastas inclusive veem em Maria Madalena a esposa), não há nenhuma confluência acadêmica, por meio de estudo

Tradução dos originais hebraico e aramaico a cura de Florentino Garcia Martinez. trad do espanhol: Valmor da Silva. Petropolis: Vozes, 1995. Para um estudo sobre os essênios, independente da conexão com Jesus, ver: HIRSCHFELD. *Qumran in context: reassessing the archaeological evidence.* 2004. Para uma historiografia que aceita conexões entre Jesus e os essênios, ver: STEGEMANN, H. *The Library of Qumran: On the Essenes, Qumran, John the Baptist, and Jesus.* 1998; também a bibliografia de Heinrich Graetz, o famoso historiador que entendeu Jesus como essênio, e David Flusser e A. Winkel, que seguem na mesma linha.

[173] Um simples exemplo de diferenciação, entre as religiões proféticas (judaísmo, cristianismo e islamismo) e religiões místicas (hinduísmo e budismo), reside nas figuras mesmas de Buda e Jesus. Buda é sempre retratado em meditação, sentado, de olhos baixos. Jesus está sempre no horto, em agonia, falando diretamente com Deus. Em Buda, Deus é uma postura interna, no mais profundo da alma. Em Jesus, Deus é uma realidade externa, a quem se pede, louva e agradece.

acadêmico abalizado sobre o assunto, que permita concluir com tal assertiva. As argumentações em defesa dessa tese são hipótese e não conseguem se estruturar eficazmente. Para os judeus do século I, se Jesus fosse casado, isso em nada depreciaria sua imagem. O mesmo vale para os apóstolos, que não tinham a conceituação sexual que conhecemos, proveniente do início da Idade Média. Talvez se Jesus se casasse, esse seria um argumento a menos contra ele para seus opositores, pois nesse assunto ele seria considerado 'normal'. O fato de ser celibatário era um comportamento exótico. Também entre os historiadores não cristãos da época, que citam algo sobre Jesus, não há nenhuma referência a algum casamento de Jesus ou à descendência sua.

Há uma parcela grande de sensacionalismo em torno desse assunto, tratado quase sempre de maneira superficial e irresponsável. O sensacionalismo chegou ao ponto de, nos anos 1970, surgir um "'confidencial sobre Jesus', atribuído aos arquivos do Vaticano, em que se afirmava que Jesus era essênio. Tal *fake news* contra o Vaticano representa a desconfiança que muitos religiosos têm em relação ao sistema repressivo papal e demonstram, sobretudo em nossa época, o quão é preciso ter muito cuidado em se tratando de teologia, uma vez que pululam editores com livros supostamente acadêmico-científicos alavancando um mercado de bilhões de dólares em todo o mundo. Teorias como a de que Jesus não morreu, mas fugiu para a Índia, ou que ele se casou e foi para o sul da França, ou mesmo que existe até hoje uma linhagem secreta familiar de Jesus, alimentam milhares de leitores e um polpudo nicho editorial. Chegou-se ao ponto de se publicar recentemente o livro *A dieta de Jesus*, em que Don Colbert, um médico americano, recomenda o tipo de alimentação que Jesus praticava, segundo as suposições do autor. Em que tipo de pesquisa for, o nome de Jesus sempre atrai o capital comercial.

Independentemente da atual situação editorial, televisiva e cinematográfica sobre Jesus, na maioria das vezes superficial, forjando impactos midiáticos, chocando a opinião pública sem qualquer preocupação com a verdade, há uma séria pesquisa historiográfica no mundo inteiro, em parte desvinculada de igrejas e até mesmo pertencente a outros âmbitos religiosos, como o judaísmo e o budismo.

122 ANDRÉ MARINHO

É o próprio Hans-Joachim Schoeps, historiador judeu das religiões, professor emérito da Universidade Erlangen, quem afirma: "com certa frequência, tentou-se apresentar Jesus como seguidor secreto ou membro da comunidade essênica; contudo essas suposições carecem de fundamento e, sobre tudo, de provas seguras".[174] Será?

* * *

Quem visita hoje o sítio arqueológico de Qumran, cerca de 22km de Jerusalém, encontra um clima árido e quente, ar e terra secos e o resultado de décadas de escavações arqueológicas. O local é fascinante. Imaginar que justamente entre aquelas cavernas, durante dois mil anos, repousavam documentos de valor incomparável, pergaminhos inéditos, um livro de Isaías, fragmentos da Bíblia hebraica, tudo casualmente encontrado, em 1947, por um jovem beduíno que cuidava de ovelhas! O achado teve repercussões bombásticas na imprensa e nos meios acadêmicos. Quem não ouviu falar dos manuscritos do Mar Morto? Também havia ali um cemitério com mil e cem sepulturas e a regra da comunidade essênica, denominada 1QS. Teríamos informações concretas sobre os essênios?

* * *

Todo o romantismo que circundava a imagem dos essênios, de certo modo inspirada até então nos místicos hindus e budistas, foi por água abaixo. Descobriu-se que essa comunidade, segregada do mundo judaico justamente na época de Jesus, desejava tornar-se os 'puros homens de Israel'. Os essênios acreditavam que todos os seus membros, a maior parte deles retirada no mosteiro de Qumran, estavam 'na verdade e na luz', ao passo que os de fora estavam 'nas trevas'. Uns (a luz) lutavam contra os outros (as trevas), para que os mandamentos de Deus triunfassem. Consideravam os fariseus 'pouco aplicados nas leis' e observavam o descanso de sábado rigorosamente, de modo muito mais severo que todos os judeus da época. Almejavam substituir o culto de Jerusalém. Acreditavam na imortalidade da alma, possuíam uma

---

[174] SCHOEPS, H.J. Jesus. In Id., *Gottheit und Menschheit. Die grossen Religionsstifter und ihre Lehren*, Darmstadt, 1954, p. 56. Do mesmo autor, em inglês, ver: *Jewish Christianity; factional disputes in the early church. Philadelphia*, Fortress Press, 1969.

literatura secreta e um calendário próprio. A elite do mosteiro era celibatária (e exclusivamente masculina) e eram proibidas propriedades pessoais. Comia-se pouco e somente o essencial. Observava-se uma forte hierarquia e havia uma série de punições para quem desrespeitasse as regras. Não se devia proferir palavras tolas, rir, interromper a conversa alheia ou andar nu. Tudo isso era passível de punição. O silêncio devia imperar – absoluto – e as roupas especiais deveriam estar sempre limpíssimas. Provavelmente não havia essênios na Galileia.

Os essênios estudavam a Torá minuciosamente, sempre respeitando os rituais de pureza com rigor extremo. Eram tão austeros que não se permitiam usar qualquer tipo de óleo. Seu sistema de iniciação era extenso, igualmente. Não aceitavam a ressurreição dos mortos e conferiam muito enfoque à interpretação da Torá. Para ser membro do grupo, havia um estágio probatório de tempo superior a dois anos e todo um processo complexo para ser membro definitivo.

Após certo consenso entre os estudiosos dos essênios, pôde-se entender melhor o significado das seguintes palavras de Jesus:

- "Ouvistes o que foi dito: Amarás o teu próximo e odiarás o teu inimigo. Eu, porém, vos digo...". Quem disse a "regra" "odiarás o teu inimigo"? Ela não se encontra na Bíblia Judaica, nem na tradição oral; no entanto, tal assertiva está presente nos escritos de Qumran 1QS 1,10s e, possivelmente, Jesus estivesse pensando nos essênios quando as pronunciou;[175]

- "Pois os filhos deste século são mais prudentes com sua geração do que os filhos da luz".[176] Jesus termina a parábola do administrador infiel, com essa frase. Mas quem eram os 'filhos da luz' e como os 'filhos deste século' poderiam ser mais prudentes do que eles? Ora, 'filhos da luz' era a expressão pela qual os essênios se autodenominavam;

---

[175] Mt 5:43.
[176] Lc 16:8.

- "Não permitais que vos chamem guias".[177] A quem iriam eles chamar de 'guias'? Era justamente esse o título do chefe religioso da comunidade Qumran, o 'guia justo' ou 'mestre da justiça'.

Se Jesus esteve entre os essênios por algum período, nada aprendeu com eles, ou aprendeu o que não queria para si; nada teria lhes ensinado ou eles nada aprenderam com Jesus. Não há nenhum indício de relação direta de Jesus com esse grupo. É mais provável que Jesus, caso os tivesse visitado, tenha sido imediatamente expulso do mosteiro, pois suas palavras o denunciariam:

- "Se, portanto, vos disserem: Ei-lo [o Filho do homem] no deserto, não vades até lá; Ei-lo em lugares retirados, não creais";[178]
- "E, chamando de novo para junto de si a multidão, disse-lhes: 'Ouvi-me todos, e entendei! Nada há no exterior do homem que, penetrando nele, o possa tornar impuro; mas o que sai do homem, isso é o que o torna impuro'";[179]
- "Aconteceu que estando ele [Jesus] à mesa em casa, vieram muitos publicanos e pecadores e se assentaram à mesa com Jesus e seus discípulos. [...] Eu não vim chamar justos, mas pecadores";[180]
- "O sábado foi feito para o homem, e não o homem para o sábado";[181]
- "Podem os amigos do noivo jejuar enquanto o noivo está com eles?";[182]
- "Com efeito, veio João, que não come nem bebe, e dizem: 'um demônio está nele'. Veio o Filho do Homem [Jesus], que come e bebe, e dizem: 'eis aí um glutão e um beberrão, amigo de publicanos e pecadores'. Mas a Sabedoria foi justificada pelas suas obras".[183]

---

[177] Mt 23:1-12.
[178] Mt 24:26.
[179] Mc 7:14-15.
[180] Mt 9:10-11.13b.
[181] Mc 2:27.
[182] Mc 2:19.
[183] Mt 11:18-19.

QUEM FOI JESUS? 125

Partilhamos da mesma conclusão que Hans-Joachim Schoeps, afirmada anteriormente. Jesus não era essênio e não tinha nada a ver com os essênios. Para chegar a tal conclusão, trabalharam inúmeros historiadores renomados, em âmbito arqueológico-histórico-teológico. As mais importantes publicações acadêmicas são as de H. Bardtke, O. Bertz, E. Bruce, M. Burrows, G. R. Driver, J. Jeremias, J. Maier, C. Rabin, K. Schubert, G. Vermes e Y. Yadin. Toda a historiografia contemporânea é praticamente unânime em afirmar que Jesus não era essênio.

Jesus sempre esteve no mundo, misturado a toda sorte de indivíduos, sem temer as consequências ou os olhares preconceituosos, totalmente independente das aparências sociais, jamais dividindo as pessoas entre 'salvas' e 'não salvas', 'puras' e 'impuras'. Para ele, o que interessava não era o rígido moralismo tão presente nas interpretações religiosas, mas a obediência exclusiva a Deus. Jamais pregou o celibato ou considerou o casamento e a relação sexual impuras; ou alardeou que 'vegetarianos' estavam mais salvos que 'carnívoros'. Não estabeleceu hierarquia entre os apóstolos e mesmo Pedro era um entre doze. Comia e bebia, participava alegremente das festas e realizou seu primeiro milagre num casamento. Em momento algum o evangelho é norma de punições ou faz exigência de trajes especiais ou de rigorosos preceitos de purificação e limpeza. A Jesus interessava a liberdade do homem, e não o seu aprisionamento a regras, leis e prescrições. Para Jesus, devia-se obediência somente a Deus e a mais ninguém.

* * *

As comunidades cristãs de fé, na Palestina do século I,[184] existiam em âmbito doméstico, em que juntos se reuniam os membros, quase sempre judeus de nascimento, mulheres e homens dos baixos estratos sociais, compartilhando os próprios bens em favor da própria comunidade e dos pobres. Grupos de fariseus, zelotas e essênios e até de sacerdotes abandonavam suas 'classes' e se convertiam para 'os homens do caminho', como inicialmente eram chamados os cristãos.

---

[184] STAMBAUGH, E.; BALCH, D. L. *The New Testament and Its Social Environment*, Philadelphia, 1986; THEISSEN, G, *Estudios de sociología del cristianismo primitivo*, Salamanca, 1985.

126 ANDRÉ MARINHO

Não era uma comunidade socialista, como se convencionou entender depois do advento do socialismo no mundo, a partir do século XIX. Eles compartilhavam bens, mas para ser cristão não havia a obrigação de despojar-se de tudo o que se possuía, como era prática entre essênios. E o objetivo era de compartilhar, para atender os *anawin*, ou seja, os golpeados, desalentados, desesperados, desgraçados, os quais são generalizados, em tradução grega e latina, com a palavra equivalente a 'pobres'.

Também nessa comunidade os primeiros seguidores viveram experiências pneumático-extáticas arrebatadoras, hoje denominadas 'experiências mediúnicas'. Seja qual for a compreensão que o mundo laico faça sobre esses fenômenos,[185] o fato é que esses primeiros cristão entendiam semelhantes fenômenos como absolutamente reais. Essas visões e audições 'extrafísicas' que eles experimentavam, a capacidade de falar línguas desconhecidas (xenoglossia) e mesmo a possibilidade de ver espíritos era um aspecto fundamental na vida dessas mulheres e homens. Os relatos sobre a celebração do *Shavuout* após a morte de Jesus, o Pentecostes[186] na tradição cristã, narram detalhadamente os arrebatamentos extáticos. Seja como for, o centro da vivência dos primeiros cristãos não era a comunicação com os espíritos, e sim a certeza de que Jesus, o crucificado, foi ressuscitado por Deus; a comunicação de 'espíritos' por meio dos apóstolos é, portanto, no que tange ao cristianismo, um tema paralelo e naturalmente poderá interessar mais a alguns estudiosos do que a outros.[187] Além de visões exclusivas

---

[185] Há tentativas, na literatura específica alemã, de reconstrução histórico-psicológica sobre esses fenômenos. Para mim são frágeis, porque pressupõem somente a fenomenologia psicológica; são, no entanto, interessantes de se conhecer: COLPE, C. Die älteste judenchristliche Gmeinde. In: BECKER, J. *Die Anfänge*, p. 59-79. Schenke, L, Die Urgemeinde, p. 11-23.

[186] Atos 2.

[187] Interessante também é o estudo sobre o *Gilgul,* termo hebraico para se referir à reencarnação. O estudo sobre o *gilgul* no judaísmo é diferente conforma a época. Acredita-se que os fariseus (todos ou alguns?) acreditavam na reencarnação. O judaísmo pós-talmúdico, especialmente o Karaísmo, sustenta essa doutrina, bem como aparece nos primórdios da Cabala, no livro *Sefer ha-Bahir.* Enfrentando controvérsias teológicas tradicionais, o espiritismo sustenta que Jesus acreditava na reencarnação (*Gilgul*), sustentando sua tese principalmente na passagem de Jesus com Nicodemos, narrada em Jo 3:3: "Jesus lhe respondeu: em verdade, em ver-

QUEM FOI JESUS?

de alguma doutrina, o que unia os apóstolos era a pregação totalmente teocêntrica por um lado, em que Deus é o grande protagonista de todas as coisas, e, por outro, a visão cristocêntrica, em que Jesus é o centro da comunidade, é o próprio mensageiro de Deus.

O que dava coesão à primeira comunidade era o fato de eles se batizarem em nome de Jesus. Com essa prática, ficava plenamente estabelecida a diferença entre judeus e judeus-cristãos. Até porque os primeiros cristãos palestinenses seguiam a moral evangélica de Jesus, mas permaneciam crendo no Deus Único de Israel (*Shema Israel*), estudavam as sagradas escrituras judaicas (*Tenak*), observavam a circuncisão, o sábado, as festas, as normas de pureza e de alimento e ainda iam ao templo, onde oravam e faziam sacrifícios.[188] Foi somente duas décadas mais tarde que houve efetivamente a separação entre cristãos e judeus, e mesmo assim se processou de modo gradual. Na década de 30, além do batismo, outro ato que prontamente se estabeleceu foi a eucaristia, isto é, a celebração da ceia. Era o ato de se reunirem na casa de membros da comunidade cristã e compartilharem o pão, o alimento básico da cultura semita, em nome de Deus.[189] O fato de Jesus ter celebrado, horas antes de sua morte, a ceia com os apóstolos reunidos é, sem dúvida, um fato que lhes marcou significativamente. Na carta de Paulo aos Coríntios, vinte e cinco anos depois do início da prática da eucaristia, essa tradição permanece revestida de importância teológica.[190] O ritual da ceia não foi inventado por Jesus. Era prática comum entre os judeus na festa do *Pesah*; Jesus, no entanto, deu-lhe novo sentido, atribuindo um símbolo profético novo com relação ao futuro dos discípulos; é, portanto, um ritual de importância para aquelas mulheres e homens, junto com o batismo.

---

dade te digo: quem não nasce do alto (ἄνωθεν) não pode ver o Reino de Deus" (grifou-se), conforme a tradução da Bíblia de Jerusalém. Nada obstante, outras bíblias traduzem: "quem não nascer de novo", considerando o advérbio ἄνωθεν na sua acepção grega "novamente". Haroldo Dutra Dias assim traduz a frase: "Em resposta, Jesus lhe disse: Amém, amém, {eu} te digo que se alguém não for gerado de novo {ou do alto} não pode ver o Reino de Deus".

[188] Ver: Atos 15; 1; Gal 5,2s; Mt 24:20; Col 2:16; Gal 2:12; Atos 21:20-26; Mt 5:23; Atos 2:46 e 3:1.

[189] Atos 2:46.

[190] 1 Cor 11:23-25.

Não obstante isso, tanto o batismo de seguidores quanto a ceia já representavam a primeira institucionalização dos cristãos, no sentido de que já ali começaram a existir práticas que eram diferentes das vividas enquanto Jesus estava vivo. Ele, inclusive, ao que se sabe, nunca administrou o batismo e certamente não estabeleceu a eucaristia como condição *sine qua non* para segui-lo. O fato de a maioria das tradições cristãs ainda hoje herdarem essas duas práticas como centrais dentro de suas igrejas é digno de admiração em termos de tradição, pois ali está viva uma antiquíssima tradição cristã; contudo, aquelas igrejas ou instituições que não as praticam também podem estar tão dentro do cristianismo tanto quanto as praticantes desses rituais.

Jesus sempre foi o símbolo da abertura. Às vezes sua pregação pública (incluindo milagres, conversas etc) era realizada em casa de algum amigo, numa praça, pela manhã, pela madrugada, na sombra, ao sol, só para mulheres, com crianças no meio, só para homens, para ambos, orando antes de começar, sem orar antes de começar, no meio de uma festa familiar, na sinagoga, em praça pública, em discussões com seus opositores, com três pessoas, com vinte mil, lendo as escrituras falando de improviso – sem regras para o culto, o estudo, os encontros. Cada dia era um dia! No fundo, Jesus estava também tomando cuidado para as regras não serem mais importantes do que a essência. Por isso, poderiam ter sido dispensáveis os litígios típicos da Reforma Protestante com relação à eucaristia e o batismo, porque, independentemente da tradição que se segue ou não se segue, a vivência do Evangelho, tal qual Jesus a praticou, transcende dogmas e tradições.

* * *

Quanto a João Batista, é mais difícil afirmar que ele também era um apolítico; sua postura era muito diferente dos apocalípticos essênios. O Batista era muito mais um profeta. João não esperava a destruição dos inimigos de *Iahweh*, os inimigos de Israel. Não esperava a vitória final de Israel e seu domínio sobre o mundo. Não acreditava que ser filho de Abraão garantiria a salvação. Sua mensagem era inédita e não se aproximava em nada das correntes messiânicas, apocalípticas e proféticas de seu tempo. Sua prática era outra. Sua vida e mensagem se

Quem foi Jesus?

129

misturaram. O que ele come, veste, o deserto em que passou grande parte de seu tempo, sua pobreza, eram sinais típicos do conteúdo de sua fé. A índole que o domina era o da 'ira iminente de Deus', isto é, a proximidade do julgamento de Deus![191] Sua atividade era realizada entre as massas e não somente no deserto ou no leito dos rios. Ele estava preocupado com a pessoa humana e não com o estado teocrático. Seu ataque frontal era implacável: "Raça de víboras",[192] era como ele se dirigia a Israel, tratando sua nação como uma nação pagã. João anunciou a angústia futura que cairia sobre os traidores de Iahweh. Ser filho de Abraão não garantiria a salvação, isto é, ser 'religioso' não garantiria privilégios.[193] Importa antes de tudo a verdadeira conversão, a famosa expressão usada pelos evangelistas: μετανοέω, *metanoia*. Conversão! Arrependimento! E, sobretudo, renúncia ao pecado! A melhor tradução para a expressão grega é 'mudança de atitude'! Se assim não se der, mesmo diante do gratuito convite de Deus à *metanoia*, a desgraça instaurar-se-ia em sua plenitude e só haveria choro e ranger de dentes.

O discurso de João gerou uma série de provocações que o ameaçaram – ele era um provocador e um radical: falava com autoridade própria e sem legitimação do *establishment*. Também ele, e isto é decisivo, ao pregar a mudança íntima como única condição para a salvação, estava desautorizando o templo com todas as suas práticas estabelecidas para a salvação. O poder profético de João era ameaçador. Sobre ele recaíram suspeitas perigosas e sua postura inquietou inclusive a Herodes.[194] A multidão apoiava o profeta.[195] A mensagem do Batista ganhou uma força politizante que não cunhada inicialmente por ele, potencial esse que levou o Batista ao enforcamento, executado por ordem de Herodes. João também pregava que viria alguém

---

[191] Mc 1:1-8.

[192] Mt 3:7, Lc 3:7. Jesus assume esta expressão em seu discurso: Mt 12:34, 23:33. Esta expressão é abandonada por Paulo e pela comunidade cristã e está ligada exclusivamente às comunidades judaico-cristãs.

[193] Jesus acolhe esse discurso de modo integral: na parábola do bom samaritano (Lc 10:25-37), Jesus, no fundo, indaga sobre quem de fato é religioso, se o sacerdote ou o levita, e exalta a figura do herege samaritano como o único que ajudou o próximo.

[194] Mc 6:20.

[195] Mt 14:5.

mais forte do que ele[196] e que seguiria com o discurso profético. Ele identificou essa pessoa como sendo Jesus.

O início da vida pública de Jesus ao lado de Batista estava marcado desde o começo sob o signo da tensão. Estar ao lado de João era estar exposto. Jesus identificava-se com o Batista em muitos aspectos. Ambos eram profetas destemidos e valorizavam a realidade humana. Ambos possuíam uma autoridade independente da concessão dada por algum membro da hierarquia. O próprio ato de se tornar discípulo de João foi um ato profético para Jesus.

A vida e a mensagem de João atraiu Jesus de maneira especial. Não se sabe historicamente se Jesus apenas se batizou ou se fazia parte do círculo dos discípulos do Batista; é fato, contudo, que a pregação de João sobre a *metanoia* interessou muito a Jesus – esse era o núcleo fundamental da mensagem do Batista e, posteriormente, de Jesus. Não é por acaso que os evangelistas sinóticos atrelaram a pregação da *metanoia* do Batista com o início da pregação de Jesus.[197] Os primeiros discípulos de Jesus eram discípulos do Batista.[198]

Jesus desenvolveu toda uma originalidade própria ao lidar com os temas pregados pelo Batista. Em determinado momento, eles afastaram-se.[199] Não se pode dizer também que houve uma ruptura entre ambos. Não há sinais de atritos entre eles, apenas de diferenças. Os discípulos do Batista chegaram a questionar Jesus:[200] João era asceta, Jesus estava nos banquetes, comia e bebia, conversava com publicanos. As próprias pessoas observavam a diferença entre um e outro. Quando foi preso, o próprio Batista acompanhou o início da pregação de Jesus, por meio de seus discípulos.[201]

No plano teológico, Jesus não se referiu a Deus com temor, nem pregou a ira do final dos tempos. Foi motivo de debate entre Jesus e os discípulos do Batista o entendimento de que Deus é alegria, é festa.

---

[196] Lc 3:16; Mt 3:11.

[197] Mt 3:1-17; Mc 1:1-11 e Lc 3:1-18. Para Jesus, a *metanoia* era um dos núcleos da mensagem evangélica.

[198] Jo 1:35-51.

[199] Mt 4:12-17.

[200] Mt 9:14-17.

[201] Mt 11:2-15 e Lc 7:18-28.

Para Jesus, o tempo era de celebração, e não de sacrifício.[202] Deus, para Jesus, era o amigo dos homens, aquele que não julgava o que cada um era, simplesmente acolhia e amava. O convite de Jesus era para que se conduzisse a vida dentro dessa suave expectativa. O Batista era o profeta da calamidade. Jesus era o profeta da amizade de Deus com seus filhos. A mensagem de Jesus estava centrada na soberania de Deus diante dos homens, no livre reconhecimento de que Deus é Deus e ser humano é ser humano, na concepção de que a única autoridade sobre os humanos deve ser Deus. Era o anúncio da alegre notícia (*ev-angelho*), da chegada iminente do novo mundo. "A bondade e o amor de Deus, nosso Salvador, se manifestaram".[203] Começou, para Jesus e com Jesus, aquilo que os cristãos, imitando Jesus, denominam 'o Reino *de Deus*'.

* * *

Um dos títulos atribuídos a Jesus que mais causam divisão entre judeu e cristão é 'Messias'. Para cristãos, é autoevidente que Jesus é o Messias, sobretudo por causa de algumas passagens neotestamentárias que induzem a esse raciocínio. Qual a importância de ser Messias e o que isso efetivamente significava de tão importante para transformar-se em um dos mais sérios pomos de discórdia entre judaísmo e cristianismo?

Messias é o título para o esperado carismático descendente do rei Davi que os judeus da época de dominação do Império Romano supunham que iria libertar Israel da opressão estrangeira. O Messias restauraria o reino de Israel, permitindo que todos os judeus da diáspora retornassem à terra sagrada. É um conceito pós-Bíblico, não é expresso, claramente nos livros judaicos. Inúmeras passagens bíblicas eram utilizadas entre o século I a.C. e I d.C. para assegurar que, embora a palavra Messias não estivesse expressa na bíblia judaica, o conceito estaria expresso em diversos livros.[204] Deve-se ressaltar que no período de Jesus não havia uma única idealização messiânica esperada, mas diversas. A definição de como seria essa figura variava. Uns consideravam a possibilidade de ele ser um grande sacerdote,

---

[202] Mt 9:14-17; Mc 2:18-22; Lc 5:33-39.

[203] Tt 3:4.

[204] Ver: 2 Sam. 7; 23:1-3.5; Sl 22:44-51; Sl 18; Am. 9:11-12; Is. 11:10; Os 3:5; Ez 37:15.24.

132 ANDRÉ MARINHO

outros um grande rei e outros um grande profeta. Atos dos Após-tolos,[205] em concordância com Flávio Josefo, induz uma lista de ao menos dois conhecidos homens que pretenderam ser o Messias, fra-cassados em seus propósitos.

Posteriormente, com a morte de Jesus e o não reconhecimento dele como o Messias, pelo templo, surgiu uma importante figura mes-siânica, Bar Kokhba, o famoso guerreiro que lutou na grande guerra civil de 135 d.C. e que foi, por fim, assassinado. Após essa trágica experiência, as concepções sobre Messias foram se transformando no judaísmo, de tal modo que interpretações alegóricas sobre o apareci-mento do Messias aparecem no judaísmo moderno, ligando-a mais a uma "pessoa do mais alto nível que poderá surgir na humanidade", conforme Mordecai Kaplan[206] asseverou; o judaísmo ortodoxo perma-nece, no entanto, aguardando o Messias da Casa de Davi.

Não é um ponto estabelecido se Jesus se considerou o Messias. Se há referências nos Evangelhos, como testemunham[207] Marcos (9:41), Lucas (4:41) e Mateus (23:10), elas são exceções, dado que em inú-meras passagens onde há a possibilidade da evocação de um título tal qual o de Messias, ele não é mencionado. Theissen[208] conclui que Jesus tinha uma autocompreensão messiânica, mas sem utilizar para si o título de Messias. Havia a possibilidade também de Jesus consi-derar a si mesmo um outro tipo de Messias, que não o rei, o sacerdote e o profeta, motivo pelo qual ele evitou o título popular messiânico. Nesse aspecto, Jesus foi acusado de ser 'rei', quando não quis ser. Essa acusação, que o levará à morte, é o *titulus crucis,* vinculava a ideia de que era atribuído a Jesus, fosse pelo povo, fosse pelos apóstolos, fosse por ele mesmo, a reinvindicação messiânica. Ao menos assim, os seus juízes o culparam. O trecho de Marcos, 15,2-5, considerado históri-co, em que Pilatos indaga se Jesus era o Messias e ele se cala, pode corroborar com a ideia de que Jesus não se considerava 'rei' como o senso comum associava a esse título majestático a ideia de Messias.

[205] Atos 5:36-37.
[206] Question Jews Ask, 183. 1956.
[207] Marcos e Mateus expressam na forma grega 'Cristo'; Lucas, como o 'Messias'.
[208] THEISSEN; Gerd; MERZ, Annette. *O Jesus histórico, um manual.* 2ª ed. São Pau-lo: Loyola, 2004, p. 565.

Quem foi Jesus? 133

Independentemente de Jesus se considerar Messias, a comunidade cristã o considerou e a atribuição não se deu apenas depois de sua morte, mas efetivamente antes. Por esse motivo, a imprecisão das passagens dos Evangelhos evidenciam certo tabu com relação ao assunto, possivelmente porque ao Jesus se destacar como grande e estando vivo, ainda não comprovara que era o Messias libertador das opressões que Israel sofria. Quando Jesus morreu crucificado, ele passou a ser, após a ressurreição, identificado como o Messias. Nesse aspecto, o messianato de Jesus, consoante os próprios cristãos elaboraram, não foi aquele esperado pela tradição judaica.

* * *

Se, como afirmam alguns, uma visão política sobre Jesus de certo modo diminui a historicidade de quem foi Jesus, igualmente o contrário é válido: querer erradicar qualquer viés político da vida e dos ensinos de Jesus é manifestação de uma ideologia apolítica. Desse modo, afirmar Jesus como um ser político não é estar nem à esquerda nem à direita; é apenas reconhecer que todo ser humano nasce, vive e morre em uma comunidade humana, que existe uma organização anterior ao nascimento desse ser, com um sistema de relações estabelecido, com o qual esse ser terá de se relacionar, quando nascer. Incomoda a muitos cristãos admitir que Jesus foi um homem real e humano que não poderia fugir do modo como todos os seres humanos manifestam-se na existência. Nenhum desses críticos estranha o fato de Jesus falar ou comer, andar ou dormir. Não são essas características todas humanas? O problema está circunscrito a se admitir Jesus como um ser político; é, portanto, mais uma questão de política do que de característica humana.

O ser político a que nos referimos não é aquele institucional-aristotélico, que analisa a política investigando a natureza, as funções e a divisão do Estado e as várias formas de governo. Efetivamente, não teremos como extrair de Jesus esse *stricto* conceito de política; todavia, é inevitável identificar que Jesus tinha uma determinada conduta – em parte herdada de sua cultura judaica, em parte questionada e revisada por ele. Essa conduta nada mais é do que um modo de agir no mundo, consequentemente de relacionar-se com as pessoas. Há, nesse cotidia-

no comportamental, um proceder que revela um modo de se conduzir-
-se, de desempenhar os papeis humanos, de regrar-se e desobrigar-se
de determinadas posturas, de adotar uma orientação. Esse existir no
mundo é político, porque é o modo como alguém – no caso Jesus – se
relaciona com os outros. Ao ler os evangelhos, não conseguimos identificar nenhuma estratégia de Jesus para lograr o poder; no entanto, sua
astúcia ou sua candura relacionam-se inevitavelmente com as fontes e
os detentores do poder. Não se deve ver malícia onde não necessariamente há, considerando Jesus um rei da arte da estratégia. Jesus não
era um dissimulado, com falas melífluas que escondem o engodo. Não
era também uma alma crédula naïf, um matuto da Galileia, sendo 'passado para trás'. Jesus detinha uma capacidade complexa de ação que
fazia com que sua vontade individual se manifestasse. Ele era alguém
que influenciou seu entorno e – ainda que isso não estivesse em seus
planos – mudou a história humana. Não é tudo isso político?

Cabe ressaltar, por fim, que os anseios de Jesus, ele os viveu por
meio de características humanas. Pode parecer para alguns leitores um
tanto patético essa afirmativa, mas não o é. Os cristãos, em geral, não
estão acostumados a pensar sobre Jesus como alguém que teve vontades, ímpetos, propósitos. Há todo um belo capítulo que a literatura
muitas vezes olvida de abordar – ainda que utilizando os artifícios da
criatividade – sobre essas vontades. Como compreender a perseverança
de Jesus? Que causas íntimas o moviam, para cumprir suas predetermi-
nações? Como ele perseguiu suas intenções? O que lhe era importante
no cotidiano, na convivência? De que refúgios ele necessitava para sustentar seu querer? Como lidava com a fadiga, com as dificuldades, com
as dúvidas? Desse ser individual, que podemos conjecturar por meio
dos evangelhos, podemos extrair um ser que detinha uma vontade com
relação à sociedade. Que pensava Jesus sobre a autoridade, a desobediência, a sujeição? O que ele ofertava e pedia, recusava e depreciava?
Como cumpria suas promessas? De que modo lidava com a perda de
algo que lhe pertencia? São questões que, no indivíduo, se identifica o
ser social. Isso para não adentrarmos as parábolas que ele narrava quando, muitas delas, versavam sobre dinheiro, riqueza, dívida, insolvência,
despesa, sovinaria, furto e doação. Não são todos esses conceitos refe-

rentes às posses, quer da propriedade em geral, quer da transferência e da troca de propriedade, quer estritamente de relações monetárias? Como, então, negar que Jesus foi, como todos, um ser político?

* * *

É verdade que, embora Jesus não fosse um monge essênio, um profeta do deserto ou um místico hindu, muitas vezes ele se afastava das multidões e se retirava para orar a sós, nas colinas, à noite. Ali, Jesus nutria-se na oração, no silêncio e na reflexão dos passos a seguir.

Judeus, cristãos, muçulmanos...

... desenvolveram altas tradições místicas. Judeus, desde o século I, já vinham desenvolvendo aspectos de contemplação e estudo que culminaram no sofisticado movimento cabalista do século XIII. Na mesma época, nas comunidades cristãs, surgiram grupos ascéticos denominados cátaros e albigeneses, reprimidos duramente pelas cruzadas. Místicos, no sentido de contempladores de Deus, surgiram muito antes entre os cristãos. Já no século II, havia ascetas cristãos. Os padres do deserto do século IV foram populares na igreja oriental. Por sua vez, os movimentos místicos islâmicos tornaram-se muito mais influentes na religião institucional do que os movimentos similares do judaísmo e do cristianismo. Os sufi, como eram denominados, compuseram uma das importantes Escolas de Direito islâmicas, propagando uma vida permanente em Deus, sem práticas exteriores, atendendo ao 'interior', assim pregavam Muhasibi e Junaid, no século IX. Se por místico entendermos os conceitos ensinados por Junaid, mestre da escola iraquiana, introspecção psicológica, auto-observação rigorosa, autocontrole, místicos eram também alguns dos primeiros espíritas brasileiros, como Bezerra de Menezes, Bittencourt Sampaio, Antônio Luís Sayão, e não foi ao acaso que eram chamados de 'místicos' no movimento espírita nascente; místico nesse caso tem, no entanto, uma acepção bem diferente dos já citados padres do deserto. Esses místicos são homens de fé, contempladores do evangelho, mas inseridos no mundo, sem dele se retirarem. Místico, aqui, é sinônimo de fervorosa fé cristã.

Seja entre monges cristãos, entre filósofos neoplatônicos, no movimento cabalístico ou na imponente escola islâmica sufi, aspirar a uma vivência direta com Deus faz parte das tradições proféticas, embora nenhum dos seus líderes fossem místicos no sentido estrito do termo. Moisés e Davi, Jesus e os Apóstolos, Maomé e os quatro primeiros califas eram homens inseridos na comunidade e viviam entre o povo. Daí que a crítica ao misticismo deixa algumas questões importantes sobre as quais importa refletir...

Judeus, cristãos, muçulmanos e espíritas...

Na sociedade do século XXI, cada vez mais religiosos são chamados à vida social, misturados com os que não creem em Deus e com os membros de diversas religiões. A fuga do mundo não contribui para erguermos uma sociedade melhor. No que tange os 'mistérios', cada vez mais se exige transparência das religiões. Esconder informações, guardar segredos para a elevação, crer em coisas sobrenaturais destituídas de base racional não atraem tanto mais as pessoas de nossa época. Sendo assim, que se lembrem que nem Moisés, nem Maomé, nem Jesus, nem Kardec formularam conhecimentos secretos somente para iniciados, nem pregaram que se retirar da sociedade é o caminho da 'salvação'. Já afirmamos: muito pelo contrário, eles estavam construindo o dia a dia do mundo. Respeitemos, naturalmente, aqueles que escolhem, para si, a exclusão da sociedade; tenhamos em mente, contudo, que se a religião quer efetivamente dialogar no mundo do século XXI, ela precisa lidar com os temas e vivências desse século. Que dúvidas, às vezes embaraçosas para alguns religiosos, sejam cada vez mais analisadas: sexo, poder, dinheiro, política, instituições – são temas que ainda hoje constrangem muitos líderes religiosos. Que a religião, se quiser ser contemporânea, arrisque-se a tratar desses temas, escutando todos os pareceres e formulando, sensatamente, sua própria visão. Se necessitar modificá-la, graças ao avanço de novas compreensões, que o faça sem medo de se diminuir. Que não haja tabu entre religiosos e que se crie maturidade para se tratar do que for necessário.

7

JESUS E OS ZELOTAS

Convém cumprir toda a justiça – Jesus[209]

Há limites entre política e religião? O debate entre socialismo e cristianismo ainda faz sentido hoje? Que se pode pensar de instituições cristãs engajadas política e socialmente?

Foram questões preponderantes entre cristãos latinoamericanos das décadas de 1960, 1970 e 1980, que consideraram Jesus Cristo a força propulsora a favor das lutas sociais. A origem de um sério movimento religioso-político, propondo a indissociação entre fé, evangelização e dimensão política no mundo, refletindo na práxis o que é ser cristão num mundo de miseráveis, tendo a compaixão e a identificação com o oprimido como virtude essencial, ganhou fervorosos amigos e inimigos, inclusive no Vaticano. Em uma América Latina constantemente dominada por ditaduras tirânicas, muitas vezes o resultado dessas lutas redundou na perseguição de padres e de pastores. Também o conceito original do evangelho como libertação (dimensão política, social, cultural, econômica e espiritual) foi, algumas vezes, incompreendido tanto pelos seus defensores quanto por seus rivais. Um exemplo radical: o sacerdote colombiano Camilo Torres, doutor em sociopolítica, que se uniu ao Exército da Libertação Nacional (ELN), organização da guerrilha colombiana, marxista-leninista pró-Cuba comunista, foi

---

[209] Mateus 3:15

brutalmente assassinado após combates com tropas de um general colombiano. A pergunta que nos fazemos: se é genuíno o engajamento de muitos cristãos nos setores políticos da sociedade, questionando abertamente o sistema econômico e social, qual é o limite do cristão enquanto cristão nessas ações? É coerente com o cristianismo uma militância pró-socialismo que use técnicas de guerrilha?

A teologia da libertação, reflexão teológica nascida na década de 1970 dentro da efervescência política, social, eclesial e teológica, não concorda nem propaga o uso de violência como meios para alcançar a libertação; há, contudo, muitas controvérsias que envolvem a matéria. Objetivamente, indagamo-nos: como ser cristão num mundo com miseráveis e repleto de opressão? Também perguntamos: qual seria a postura de Jesus diante de um planeta com mais de quinhentos milhões de famintos e um bilhão de pessoas padecendo da miséria absoluta? Como Jesus se relacionaria num mundo de tanta 'liberdade constitucional', mas ao mesmo tempo de tanta 'opressão'?

* * *

Ainda hoje é em Massada, cidade localizada no deserto da Judeia, que os recrutas da Força de Defesa de Israel, as forças armadas de Israel, fazem seu juramento de fidelidade: "Massada não cairá nunca mais". Exatamente ali, no ano 73 d.C., o movimento judaico de resistência política ao Império Romano chegou ao clímax. Antes, em 66 d.C., os zelotas tomaram o forte e fizeram dele abrigo para quase mil guerrilheiros que lutaram arduamente de 70 d.C. a 73 d.C. contra a legião romana, inclusive crianças e mulheres, numa batalha diária que durou três anos. Quando os legionários romanos conseguiram ultrapassar uma brecha, provocada por um incêndio, encontraram a fortaleza em silêncio. Todos os zelotas haviam cometido suicídio, para não se entregarem. Estava encerrada, desse modo, a primeira revolta civil dos judeus contra os romanos.

* * *

O movimento revolucionário judeu foi fundado em 4 a.C. por Judas de Gamala e tinha como alvo a libertação de Israel do jugo romano, atacando com isso não só os romanos, mas também todos os colaboracionistas pró-

QUEM FOI JESUS?   139

-Roma, como os publicanos.[210] Consideravam que o Império romano era idólatra, denominando-o 'Reino da Arrogância'. Também se revoltavam contra os líderes do Sinédrio, uma vez que os consideravam vendidos e traidores da causa nacional e, consequentemente, não reconheciam o poder do Sumo Sacerdote. Os zelotas recriminavam a influência helênica que invadia a cultura diária de judeus, a qual os saduceus fingiam não perceber, por conveniências políticas. O grupo unia-se, muitas vezes secretamente, a fariseus, que os apoiavam circunstancialmente, inclusive financeiramente. Entre as táticas de guerrilha desse grupo, o assassinato e os assaltos a membros da hierarquia eram as mais praticadas. Os períodos de festas religiosas eram sempre tensos, dado que o grupo se aproveitava da reunião de multidões para matar os adversários por meio de um punhal que levavam nas botas. Por isso eram chamados de 'homens do sicário'[211] (lat. *sicarĭus* = assassinos).[212] A celebração do *Pessach*, época em que Jesus foi a Jerusalém e lá morreu, representava um momento crítico para a guarda romana, pois era justamente o período de maior ataque zelota e que demandava das autoridades do império atenção máxima, até porque Pilatos, o representante romano em Jerusalém, era odiado tanto por zelotas quanto pelas massas. Pilatos era um político inábil, responsável por atos governamentais violentos que o faziam ser detestado.

Curioso é notarmos, nos evangelhos, uma possível identificação do povo em considerar Jesus um zelota. Afinal, tanto ele quanto os zelotas atuavam principalmente na Galileia. O fato de Jesus ser um polemista aberto em muitos assuntos também o aproximava, segundo a análise popular da época, à possibilidade de ser um zelota. A leitura atenta de determinados trechos das narrativas evangélicas revela um Jesus que suscitava no povo temas considerados controversos: Jesus rebatia muitas das visões tradicionais e fazia perguntas embaraçosas que exigia, inclusive, esclarecimento sobre práticas e atitudes das autoridades. Jesus não era diplomata! Ele defendia uma causa além de si mesmo, a favor do povo.

---

[210] Judeus que cobravam impostos para os romanos.

[211] At 21:38.

[212] Contemporaneamente, não há consenso historiográfico sobre se os sicários e os zelotas eram o mesmo grupo. Nada obstante, parecem adotar as mesmas estratégicas e defender os mesmos princípios. Por esse motivo, a identificação dos dois grupos, sobretudo a partir da referência clássica de Flávio Josefo, é difícil de ser distinguida.

140 ANDRÉ MARINHO

Havia nele elementos que podiam confundi-lo com os zelotas. Não é hipótese frágil que Jesus tenha sido imediatamente posto em suspeita, pela hierarquia judaica, como provável membro do grupo radical. Também a multidão estranhou certas atitudes de Jesus. Até mesmo os seguidores de João Batista censuraram algumas posturas do nazareno. Afinal:

- braço direito de Jesus, os apóstolos estavam sob constantes suspeitas de serem membros zelotas. Um deles havia sido declaradamente membro do grupo, Simão, o Zelota, que provavelmente era galileu. Especula-se[213] que, afim ao grupo terrorista, eram também Judas Iscariotes e os irmãos João e Tiago;
- Jesus expulsou os vendedores do Templo de maneira enfática, questionando-os e ao *establishment*, conforme aparece narrado nos quatro evangelhos;[214]
- Jesus era visto por parte da multidão como o libertador apocalíptico esperado, o Messias;[215]
- Jesus era um defensor contumaz dos pobres e oprimidos, miseráveis e esquecidos, doentes e relegados;
- Jesus criticou os ricos abertamente, especialmente aquele tipo que hoje se enquadraria perfeitamente como 'bom-burguês': "Mas

---

[213] São especulações. THEISSEN e MERZ, em *O Jesus Histórico*, lançam a seguinte nota: "Se alguém num grupo tem o cognome 'o finlandês', pode-se concluir daí que os demais não são finlandeses" (p. 586, 2 ed. Edições Loyola). Não há dúvidas quanto a Simão, o Zelota (algumas vezes chamado Simão, o zeloso) ser membro do grupo zelota, uma vez que propositalmente os evangelistas fizeram questão de o nomearem assim, em Mt 10:4, Lc 6:15 e At 1:13. Há diversas teses que defendem que os irmãos João e Tiago eram zelotas, assim como Judas Isacariotes. A passagem de Lc 9:51-56 corrobora com isso, uma vez que os irmãos são chamados de "Filhos do Trovão", expressão atribuída a membros do grupo. Não confundir Simão Zelota com Simão Pedro.

[214] Mt 21:12-17; Mc 11:15-19; Lc 19:45-48; Jo 2:14-16.

[215] Nos evangelhos, Jesus só emprega a palavra 'Messias' (ou o termo grego usado pela comunidade gentio-judaica cristã 'Cristo') três únicas vezes: Mc 9:41, Mt 23:10 e Lc 24:26. Jesus esquiva-se quando Pedro o chama de Messias (Mc 8:27-30). Quando Pilatos indaga se Jesus é rei, ele também se esquiva (Lc 15:2-5), embora em Jo 10:25, Jesus tenha outra postura, tida como não histórica e atrelada a uma interpretação pós-pascal. Somente em João (1:41 e 4:25-26), Jesus revela ser o Messias, o que coloca sua narrativa sob suspeita, sendo que esses versículos são considerados, pela maioria de exegetas, interpretação pós-pascal.

QUEM FOI JESUS?   141

então saístes para ver o quê? Um homem vestido em [trajes] finos?
Vede! Os que vestem [trajes] finos estão nas casas dos reis";[216]

- Jesus foi irônico ao referir-se a reis que dominam as nações e
as tiranizam e que são chamados de benfeitores: "Os reis das nações
as dominam, e os que as tiranizam são chamados de benfeitores";[217]

- Jesus desrespeitou o tetrarca da Galileia e da Pereia, Herodes
Ântipas, chamando-o de 'raposa': "Ide e dizei a esta raposa [...]";[218]

- Jesus não era um diplomata e afirmou que "veio trazer fogo
sobre a terra", "trazer a espada";[219]

- Não seriam argumentos suficientes para:
- os zelotas atraírem-se pela figura de Jesus e terem nele um aliado?
- o povo entender Jesus como zelota?
- Jesus estar sob suspeita pelas autoridades judaicas e romanas?

* * *

Quando se faz uma aliança aberta de Jesus com a violência, cristãos e não-cristãos estranham.[220] Foi o caso do muro de três por quatro metros, pintado em Caracas, em janeiro de 2010, que causou revolta na igreja e na população: Jesus com uma metralhadora na mão
e a Virgem de Coromoto, patrona da Venezuela, com o menino Jesus
no colo e um fuzil. Ao lado, a inscrição "La Pedrita venceremos",
exaltando a revolução bolivariana.
Será preciso, em vez de reduzirmos Jesus a uma imagem revolucionária,[221] ativista e favorável a transformações radicais no campo

---

[216] Mt 11:8 – HDD.
[217] Lc 22:25.
[218] Lc 13:32 – HDD.
[219] Lc 12:49; Mt 10:34.
[220] Jesus é reconhecido como um mensageiro da paz por quase todos os estudiosos
das religiões. Já o cristianismo, com sua história, é considerado por não-cristãos
como uma religião violenta. Isto graças a toda a política bélica do medievo. Também é devido à interpretação absolutista das igrejas, onde só o cristianismo salva,
como se fosse um imperialismo religioso, com a urgência de uma missão catequé-
tica. Um olhar atento ao vocabulário das instituições cristãs não trai sua profunda
relação com as guerras: Legião de Maria, Legionários de Cristo, Companhia de
Jesus, Cruzada Eucarística, Exército da Salvação etc.
[221] A Reforma protestante-evangélica conheceu, ainda no século XVI, movimentos
sociorreligiosos radicais, que vinculavam ideias apocalípticas e revolucionárias, no

político-social, como se fosse um precursor de grandes dimensões de um Robin Hood ou de um Lampião, vislumbrar as seguintes contra-argumentações:

- ter simpatizantes – e até ex-membros – zelotas entre os apóstolos significa, por si, que Jesus era a favor de uma revolução violenta?
- criticar em voz alta, no templo, os abusos financeiros feitos em nome da religião, numa atitude tão usual dos profetas judeus, significa que Jesus era a favor de uma revolução violenta?[222]
- ser visto e entendido por parte da multidão como Messias e ser defensor dos marginalizados significará, por si, ser a favor da revolução violenta?[223]
- criticar as desigualdades sociais, assim como ser crítico ativo dos dominadores do povo e mesmo das autoridades, por si, faz de Jesus a favor da revolução violenta?
- exigir decisão e não a passividade, luta ao invés de acomodação, não ser conformista ou defensor do *status quo*, faz de Jesus a favor da revolução violenta?

---

afã de implementar com urgência a Reforma. Usavam da força em casos de necessidade e supunham estar nas mãos da comunidade a implantação do Reino de Cristo na Terra. Esses agitadores, não-conformistas radicais, invocavam o nome de Lutero, embora este fosse contrário à maioria desses movimentos laicos. Seus principais líderes foram Karlstadt, Thomas Müntzer, Jan Beuckelssen e Bernt Knipperdolling. Também é interessante a história dos primeiros grupos de Batistas (liderados por Konrad Grebel), que variavam entre o pacifismo e a militância radical e que tinham, como característica, a desconfiança com relação ao Estado, ao sistema clerical, e podem ser considerados 'proto-comunistas-apocalípticos'.

[222] Costumeiramente, deseja-se tratar a narrativa da expulsão do Templo como alegoria dos evangelistas ou parábola por eles contada. No entanto, a passagem está narrada com boa precisão pelos quatro evangelistas e, de modo diferente de hoje em dia, a atitude de Jesus era entendida não como violência, mas como ação profética. Muitas vezes, quer se negar essa passagem em prol de uma visão romântica de Jesus, em que ele é doce e diplomata; os evangelhos, contudo, não nos apresentam um Jesus meloso e sentimental, e sim um homem decidido e até inflexível em suas deliberações: "Seja o vosso sim, sim, e o vosso não, não" (Mt 5:37).

[223] Jesus sempre escapou dos títulos políticos que desejavam lhe oferecer (servo, senhor, Filho de Davi etc). Aparecem mais de cinquenta títulos no Novo Testamento.

Quem foi Jesus?

Se refletirmos ainda com mais serenidade e menos arrebatadora paixão revolucionária,[224] descobriremos que surpreendentemente entre os apóstolos, estão reunidos dois arqui-inimigos ideológicos mortais, Simão, o zelota, e Mateus, o publicano. É possível que Jesus tenha tido, em algum momento, um diálogo com ambos sobre a concórdia e as ideologias que esposaram. O fato mais acertado historicamente é que o zelotismo e a 'carreira' publicana foram abandonados por esses apóstolos e não se guardou registro neotestamentário de um possível atrito entre os dois.

Fica mais que evidente, por meio de uma análise séria das fontes evangélicas, que:

- *jamais* Jesus pregou uma teocracia,[225] um patriotismo ultranacionalista ou uma revolta popular-militar de libertação;
- *jamais* Jesus agitou as tropas romanas a seu favor ou se utilizou de sua popularidade para movimentos estritamente políticos.
- *jamais* Jesus fez coalizão com fariseus ou zelotas ou aceitou poder ou deferências populares;
- *jamais* Jesus quis antecipar o Reino de Deus por meio de práticas escusas, como ele mesmo afirmou: "O Reino dos Céus sofre violências e violentos se apoderam dele". [226]
- Apesar das inúmeras tentativas de identificar Jesus com o movimento zelota, mais do que nunca, hoje em dia, essa ideia des-

---

[224] Surgiu, ao longo da história cristã, toda uma teologia da revolução, tendo como expoentes Reimarus, Kautsky, Robert Eisler, J. Carmichael e S.G.F. Brandon.

[225] Segundo o dicionário Houaiss, 2001: "Teocracia – *s.f.* sistema de governo em que o poder político se encontra fundamentado no poder religioso, pela encarnação da divindade no governante, como no Egito dos faraós, ou por sua escolha direta, como nas monarquias absolutas". Note-se que a teocracia, como organização política, pressupõe a 'encarnação de Deus' em algo, seja numa lei, seja numa pessoa, seja numa instituição. O que Jesus advogava seria uma 'teocracia direta', quer dizer, onde Deus governaria sem intermediários, pela aceitação dos povos a Deus.

[226] Mt 11:12. Nota da *Traduction Oecuménique de La Bible, Nouveau Testament*, 1973, p. 73 [nossa tradução]: "Muito provavelmente Jesus entende que são os adversários que impedem os homens de entrarem no Reino. Justamente por isso, segundo seu entendimento, o Reino suscita violência. Alguns estudiosos pensam poder precisar quem são estes adversários: os zelotas que almejam estabelecer este Reino pelas armas ou os poderes demoníacos que pretendem manter o império do mundo e impedirem o caminho dos justos".

144 ANDRÉ MARINHO

morona. As tendenciosas alegações apresentadas por K. Kautsky,[227] teórico político alemão, sobre um Jesus reformador e vanguardista, de fascinante abordagem, estão muito ligadas a concepções político-ideológicas e não se sustentam historicamente, além de reduzirem Jesus em suas dimensões e perspectivas.

A agitação criada por um pastor protestante negro, ativista político, defensor de direitos civis, o americano Martin Luther King, caracteriza-se muito mais como o de um revolucionário cristão. Seu ideal é prático e não apenas conceitual. Líder da luta pela real validação de direitos humanos para negros, nos Estados Unidos, teve sua casa atacada, mas não desistiu. Seguidor da desobediência civil não violenta, liderou marchas, criou organizações, trabalhou intimamente na comunidade a que pertencia, utilizou-se de sua fama, ao ganhar o Nobel da Paz, para ter mais adeptos à sua causa, levantando a bandeira do evangelho, associando-a a direitos inalienáveis dos seres humanos, até ser assassinado por um segregacionista, aos 39 anos.

* * *

Quando 'atacou' o templo, Jesus claramente quis colocar em cheque o sistema hierárquico oficial. Em momento algum, transpassa, para nós, um desejo de golpe de Estado, a fim de criar uma nova instituição, tomar o poder numa revolução messiânica, à feição do que fez Aiatolá Khomeini, em 1979, no Irã. A atitude de Jesus era uma tomada de posição a favor da purificação do Templo, repleta de simbolismo. Afinal de contas, diferentemente dos zelotas, Jesus:

▪ jamais aconselhou o não pagamento dos impostos: "O que é de César, devolvei a César, o que é de Deus, a Deus";[228]
▪ não boicotava os ricos e poderosos, mas, ao contrário, procurava diálogo com eles e frequentava inclusive seus banquetes: "Um fariseu convidou-o a comer com ele. Jesus entrou, pois, na casa do

[227] Ver KAUTSKY, K. *A origem do cristianismo*. Rio de Janeiro: Civilização Brasileira, 2010.
[228] Mc 12:13-17. Jesus não questiona a moeda, nem o imposto nesta passagem, mas deixa explícito que Deus não é César e que César não é Deus, o que é uma provocação requintada e sutil.

fariseu".[229] Jesus até se convidava: "Zaqueu [chefe dos fariseus], desce depressa, pois hoje devo ficar em tua casa";[230]

▪ não dividiu as pessoas entre amigos e inimigos, numa luta de classes sociais ou numa guerra de libertação nacional;

▪ para escândalo de zelotas, saduceus e fariseus, Jesus impressionou-se com a imensa fé de um centurião romano, chefe de cem outros soldados, de modo nada segregacionista: "Em verdade vos digo que, em Israel, não achei ninguém que tivesse tal fé".[231]

Em suma, a mensagem de Jesus pode ser sintetizada em quatro claríssimos pontos totalmente diversos dos zelotas e que demonstram, sobretudo, que qualquer 'revolução cristã' deve ser medida por:

▪ "Amai aos vossos inimigos", ao invés de "odiarás o teu inimigo";[232]
▪ "Àquele que te fere na face direita oferece-lhe também a esquerda", ao invés de "olho por olho dente por dente";[233]
▪ "Se alguém te obriga a andar uma milha, caminha com ele duas", ao invés de usar violência reagindo;[234]
▪ "Felizes os mansos porque herdarão a terra", ao invés de aplauso ao ódio e à vingança.[235]

Esses aforismos, todos retirados do sermão da montanha, explicitam um Jesus não-violento, que sendo revolucionário, revolucionou as revoluções. A Jesus interessa exclusivamente o arrependimento;[236] isto é, a conversão, entendida como mudança de sentimentos, renúncia ao estado de pecado [violação da vontade de Deus], volta do homem a Deus. Arrependimento e conversão são condições necessárias para a autêntica revolução do homem, como foram proclamados tanto por

[229] Lc 7:36-50.
[230] Lc 19:5.
[231] Mt 8:5-13. Para Jesus, pagãos e judeus se "assentarão à mesa no Reino dos Céus, com Abraão, Isaac e Jacó" (Mt 8:11).
[232] Mt 5:43-44.
[233] Mt 5:38-42.
[234] Mt 5:38-42.
[235] Mt 5:4.
[236] Sobre a conversão e o arrependimento, trataremos na conclusão do livro.

146   ANDRÉ MARINHO

João Batista, quanto por Jesus e seus discípulos. A primeira pregação pública de Jesus foi o "arrependei-vos e crede no evangelho".[237]

* * *

O poder com que Jesus se relacionava com as pessoas e os temas assustava seus opositores, em virtude de notarem que sua palavra era vigorosa; de sua habilidade ao responder as ciladas teóricas que lhe faziam ser excepcional; de haver nele um magnetismo, como há em verdadeiros líderes; de sua capacidade se sobrepor, em muito, à da maioria de seus adversários; de ele se apropriar de uma missão autoimposta; de ferir suscetibilidades e de destronar poderosos com seu verbo. Se quisesse, poderia competir seriamente com as autoridades. E se ele supusesse que era de sua competência tomar o poder? Muitos lhe dariam, investindo-o de capacidades que, mesmo sem a áurea de cargos, eletrizavam multidões. Não tinham dúvida de que ele era influente e tenaz. Tamanha capacidade assustou seus opositores, sobretudo quando se percebeu que ela era intrínseca a ele, não apenas uma concessão do povo. Mesmo que suspeitassem da relação de Jesus com zelotas ou com fariseus, os saduceus temiam que a força de Jesus não fosse acidental e fortuitamente concedida por outros grupos políticos. A força de Jesus era um atributo próprio, muitíssimo perigoso. Seus opositores se indagavam: de onde ele nutre essa autoridade? Qual o objetivo de seu esforço? Até onde esse 'sentimento' de fraternidade é uma falácia? No fundo, ele não deseja fazer imenso azorrague? Sua força se assenta em que obscuro apoio? Qual o grau de sua efetiva resistência? De onde ele nutre tamanha energia de ação? Qual sua necessidade, para se expor desse modo? Quais são seus motivos secretos?

Não se pode ignorar que em algumas aldeias por onde visitou, Jesus foi escassamente apoiado e há passagens que indicam uma rejeição a ele. Não sabemos, historicamente, a causa da rejeição. Supõe-se que boatos circularam pelas estradas e vilas e podem ter sido interpretados como perigo pelas autoridades que, antecipadamente, preveniram a população de algum modo; são, contudo, casos de exceção na trajetória de ascensão de Jesus. Certamente, ele era

---

[237] Mc 1:15.

comparado com outros líderes religiosos que autonomamente viajavam e pregavam mensagens. Indubitavelmente, os que conheceram João Batista fizeram comparações entre ambos. Ocorre que, entre os messiânicos e os profetas da época, Jesus os superava. Fatalmente, sua mensagem era própria, e não copiada; integralmente, havia nele uma coerência rara entre ação e verbo; sobejamente, ele conseguiu arregimentar não apenas o povo, mas também alguns poderosos; sumamente, Jesus inovou, por sua mensagem não se enquadrar em classificações político-religiosas de sua época; escandalosamente, acompanhava-se de crianças, mulheres e pessoas 'moralmente fracassadas', em vez de ser acompanhado por 'bons moços' e 'santos'; estrondosamente, sua mensagem era mal interpretada por poderosos, que buscavam meios para findar aquele poder. Jesus era único e sua grandeza ameaçava muitos.

A habilidade com poderosos não foi a prioridade de Jesus. Sabemos de muitas passagens nas quais, com engenho, Jesus quebrou preconceitos de autoridades. Havia nele, indubitavelmente, um *savoir-faire* que era, ao que parece, cuidadosamente controlado. Sabendo de tantos ódios que lhe eram direcionados, Jesus evitou o quanto pôde a precipitação de acontecimentos. A hipótese de ter escolhido, muitas vezes maneirosamente, calar-se, é mais atribuível à vontade de divulgar por mais tempo sua mensagem do que por simples medo. Não que ele não tivesse esse sentimento; todavia, os versículos mostram-nos um Jesus de sólidas esperanças. Ele não tinha um caráter tímido, nem covarde, nem espavorido. Era resoluto, corajoso e perseverante. Ridicularizado, não se observa nele derrotismo. Há passagens que nos evidenciam um Jesus cauteloso. Em outros momentos, ele reclama da indiferença, muito mais como sinônimo de desinteresse do povo, que aceitava a opressão e a alienação. Não evitou que os acontecimentos que o levaram ao julgamento e à morte ocorressem, mas, quanto pôde, postergou-os. Ele tinha consciência de sua importância para com seus seguidores. Sabia que era alvo de olhares de todas as direções. Excitava, ainda que não necessariamente o fizesse propositadamente, a curiosidade da multidão. Todas essas são formas de relacionar-se com o poder.

O poder não é sinônimo exclusivo de força bruta. Toda a forma de Jesus relacionar-se com as questões e situações de sua época mostram o quanto sua relação com o poder questiona o poder como sendo sinônimo daquele que é o forte. Hércules, Titã, Sansão e Golias esmagam com seus músculos seus oponentes. Contrariamente a esses, literalmente, há a fraqueza. Se alguém não é o forte, é o fraco. Esse o conceito dicotômico de forte-fraco no poder. Depressão, prostração e flacidez em nada se coadunam com a vida de Jesus. Não obstante essa dicotomia entre força e fraqueza como formas de poder, Jesus também nisso rompeu com esses graus de potência, não se enquadrando em nenhum dos dois.

Sua força expressava-se no vigor de suas expressões. Havia nelas força, audácia e ardor. Sua linguagem, ainda que sóbria, não é lacônica. Havia um impulso, que se imiscuía a seus pensamentos, a revelar expressões algumas vezes virulentas, outras vezes sublimes. Até mesmo seus adversários notavam o quão eletrizante era a expressividade de Jesus. Nesse âmbito, as qualidades comunicativas dele eram áticas, fugindo da ininteligibilidade de jargões. A condensação de seus discursos mostra que nem a prolixidade nem o ornato sintático e semântico lhe são prioridades. Jesus quer simplesmente comunicar-se de modo o mais transparente possível, despreocupado com as artes da eloquência romana ou com a loquacidade de muitos gurus. Não é a elegância ou a deselegância do estilo que o atrai.

Tamanha capacidade redundou em tamanha influência na história. A reputação de Jesus transcendeu sua rápida vida e fez dele um dos mais influentes seres humanos da humanidade. Todas as formas de fama também foram, séculos afora, vinculadas a ele – ainda que muitas ele pudesse ter condenado. De figura varonil às honras dos imperadores romanos; cultos erguidos para ele; majestades consideraram-no a majestade suprema; sua posição na sociedade transcendeu vivos e mortos; foi ele considerado o próprio Deus encarnado; a exaltação à sua vida marca a cultura ocidental indelevelmente. Para uns, herói; para outros, semideus; foi considerado por determinados governos o 'relicário das atitudes cívicas', o pilar dos valores humanos, o super-homem, o caudilho dos caudilhos. Os adjetivos dados a Jesus, nesses séculos, revelam o quanto a humanidade surpreende-se com o poder que ele possuía. Seus

QUEM FOI JESUS? 149

inimigos e seus amigos sabiam que ele detinha especial autoridade. Por causa desta, a ele se concedeu historicamente, ao longo desses séculos, direitos, competências, jurisdições, títulos, merecimentos. Consideraram-no onipotente, excelso, ubíquo, o Messias, o ungido, o Salvador, o Redentor, o Juiz, o Mártir, o Pão da Vida, o Rei dos Reis, o Homem-Deus. E de tantos atributos, e com tamanha admiração, Jesus homem foi esquecido. Transformaram-no em Deus. E a mistura da admiração a esse simples homem de Nazaré com a confusão que os seres humanos fazem com os conceitos e ideias de poder, mataram aquele Jesus humano, simples e cotidiano, restando apenas mais um mito, mais um personagem a ser adorado (ou odiado). Perderam Jesus no poder e por causa do poder.

* * *

A emblemática frase de Jesus – "Eu vim trazer fogo à terra, e como desejaria que já estivesse aceso"[238] – tem, evidentemente, uma conotação que exprime vigor, exaltação, expressividade. Fogo era um vocábulo que significava purificação, a própria intervenção de Deus para depurar o mundo. Malaquias, Zacarias e Eclesiástico utilizam-na dessa forma,[239] bem como muitas passagens do Novo Testamento.[240] Sua outra rematada frase – "Não vim trazer paz, mas espada"[241] – implica num entendimento próprio de que ou se aceita a visão de Jesus, com todas as suas consequências, ou não se aceita. Jesus realmente causa uma divisão. É impossível haver conciliação entre tudo o que ele criticava e tudo o que já estava estabelecido na sociedade. Nesse sentido, Jesus conclamou a realidade de sua época à reforma, que gera, inevitavelmente, tensões e divisões. Ele não parece, em momento algum, querer conciliação com os valores que

---

[238] Lc 12:49.

[239] Zc 13:7-9, Ml 3:2-3; Eclo 2:5.

[240] Há basicamente três expressões bíblicas para designar fogo. A primeira, em sua acepção substantiva trivial, como sinônimo de "chama", "incêndio", "calor" (Mc 14:54; Lc 9:54; 2 Rs 1:10-12; Jo 15:6). A segunda, como "fogo da geena", aquele que consome para sempre e não pode ser purificado, sinônimo de "inferno" (cf. Lv 18:21; 2 Rs 16:3, 21:6, 23:10; Is 30:33; Jr 7:31; 19:5s, 32:35; Ez 16:21; Mt 18:9; Is 66:24; Jt 16:17; Eclo 7:17; Sf 1:18; Sl 21:10). Uma terceira concepção, e é a que definimos acima, aparece com mais frequência. Ver Mt 13:40; Lc 3:16, 12:49; At 2:3; 1 Cor 3:13; Hb 1:7, 12:29; 1 Pd 1:7; 2 Pd 3:7; Ap 1:14, 2:18 4:5.

[241] Mt 10:34; Lc 12:51-53.

150 ANDRÉ MARINHO

ele critica e nem faz, durante sua vida, alguma concessão. Ele interpreta a realidade de outra maneira. Jesus vivia na pele, quando pronunciava essas frases, o resultado de sua inovação, com olhares de desconfiança, perseguições e situações embaraçosas. Ele não escondia de seus discípulos as lutas do futuro. Tinha um senso de realismo muito grande, sabia que sua mensagem não seria plenamente aceita; isso não o intimidou ou o enfraqueceu, porque o próprio Deus, para Jesus, é o grande fogo abrasador.[242]

* * *

Gandhi, um autêntico hindu, poderia ter sido também um autêntico cristão revolucionário, caso fosse cristão e tivesse nascido no ocidente. Ele conhecia a força de inspiração do sermão da montanha e, não poucas vezes, publicamente e em seus escritos, reverenciou os princípios ali formulados. Na mais genuína tradição hindu, da convivência pacífica com segmentos religiosos diferentes, Gandhi foi um novo Swami Vivekananda, desejando a paz entre todos, entre Rama, uma das mais importantes deidades da tradição indiana, e 'Rahim' (Alah), um dos títulos de Deus na tradição islâmica, *o absolutamente misericordioso*. Por meio de uma espinhosa luta contra a desigualdade social, a exploração econômica e a corrupção, Gandhi falou não só de direitos, mas também de deveres; e como grande alma que era, dedicou-se exclusivamente à libertação integral do ser-humano. Certamente Jesus teria encontrado nele um verdadeiro irmão de causa.

Podemos aprender com

Judaísmo, cristianismo, islamismo e espiritismo:

Todas essas religiões/doutrinas pregam a necessidade de vivenciarmos a justiça neste mundo. O Deuteronômio afirma: "Busca somente a justiça, para que vivas e possuas a terra que Iahweh teu Deus te dará";[243] Jesus declara: "Convém cumprir toda a justiça";[244] o Alcorão

---

[242] Hb 12:29.
[243] Dt 16:20.
[244] Mt 3:15.

anuncia: "Em verdade, os justos beberão um néctar mesclado com cânfora, porque cumprem os seus votos, e porque por amor a Ele (Allah), alimentam o necessitado, o órfão e o cativo. Dizendo: certamente vos alimentamos por amor a Allah; não vos exigimos recompensa nem gratidão".[245] Os espiritas proclamarão: "A justiça consiste em cada um respeitar os direitos dos demais",[246] uma das leis de Deus impressa no coração do ser humano.[247]

Ocorre que, paralelamente à justiça, também essas religiões/doutrinas pregam o "Não matarás!".[248] Lembremo-nos de que os dez mandamentos foram presenteados, segundo o judaísmo, pelo próprio Deus para seu povo, como uma Aliança Sagrada. Que Jesus afirmou no Sermão da Montanha: "Ouviste o que foi dito aos antigos: Não matarás. Assume logo uma atitude conciliadora com o teu adversário, enquanto estás com ele no caminho".[249] Que Allah, por meio de Maomé, asseverou: "Quem matar uma pessoa será considerado como se tivesse assassinado toda a humanidade. Quem a salvar, será reputado como se tivesse salvo toda a humanidade".[250] Que os espíritos elevados afirmaram em *O livro dos espíritos*: "É crime aos olhos de Deus o assassínio? 'Grande crime, pois que aquele que tira a vida ao seu semelhante corta o fio de uma existência de expiação ou de missão. Aí é que está o mal'".[251] Respeitemos as tradições religiosas e, crendo ou não na revelação de Deus a hebreus, em Jesus como o Messias, no ditado de Allah a Maomé, na existência de espíritos elevados que se comunicam por meio de médiuns, observemos que o artigo III da Declaração Universal dos Direitos Humanos prega o mesmo que todas essas culturas: "Todo ser humano tem direito à vida".

Países de cultura judaica, cristã, islâmica, assim como países de outras culturas, precisam sempre comprometer-se verdadeiramente com a justiça e também com a vida humana. A defesa de esses prin-

---

[245] Alcorão 76:5.7a.8-9.

[246] KARDEC, Allan. *O livro dos espíritos*. 99ª ed. Brasília: FEB, 2013, questão 875.

[247] KARDEC, *O livro dos espíritos*, questão 876.

[248] Ex 20:13.

[249] Mt 5:21.25.

[250] Alcorão 5:32.

[251] KARDEC, *O livro dos espíritos*, questão 747.

cípios exigirá, por parte de todos, necessariamente, os requisitos básicos para uma cultura de não violência: desarmamento nuclear em nível mundial, retirada imediata de tropas invasoras em territórios ocupados, redução progressiva e proporcional do armamento convencional, assinatura e cumprimento de tratados de não agressão entre países e renúncia de governos a utilizar as guerras como meio para resolver conflitos. Vivemos atualmente o que o místico italiano Pietro Ubaldi propagou (Sua Voz) na sua obra *A grande síntese*: "Hoje, os armamentos são uma dura necessidade que, entretanto, atesta, com demasiada evidência, o estado selvagem do homem atual. [...] Hoje, a humanidade vive uma fase de transição, em que se compreende a utilidade da paz, mas não se sabe vencer a necessidade da guerra".[252]

Por parte de indivíduos humanos, ou seja, nós todos, a responsabilidade pela justiça e pela não-violência é um tema essencial a ser pensado, em vez de ser legado apenas ao Estado o debate. Em concordância com a Declaração de Ética Mundial, afirmamos: os jovens de nossa sociedade "já deveriam aprender na família e na escola que a violência não pode ser instrumento para a confrontação com outras pessoas. Só assim se pode criar uma cultura da não violência. [...] Ser verdadeiramente humano, no espírito de nossas grandes tradições religiosas e éticas, significa ser cuidadoso e solícito, tanto na vida privada quanto na vida pública. Jamais devemos ser desrespeitosos ou brutais. Cada povo, cada raça, cada religião deve render tolerância, respeito e grande estima aos demais povos, raças e religiões. Minorias – sejam minorias raciais, étnicas ou religiosas – necessitam de nossa proteção e apoio".[253]

---

[252] UBALDI, Pietro. *A Grande Síntese*: síntese e solução dos problemas da Ciência e do Espírito. Trad: Guillon Ribeiro. Rio de Janeiro: FEB, 1939, p. 304, "A guerra – A Ética Internacional".

[253] Declaração de Ética Mundial, item III 1.C, E. Disponível em: <http://www.wel-tethos.org/1-pdf/10-stiftung/declaration/declaration_portuguese.pdf>. Acesso em: 10 jul. 2018.

8

JESUS E DEUS

> Pensem, povos do livro [judeus, cristãos e muçulmanos]! Chegai a uma declaração que seja acertada, tanto para vós quanto para nós. É que somente a Deus servimos, e seguindo-o nada poderemos a ele acrescentar, e nós não aceitamos uns aos outros como homens ao lado de Deus! Oh, povos do livro! Por que disputais sobre Ibrahim [Abraão]? A Taura [Torá] e o Indjiel [Evangelho] não existem só depois que Ibrahim foi enviado? Então, não entendeis?[254]

É na pintura do renascimento flamengo que encontramos um dos primeiros, por assim dizer, 'pré-agnósticos' modernos: Pieter Bruegel, o velho(1525-1569).[255] Bem diferente do humanismo de seu conterrâneo Erasmo de Rotterdã, Bruegel, em seu trabalho pictográfico, criou cegos e insensatos, seres humanos como escravos do destino, num mundo repleto de malícia e fraude, onde todos são portadores de culpas e sortes. Até as virtudes são, para ele, trapaças. Não há salvação no final dos tempos em sua arte. Bruegel não confiava no ser humano. Não fazia distinção entre religião e superstição, entre coisas naturais

---

[254] Alcorão 3, 64-65.
[255] Sobre a cultura e o realismo de Pieter Bruegel, ver: ARGAN, Giulio Carlo. *Clássico Anticlássico, o renascimento de Brunelleschi a Bruegel*. Trad. Lorenzo Mammì. São Paulo: Companhia das Letras, 1999, p 459 a 471. Argan não se refere a Bruegel como pré-agnóstico.

e morais. O acaso é a única realidade. O pintor não revelava em seus traços, de modo algum descritivos ou analíticos, uma essência metafísica: ele ousou, em um de seus quadros, explicitar a fé ausente de toda uma multidão distraída, ocupada com afazeres e negócios, que não percebe Cristo subindo no Calvário. Ou ainda o apóstolo Paulo, caído em Damasco, diante da aparição de Jesus, e a tropa seguindo no mesmo ritmo, sem que se interrompesse a marcha. Somente trezentos anos depois, percebeu-se que Bruegel não era um ingênuo pintor popular a esboçar contornos humanos tristes e coloridas figuras sombrias. Bruegel viveu o começo da era moderna, quando a ideia de Deus e da religião 'como sendo algo natural' começava a ser afrontada. Esse universo europeu pós-renascimento nada tem a ver com a concepção judaica do século I sobre Deus; portanto, não é honesto intelectualmente analisar o tema somente a partir de nossa perspectiva contemporânea. É necessário, para uma aproximação maior com a figura de Jesus, conhecer a importante controvérsia que envolveu Jesus, em cujo centro do debate estava o tema 'Deus'. Bruegel interpretou o calvário de Cristo e a conversão de Paulo a partir dos debates filosóficos do renascimento tardio. É muito interessante sua concepção, mas, ao se analisar historicamente Jesus ou Paulo – interesse que não era o do pintor –, temos de distinguir as concepções de Deus da época de Bruegel (ou da nossa) e do antigo século I, na Palestina judaica.

* * *

Deus, qual Deus? O Deus monoteísta compartilhado por judeus, cristãos e muçulmanos, 3,6 bilhões de crentes (metade da humanidade)?[256] O Deus judeu, ou o cristão, ou o muçulmano?

Qual Deus dentro do judaísmo: Deus, o único, o incomparável, o herói bíblico de Moisés? O criador divino ou o supremo e divino legislador mosaico? A 'mente e o 'cosmos' da Septuaginta? A 'Palavra de Deus' talmúdica? O Deus oculto em si mesmo, da Cabala, ou o Deus histórico, Elyon, El Shaddai, Elohim, Adonai, YHWH?

---

[256] Segundo o *Major Religions of the World Ranked by Number of Adherents*, o judaísmo conta com 14 milhões de adeptos; o cristianismo, com 2,1 bilhões e o islamismo, com 1,5 bilhões, totalizando 3 bilhões e 614 milhões de crentes monoteístas. Segundo o U.S. Census Bureau,, de 19 de abril de 2010, isto resultaria em 53% da humanidade.

Quem foi Jesus?

Qual Deus dentro do islamismo: Allah, o Deus, o nome mais belo entre os existentes? O inimitável, o insuperável, o intraduzível, o infalível? Deus como o criador e a predestinação absoluta do todo, ou apenas do bem, como debateram no Império Árabe dos califas Umayyads? O Deus entrevisto no Hadith? Um Deus sem propriedades e atributo algum, o Deus herético de Jahm ibn Safwan, ou seu oposto, o Deus de atributos de Abu l-Hydhayl's? Qual Deus?

Qual Deus dentro do cristianismo: o Deus logos, diferente do Espírito e do Filho, consoante Orígenes ou o Deus dos padres capadócios, uma substância, *ousia,* em três pessoas, *hypostaseis*? Um Deus semelhante ao sol, como Ícaro, o filho de Dédalo ou o Deus robusto e assustador da Contrarreforma? O Deus amor de João ou Deus, o Grande arquiteto universal, o demiurgo da maçonaria? Qual Deus? O Deus crucificado da Teologia da esperança?

Seria pretensão supor que, em poucas linhas, poderíamos estudar em profundidade a variedade de interpretações sobre o Deus monoteísta. O que pretendemos é uma 'breve introdução', como vimos fazendo ao longo de todos os capítulos. Aquele que deseja ter um conhecimento aprofundado sobre o Deus judaico e cristão deve, antes de pegar qualquer manual teológico, tomar coragem e encarar as duas mil páginas da Bíblia. Estudar sobre o Deus de Israel sem ler a Bíblia é como estudar uma partitura de Mozart e nunca ter escutado a sua música.

* * *

Embora a diversidade de concepção de Deus, mesmo entre os grandes partidos da época de Jesus (fariseus, saduceus, zelotas e essênios discordavam em suas concepções também sobre esse assunto) um fato é certo: independentemente da interpretação, para judeus do século I, o Deus de Abraão é absolutamente único. Isso significa que:

- não há outro Deus, melhor ou pior, estrangeiro ou nacional, do vinho ou da beleza, mas exclusivamente o Deus Único;
- não há um Deus rival, de aspectos negativo e responsável pela maldade e danação do homem, mas exclusivamente o Deus Único;

- não há outro Deus disfarçado, como dinheiro, poder, luxúria, sucesso, fama, mas exclusivamente o Deus Único.

E é justamente esse Deus, de acordo com a cultura religiosa judaica, que espontaneamente fez a primeiríssima Aliança (*berit*) com Noé, depois com Abraão e seus descendentes e, por fim, com Moisés e o povo hebreu, que estavam escravizados pelo faraó no Egito. Esse Deus, segundo a tradição, libertou o povo escolhido da escravidão. Deu-lhes uma terra e uma Lei. Um Deus que sente a dor do homem e que esteve desde o começo, do mesmo modo que estará no fim, preparando os caminhos de Israel. Esse é o Senhor que, tendo extrema compaixão de Agar e de seu filho Ismael, que estava sofrendo de extrema sede no deserto de Beer-Sheva, socorre-os e promete fazer dessa escrava e de seu filho uma nação.[257] Essa presença constante de Deus é evidente para judeus, de acordo com as escrituras, para qualquer judeu que, a qualquer momento, pode dirigir-se a ele em oração. Embora o ser humano não necessariamente vá ouvi-lo com os ouvidos corporais, como um dia ouviu Samuel,[258] o juiz, ele sempre estará disposto a socorrer o seu povo, um a um. O homem desesperado, emaranhado em dúvidas, sentindo o vazio existencial, frágil, angustiado, como Jó,[259] ao se entregar sem reservas a Iahweh, receberá reconforto; mas o homem que não se entrega a Iahweh e não tem um sentido na vida, permanecerá nas trevas de si mesmo, iludido, acreditando-se poderoso e até mesmo um 'pequeno Deus', quando não passa de um nada, tendo sido criado ele mesmo por aquele a quem não reconhece (são os pagãos). Esse Deus judaico não é um Deus metafísico, sobre cuja natureza íntima ou os complexos sistemas mecânicos de sua lei os pensadores debaterão, como faziam os gregos desde Aristóteles. Não! Ele é o Deus que

---

[257] Essa história, narrada em Gênesis 21:8-21, não tem continuidade na Bíblia. Ressurge dois mil e quinhentos anos depois, no Alcorão. Para o islamismo, Abraão é considerado o primeiro a se submeter (*muslim*) ao único Deus verdadeiro. Ismael gerou toda uma descendência, que originou o povo árabe, inclusive Maomé.

[258] 1 Sm 3:1-21.

[259] *O Livro de Jó* é uma narrativa em prosa do Antigo Testamento, com diálogos líricos sublimes. Tem como protagonista um herói de tempos antigos, Jó, que, sofrendo todas as tentações humanas, conseguiu vencê-las e fazer a escolha por Deus. É uma obra-prima literária do cânone literário mundial. Foi escrita há 2.500 anos.

influencia as pessoas positivamente, que lidera a marcha de seu povo, que é vivo, não como os seres biológicos da terra, mas vivo na presença e na proximidade, embora nada tenha a ver com o homem e a mulher. Algumas vezes, manifesta-se com zelo, ira e arrependimento, mas esses antropomorfismos não querem fazer dele homem, e sim mostrar que ele não é abstrato, como uma equação de Tales, e que o seu zelo é cuidado, sua ira explícita é aversão ao mal e ao pecado, o seu arrependimento é prova de sua flexibilidade acima de tudo. Não é nunca um Deus inofensivo e pouco exigente, aceitando a acomodação do homem, de modo aburguesado, como se crê nos dias de hoje. Semelhante Deus seria entendido como um ídolo, um Deus humano e não Divino.[260]

O Deus hebraico, sem dúvida, é o grande diferencial entre os hebreus e qualquer outro povo existente à época. Jesus, como judeu que era, formado dentro dessa concepção de Deus, de modo algum rejeitou o Deus Judaico e também não se interessou por polêmicas conceituais, enigmáticas e abstratas. Como qualquer judeu, para Jesus, Deus é uma realidade concreta.

* * *

É realmente muito importante cristãos e muçulmanos conhecerem, com mais profundidade, a origem de Deus no judaísmo. Muitas vezes, conceitua-se uma visão equivocada do Deus judaico, como se ele fosse o senhor dos exércitos, do ódio, da vingança, um Deus tirânico. Entender o Deus dos judeus por meio de algumas passagens veterotestamentárias que expressam antiquíssimas tradições é irresponsabilidade de certos estudiosos, uma vez que nessas sagas não se encontram o centro da visão judaica de Deus. É como querer tomar uma ou outra frase de Jesus isoladamente e acusá-lo de beberrão, somente porque bebia vinho, ou querer afirmar que o islamismo é uma religião violenta graças a raras passagens do Alcorão e à atitude de alguns grupos fundamentalistas (não nos esqueçamos das cruzadas

---

[260] Sobre o Deus judaico ver: EICHRODT, Walther. *Teologia do Antigo Testamento*. Trad. Cláudio J. A. Rodrigues. São Paulo: Hagnos, 2005; PROCKSCH, Otto. *Theologie des Alten Testaments*. Gütersloh, C. Bertelsmann, 1950; FOHRER, Georg. *Introduction to the Old Testament*. Initiated by Ernst Sellin. Completely rev. and rewritten by Georg Fohrer. Nashville: Abingdon Press, 1968.

158 ANDRÉ MARINHO

católicas). É ignorância e falta de honesta informação. Uma visão popular de um Deus judaico, déspota, por parte de cristãos, tem como origem não a questão teológica (poucos cristãos se deram ao trabalho de ler a Bíblia), mas histórica. Na raiz está o antiquíssimo antijudaísmo cristão e o recente antijudaísmo islâmico, que deprecia a religião judaica, classificando-a como retrógrada e deficiente de profundidade. Os muçulmanos nem sempre se recordam de que também o Deus islâmico é o mesmo de Abraão e os cristãos esquecem-se de que Jesus não negou sua religião, seu povo ou o Deus judaico.

Há entre as três milenárias religiões proféticas uma relação única e uma irmandade especial, pois:

■ *judaísmo, cristianismo e islamismo* acreditam num Deus Único e Supremo, que se relaciona com os seres humanos;

■ *judaísmo, cristianismo e islamismo* vivem a história universal como uma grande meta: o começo ocorreu com a criação de Deus e o final acontecerá com o supremo triunfo do Criador sobre todos os seres humanos, que passarão a reconhecer Deus como Deus;

■ *judaísmo, cristianismo e islamismo* pregam a Palavra de Deus por meio de seus profetas, que 'endireitam os caminhos do Senhor';

■ *judaísmo, cristianismo e islamismo* creem na autorrevelação de Deus para os homens por meio de suas religiões e, também, por meio da ética básica de sobrevivência humana, expressa pelos dez mandamentos e seus equivalentes, tanto no cristianismo quanto no islamismo. Essa ética está firmada nos livros dessas grandes religiões: a Bíblia hebraica, a Bíblia cristã e o Alcorão.[261]

* * *

Quando o moço rico faz uma pergunta a Jesus, ele imediatamente indaga: "Por que me chamas bom? Ninguém é bom, senão só Deus".[262]

---

[261] Para o decálogo judaico-cristão, ver o livro bíblico Êxodo 21:1-21. Para o Alcorão, ver a Sura 17:22-38. Sobre o que une as três religiões, a partir da fé Abraâmica, ver o livro *La discórdia en la casa de Abrahan. Lo que separa y lo que une a judíos, cristianos y musulmanes*. Estella, 1996.
[262] Lc 18:19.

QUEM FOI JESUS?

Eis a única definição explícita de Jesus sobre Deus.[263] Também os demais judeus viam Deus como bom; portanto, a indagação sobre a diferença entre o Deus judaico e o Deus cristão é fundamental. Para ambos:

- só existe um Deus Uno e Único, o Deus de Abraão, Isaac e Jacó;
- Deus não é uma 'essência abstrata', mas é 'vivo', com todos os cuidados que o termo requer;
- Deus é o supremo juiz, misericordioso e defensor dos homens.

Jesus crê no mesmo Deus de Israel; o que Jesus revolucionou foi como apresentar Deus.

A oração do Pai Nosso[264] é uma dos grandes modelos da inovação. Dirigindo-se a Deus, Jesus, na primeira palavra da oração, disse: "Pai". Um 'Pai' que não significava o oposto da mãe ou o reforço de um sistema patriarcal, mas um 'Pai' – *Abba* –, palavra aramaica,[265] usada majoritariamente por crianças,[266] para referirem-se a seus próprios pais. O termo, nunca utilizado até então para se falar sobre Deus e com Deus, expressava a totalmente inédita relação de Jesus com

---

[263] Também as parábolas são manifestações formuladas sobre Deus, contadas por Jesus; elas, porém, têm um raciocínio próprio, uma autoexplicação peculiar. Não são, como em Mc 10:18, uma declaração tipicamente conceitual, teorização rara nos evangelhos sinópticos.

[264] Um interessante e acessível livro sobre o 'Pai Nosso' é *O pai nosso: a oração da libertação integral*, de Leonardo Boff.

265 No Novo Testamento, essa palavra aparece três vezes em sua forma originalmente aramaica, embora grafada em grego (Mc 14:36; Rm 8:15; Gal 4:6): ἀββα. Como os evangelhos foram escritos em grego koiné, elas permanecem, em aramaico, para o leitor ter ciência da inovação do que era chamar Deus com esse termo. Em outras passagens Abba foi traduzido pelos evangelistas por πάτερ, "pai". São elas as mais famosas: Mt 11:25; 26:39.42; Lc 10:21, 11:2, 22:42, 23:34.46; Jo 11:41, 23:27.28, 17:15.11.21.24.25. São, no total, cento e setenta aparições de πάτερ. De qualquer modo, o sentido *Abba*-Pai é deduzido em todas as passagens acima referidas, mesmo estando ela escrita em sua correspondente grega, porque a palavra hebraica utilizada para Pai – אב – (ab) – nunca é usada no Antigo Testamento para nomear Deus. Ver: JEREMIAS, J. *The Lord's prayer*. Philadelphia: Fortress Press, 1964; JEREMIAS, J. *New Testament theology*. New York, Scribner, 1971.

[266] Adultos também usavam a expressão, embora ela fosse mais ligada à linguagem infantil.

160 ANDRÉ MARINHO

Deus. Com *Abba*, Jesus, além de tratar Deus carinhosamente, compreendeu-se numa infantil postura de dependência de Deus, como um filho pequeno diante do genitor, numa relação muito pessoal. É como se Deus estivesse acessível entre nós a qualquer hora e nele pudéssemos depositar nossa confiança. Essa nova relação com Deus implicava também a intimidade. Intimidade gera uma série de outras relações: convívio, informalidade, proximidade, entrega.

Para Jesus, além de uma relação pessoal com Deus, o homem deveria se conscientizar de que:

- "Nem um só cabelo de vossa cabeça se perderá. Nenhum deles cai em terra sem o consentimento do vosso Pai";[267]
- "Vosso Pai sabe do que tendes necessidade antes de lho pedirdes".[268]

É um Deus soberano que não esmaga seu filho e nem assusta criancinhas ou barganha emocionalmente com uma série de preceitos moralistas. Ao contrário, num mundo cheio de culpas, desesperança, injustiça, crueldade, sofrimentos, dores e aflições, Ele é O amigo do homem e A esperança concreta. É dentro desse viés que Jesus compreendia Deus.

É na tão citada parábola do filho pródigo[269] que encontramos mais um entre tantos exemplos sobre esse Deus, quando o pai da história é uma excepcional analogia de Deus segundo Jesus: o pai aceita a decisão pessoal de seu filho lhe dizer um 'sim' ou um 'não'. O pai (Deus) não se impõe contra a vontade de ninguém. Esse filho, que era o mais jovem, seguiu seu caminho, a procura de prazeres, negando a própria religião e a comunidade a que pertencia, indo morar num país estrangeiro (terra de hereges!). Pede a seu pai parte da herança – o que seria, no mundo semítico, uma ofensa – e, indo embora da casa paterna, gastou todo o dinheiro da herança com farras. Quando o filho, decepcionado consigo mesmo, exaurido, viu-se sozinho, sem dinheiro e humilhado culturalmente (restava-lhe para comer a ração dos porcos),

---

[267] Mt 10:30 e Lc 12:7, 21:18. Articulação igual ao de 2 Sm 14:11.
[268] Mt 6:8.
[269] Lc 15:11-32.

arrependeu-se de suas escolhas. Pensou, então, em voltar para a casa do pai. Não sabia como seria a recepção, nem como seria a viagem de volta – agora sem recursos. O rapaz chorou, sofreu e, repleto de remorso, fez a viagem de retorno, com o intuito de reconhecer os próprios erros e de penitenciar-se. Doloroso foi o retorno. A parábola narra que o pai não o estava esperando o filho num trono; antes, estava na espreita, como que esperando o regresso do rapaz. Ao ver o filho na estrada, fraco e cansado, o pai correu e deu-lhe um beijo. Emocionado, o filho queria evidenciar a própria culpa, confessar-se, pedir perdão; o pai não permitiu o constrangimento do filho: os farrapos que o garoto vestia mostravam a situação degradante dele. O pai cortou-lhe a palavra – não permitiu, igualmente, que o filho se fizesse de vítima – e, imediatamente, arranjou-lhe sandálias novas para o rapaz calçar. Em vez de insinuações, acusações ou atribuição de culpas, o pai ordenou que um banquete fosse providenciado – a comida que o menino precisava e a comemoração – e ambos adentraram a casa, emocionados.

Na primeira oportunidade de mudança do filho, esse pai renovou todas as oportunidades daquele que estava perdido, alegrando-se e festejando com a sanidade espiritual do filho então encontrado. O filho merecia o melhor. Não importava o que tivesse feito no tempo da obscuridade e da negação ao pai. Ainda que o rapaz tivesse gastado tudo na devassidão, esse bom pai não lhe apontou o dedo, não lhe fez cara-feia, cobranças, castigos ou indagações embaraçosas, querendo saber os porquês. Ele era o pai do filho arrependido, da mesma maneira que era pai do outro filho, o irmão mais velho, que se manteve em 'obediência'. A festa esse pai dá, no entanto, ao filho arrependido; afinal, ele foi o que criou maturidade, enquanto o considerado 'bom filho' ressentiu-se do irmão e do pai, considerando o irmão pródigo indigno da festa.

Para Jesus, esse pai, que é Deus:[270]

- priioriza mais o pecador a noventa e nove 'justos';
- prioriza mais o filho perdulário ao filho 'obediente';
- prioriza mais os ladrões aos 'bons religiosos';

---

[270] As cinco passagens respectivamente estão em Lc 15:7; Lc 15:11-32; Lc 18:9-14; Lc 10:29-37; Lc 11:37-46.

162 ANDRÉ MARINHO

▪ prioriza mais os hereges aos 'ortodoxos';
▪ prioriza mais os transgressores da lei ou os sem lei aos 'guardiões da Lei'.

Não é um escândalo, em todos os tempos, tal concepção de Deus?
Mas é justamente esse o Deus de Jesus de Nazaré, o Deus dos perdidos. Esse Deus a todos os instantes está a nos indagar: quem, nessa terra, em sã consciência, pode dizer-se justo, obediente, bom religioso, detentor da verdade, digno árbitro? Que méritos pode alguém reclamar para si diante do criador? Diante desse Deus, não havia lugar para prerrogativas, privilégios, preferências, autoafirmação: "Quando tiverdes cumprido todas as ordens, dizei: Somos simples servos, fizemos apenas o que deveríamos fazer".[271]
A parábola do filho pródigo quis afirmar que esse é um Deus que entende por completo o ser humano e dele tem compaixão. Um Pai que se envolve, com todos os meios e energias, a favor dos seres humanos, que sabe das nossas questões mais íntimas e não as moraliza, somente as compreende. Um Deus que serve a todos os seres e não somente aos especiais, aos poderosos, à hierarquia. Não se impõe a todo custo na história humana, forjando-a para determinados caminhos, mas antes aceita a escolha de cada um em seus destinos individuais e coletivos. Não é mais presente entre os celibatários, castos e 'puros'. Os depravados e 'impuros' contam com a mesma dedicação desse Deus. Um Deus que não divide a realidade entre 'mais salvos', 'menos salvos', 'não salvos', 'hereges', e sim realiza com todos uma comunhão. O Deus não da regra, da norma, da lei, do padrão, do preceito, dos códigos, das prescrições, dos regimentos, dos princípios moralistas de 'salvação' – esse não é o Deus de Jesus! Ele é o que liberta pàra o amor. Deus é o seu nome e seus sinônimos entre os religiosos já foram tantos: único, sutil, penetrante, imaculado, lúcido, invulnerável, incoercível, firme, sereno, o que tudo pode, tudo abrange, tudo penetra, a luz eterna, a luz da luz, afeto, amizade, benquerença, carinho, estima, ternura, fraternidade, devoção, entusiasmo, respeito... Podíamos ainda tomar emprestado do Alcorão os mais belos nomes para o Deus Único, jus-

---
[271] Lc 17:10.

QUEM FOI JESUS?

tamente a tradição religiosa islâmica que atribui 99 (noventa e nove) designações a Deus, sendo que a centésima não pode ser revelada, porque somente o próprio Deus a conhece. Também os muçulmanos podem compartilhar com os cristãos e os judeus suas tentativas de explicação sobre Deus, como a famosa expressão *Allahu akbar*, isto é, Deus como o absolutamente maior, ou ainda a expressão da Primeiríssima Surata, ao afirmar Deus como o Clemente (*ar-rahman*), o Misericordioso (*ar-rahim*), o Soberano Pleno! No viés das tradições proféticas, as três religiões admitem a impossibilidade de sondar o insondável, de explicar Deus. Para judeus, a simples e, ao mesmo tempo, complexa expressão 'Aquele que é' impõe imanência e transcendência numa só frase. Para cristãos, a expressão absoluta que Jesus confere, de modo também simples, 'bom só Deus', demonstra a consciência de Jesus quanto à fragilidade dos atributos humanos sobre Deus.

Seja como for, em âmbito cristão, a linguagem verbal não consegue dar conta de quem é esse Deus ensinado por Jesus e não definido por ele propositalmente em termos semânticos. Apesar disso, podemos afirmar que o Deus de Jesus deseja "a eliminação das fronteiras naturais entre companheiros e não companheiros, entre próximos e distantes, entre amigos e inimigos, entre bons e maus; que se coloca junto dos fracos, doentes, pobres, marginalizados e oprimidos, incluindo os não religiosos, os imorais e os ímpios".[272] Tudo em Jesus está referendado a partir *de* e *em* direção *a* Deus. Aqui, poderíamos reconceituar o teocentrismo, não como na Idade Média católica, mas entendendo Deus como instância máximo de Jesus.

Tamanha dedicação a Deus fez com que Jesus muitas vezes fosse igualado a Deus, entendido como a 'encarnação de Deus'. A tão marcante presença de Deus para Jesus, não como concepção teórica, mas íntima, existencial e prática, levou-o a, em vida, fazer uma 'identificação com Deus' ("Eu e meu pai somos um"[273]), o que não significa, sob hipótese alguma, nem segundo a concepção histórica de Deus, nem segundo a concepção teológica de Jesus, fazer-se deles o mesmo ente. Há ainda também uma enorme confusão com relação a Deus

---

[272] KUNG, Hans. *¿Existe Diós?* Madrid: Trotta 2005, p.738.
[273] Jo 10:30. Sentença encontrada somente em João.

164 ANDRÉ MARINHO

e o Espírito Santo; no entanto, os evangelhos não fazem confusão alguma sobre a figura humana de Jesus e a trindade, conceito que nem aparece no Novo Testamento e é fruto de elaboração tardia da comunidade cristã. Jesus sempre se referiu a Deus considerando-o 'totalmente outro' e não há, no Jesus histórico, jamais a pretensão de ser Deus. A entrega a Deus sem limites por parte de Jesus, entrega sem resistências, foi testemunhada por Jesus em sua última frase em vida, quando se dirigindo a seu tão prezado Deus, diz: "Pai (Abba), em tuas mãos entrego o meu espírito".[274]

Por último, não podemos deixar de render total elogio à capacidade de síntese de um dos apóstolos sobre o Deus apresentado por Jesus. Evitamos até aqui essa expressão, para não a banalizarmos, mas não temos como dela fugir. Para Jesus, "Deus é amor".[275]

---

[274] Lc 23:46. Frase de Jesus retirada de Sl 31:6, que só é conhecida por Lucas, possivelmente para harmonizar a morte de Jesus com uma entrega serena a Deus. Já Mt 27:45-50 e Mc 15:33-37 põem na última frase de Jesus o famoso "Por que me abandonaste?", que é citação do salmo 22:2. Jo 19:29-30 ("está consumado!") oferece uma narrativa que pode ser interpretada tanto no espírito de Lucas, quanto no de Mateus e Marcos, daí não podermos questionar totalmente a historicidade da citada frase de Lucas, embora o evangelho de Marcos seja sempre considerado o mais seguro nas narrativas pascais. Também o fato de Jesus morrer proferindo um salmo de Davi pode ser tanto de fundo histórico, quanto a tentativa de encerrar o evangelho com a linhagem davídica, mais justificável se levarmos em consideração o escrito em Mt 1 e Lc 2:4. Mateus pode ter seguido a cópia de Marcos, com acréscimo de interpretação própria.

[275] 1 Jo 4:8. Que Deus tem "amor eterno" por seu povo, o Antigo Testamento dá inúmeras demonstrações (Is 54:8, 43:4; Dt 4:37, 10:15; Jr 31:3; Sf 3:17; Ml 1:2), assim como há tentativas de explicar esse amor por meio de analogias, como o amor de pai pelos filhos (Is 1:2, 49:14-16; Jr 31:20; Os 2:25) e a paixão de um homem por uma mulher (Is 62:4-5; Jr 2:2, 31:21-22; Ez 16:8.60; Os 2:16-17.21-22, 3:1). Ocorre que, na epístola de João, o conceito é inédito, dando-lhe valor absoluto, comparando Deus com o amor. Essa passagem se articula com Mc 10:18.

JESUS E O REINO DE DEUS

> A partir desse momento começou Jesus a pregar e a dizer: – Convertei-vos, porque está próximo o Reino dos Céus.[276]
>
> Bem-aventurados os puros no coração, porque verão a Deus.[277]

Coexistimos entre a pobreza, a fome, as desigualdades econômicas e a morte insensata de crianças sem qualquer perspectiva de vida. Diariamente acompanhamos o desrespeito à vida, à dignidade e à diferença. Milhões permanecem presos ao ódio religioso. Temos medo de abrir nosso coração, sermos amigáveis. A carência e a solidão furtam nossa vitalidade. O domínio e o abuso de um sobre o outro, o acorrentamento de um ser ao outro encarcera nosso potencial humano. A mentira, a desonestidade, o roubo, a desesperadora ânsia pelo poder, pelo prestígio e pelo consumo evidenciam o quanto estamos confusos. O mundo real agoniza. Há de se concordar com o apóstolo Paulo: "não faço o bem que quero e sim o mal que não quero".[278] Choramos e gememos. Diante de tamanho desespero existencial, muitas vezes perguntamos ao céu: "quem me livrará...?".[279]

---

[276] Mt 4:17
[277] Mt. 5:8
[278] Rm 7:20.
[279] Rm 7:24.

166 ANDRÉ MARINHO

Novamente daremos voz ao estudioso judeu das religiões Shalom Ben-Chorin: "Devemos perguntar a partir da Bíblia se a mensagem do Antigo Testamento não só tem cumprimento no Novo Testamento, mas também se ela se cumpriu, sobretudo, na história, nesta história que nós e nossos antecessores temos vivido e sofrido. E aqui, meus queridos leitores cristãos, temos que mover a cabeça com um gesto negativo: não, aqui não há nenhum reino, nenhuma paz, nenhuma redenção, tudo isto se encontra ainda em um afastado futuro, ou próximo (segundo a fé judaica e a cristã, ninguém pode determiná-lo), quando irromperá o *Malkut Sadday*, o reino de Deus".[280]

Se o Reino de Deus era um dos alvos da pregação de Jesus (em conformidade com os Evangelhos, ele falou noventa vezes diretamente sobre o assunto), onde está esse 'Reino'? Será que a teologia tem interpretado equivocadamente o sentido original desse conceito? O conteúdo espiritual-existencial-político da expressão 'Reino de Deus' não se realizou! E, fato claro, numa leitura atenta do Novo Testamento, notamos que aquelas mulheres e homens estavam aguardando a irrupção imediata desse 'Reino'. Jesus pregou que o Reino de Deus viria enquanto aqueles homens estivessem vivos, como assevera a cristalina passagem de Mateus (16:28). Sem pudor é preciso indagar: teria Jesus errado? Onde está esse 'Reino' prometido há 2.000 anos? Seria uma utopia de Jesus? Uma resignação passiva com relação ao mundo? A desesperada pregação de um revoltado com a realidade que, por isso, exige paz, ainda que se iludindo? Ou uma autêntica esperança equivocada, típica de uma alma ingênua? Será que somos nós que não estendemos o conceito de 'Reino de Deus'? É importante refletir sobre esse importantíssimo tema!

* * *

Jesus analisou o passado de Israel e pensou sobre o futuro de seu povo. Nessa avaliação foi que surgiu a promessa evangélica: "O Reino de Deus está próximo". Ela referia-se a um futuro não distante em que todos os seres humanos reconheceriam Deus, em seu lugar de Deus, e não mais desejariam tomar o lugar de Deus. A soberania divina seria reconhecida por todos; e mais, vivida por todos.

---

[280] BEN-CHORIN. *Paulus. der Völkerapostel in jüdischer Sicht,* München. 1980, p. 142.

Quem foi Jesus? 167

A expressão 'Reino de Deus' é simples e autoexplicativa:

a) *Reino* é a propriedade Divina: tudo naquele território pertence a Deus, exclusivamente;

b) *Reino* é a Superioridade Divina: não há, no 'Reino', ninguém ou nada superior a Deus. Consequentemente, Deus é a autoridade absoluta;

c) *Reino* é a Região Divina: o 'Reino' inicialmente circunscreveu-se aos hebreus, o povo da Aliança. Jesus o apresentou como uma extensão infinita, cujo território é toda a terra;

d) *Reino* é a Autoridade Divina: no 'Reino', Deus é absolutista, é Ele quem tem o poder pleno de ordenar, decidir, atuar e fazer obedecer; não é uma democracia!

A concepção básica é esta: o reinado deteria propriedade, superioridade, território e autoridade divina; seria, portanto, Reino pertencente a Deus, 'Reino de Deus'. O conceito que mais se aproxima a esse, juridicamente, é a 'soberania' de Deus, a qual Deus não se subordinaria a nenhum outro poder e, em última análise, não reconhece nenhum outro poder como superior, na medida em que não o haveria. Por ser soberano absoluto, Deus teria o direito de exercer sua vontade em teu território (toda a criação), em sua população (judeus e gentios) e em seu governo (o seu Reinado). É preciso esclarecer que, na concepção judaica do século I, o Reino de Deus não se confundia com Deus em si. O Reino seria a ação de Deus, parte de sua obra. A soberania de Deus permitiria que Deus atuasse independentemente de cultura, de política, de conjunturas, para exercer suas capacidades. Nada o impediria de exercer sua ação. Ainda que povos declarassem soberania a outros deuses, ela não seria reconhecida pelo único Deus, o de Israel, e nem a autodeclaração concederia poderes efetivos a quem desobedecesse a soberania Divina.

O grande debate, na época de Jesus, era a disputa por quem implementaria essa soberania: se Deus, se os seres humanos. Porque, embora a teologia judaica afirmasse tudo pertencer a Deus, a prática política evidenciava poderes humanos assenhoreando-se do que deveria ser exclusivamente de Deus. Onde a propriedade divina, se o território de Canaã, a terra prometida, fora invadido e dominado pelos romanos, e antes pelos macedônios, e antes pelos neobabilônicos, e antes pelos assírios? Onde a superioridade divina, na vida concreta e cotidiana, se César e outrora Alexandre, o Grande, e antes ainda Ciro II mandavam na Terra Sagrada? Onde a região divina, se o mundo estava infestado de pagãos, com cultos politeístas, sem 'respeitar' e 'conhecer' a 'Lei' dada por Deus? Onde, então, a autoridade divina?

O debate entre Hilell e Shammai sobre se os gentios poderiam se converter ao judaísmo é menos importante,[281] visto que dentro de Israel não era fato a soberania de Deus. A começar pela invasão romana, que impedia o território judaico de ser livre, de ser a terra onde Deus, por meio de sua Lei (Torá), determina todas as coisas.

Outro problema situava-se na divisão interna de Israel. Uns supunham que, para impor definitivamente o Reino de Deus, eram necessárias ações diferentes: os fariseus acreditavam que o cumprimento da Lei e dos rituais da tradição oral permitiriam, por parte de Deus, a implementação do Reino; os zelotas supunham que, por meio de suas ações violentas contra aqueles que impediam a vinda do Reino, Deus iria definitivamente implementar seu Reinado; os saduceus mantinham postura dúbia com relação ao Reino; os essênios afastaram-se do mundo para, em uma vida reta, monástica e obediente à Lei, o Reino se implementar.

Todos os grupos políticos e espirituais da época de Jesus pressupunham que tinham de fazer algo para a soberania de Deus ser reconhecida, ao menos em Israel. Embora a massa fosse religiosa, o quão ela teria de ser fiel à Lei para Deus implementar esse reino? O que o povo fazia de errado, para o Reino não vir? Quais demandas Deus guardava para implementar, definitivamente, sua soberania? As respostas farisaica, essênica e zelota eram diferentes sobre esse assunto, por isso seus métodos de implementação do Reino serem diferente.

Os partidos político-religiosos queriam agir como 'policiais' do Reino de Deus. Eles supunham que resolveriam definitivamente os ilícitos que 'bloqueavam' o exercício pleno da soberania de Deus. Não negavam que Deus exercitava seus atos de gestão, mas supunham que Deus concedia a seu povo eleito a liberdade para a definitiva imple-

---

[281] Nesse aspecto, Jesus aproximou-se mais de Shammai.

mentação de sua autoridade suprema. Nesse aspecto, é decisivo explicitar que os grupos supunham que exerceriam uma ação ativa para o Reino de Deus ser implementado. Nisso, Jesus com eles concordou, ao menos no que tange a necessidade de se executar algo com relação a essa questão. Era preciso um impulso popular, uma resolução coletiva, dado que motivo eles já tinham, a opressão que há séculos vinham sofrendo por meio de guerras, violações e invasões. O reino exigiria coragem. Seria um dever espiritual implementá-lo. Todos os esforços deveriam ser direcionados para esse objetivo.

Jesus discordava dos grupos sobre o que seria esse Reino. O quanto dependeria da ação humana a implementação do Reino? Qual óbice impedia essa consumação? Por meio de que estratégias servir a Deus para implementar o Reino? Foram essas também as dúvidas e questões do jovem Jesus histórico, antes de iniciar sua vida pública. Por sua sagacidade intelectual e sua sensibilidade, Jesus percebeu que nem os zelotas, nem os essênios, nem os saduceus, nem os fariseus ofereciam respostas eficientes à concepção de Reino. Estariam então, esses grupos, compreendendo equivocadamente o que é o 'Reino de Deus'? Estariam esperando uma ação coletiva, quando a implementação do Reino poderia vir por meio de uma ação individual? Antes de buscarmos evidenciar nossa análise sobre a resposta de Jesus a essas questões, convém acrescentar outros dados históricos que estavam, certamente, na mente de Jesus, quando ele formulou sua concepção própria sobre o 'Reino de Deus'.

Jesus, individualmente, estava pressionado pela apocalíptica de seu tempo. Os demais grupos viam-se na mesma situação, mas o que entrevemos é que Jesus tomou para si a questão, desejando respondê-la individualmente, e não por meio de uma resposta coletiva de um grupo. As profecias de sua época apontavam para uma ação de Deus ante tudo o que estaria por vir; logo, Deus em si tomaria parte na implementação de seu Reino. Essa seria a ação de Deus. Não obstante, as profecias enunciavam a necessidade de conversão dos seres humanos para permitir a ação de Deus; mas essa conversão Israel já tinha vivido, desde que aceitara Abraão e Moisés. João Batista, de certo modo, exigia uma conversão dentro da conversão, quer dizer, uma autêntica conversão moral, não apenas uma conversão convencional. Não bastava ser filho de Abraão. Era necessário viver o que a Lei e os profetas ensinavam. Nesse aspecto, João Batista foi um profeta, dado que anunciou a vinda desse Reino. Quanto ao aspecto apocalíptico tradicional, a escatologia tradicional apresentava a suposição da vinda de um novo mundo depois do presente mundo. Somente os justos nele entrariam. Jesus então pressupunha que, por compaixão, era necessário, à semelhança de João Batista, conscientizar a todos da imensa e única oportunidade de conversão, dado que, se a ação plena da implementação do Reino de Deus seria do próprio Deus, na Terra deveriam todos ficar prontos. Os que não entrassem no Reino, cairiam na perdição.

Jesus estava diante de uma enorme batalha a ser travada individual e coletivamente. Primeiramente, tinha ele mesmo de garantir a própria salvação, isto é, ele mesmo tinha de reconhecer a soberania perpétua e absoluta de Deus em sua vida. Depois, sentiu-se compelido a partilhar o alerta com a população, sobre o fim que estava próximo e a nova era que se avizinhava. Como fazê-lo? Combatendo o mal! Essa resposta era a mesma dos fariseus, dos essênios, dos zelotas, dos saduceus. Mas quem e o que era o mal? Eis um ponto nevrálgico de diferenciação entre Jesus e os segmentos religiosos de seu tempo. Para Jesus, o mal não era a figura mítica de Satanás, nem a ignorância e arrogância dos gentios. O mal estava dentro de cada um, inclusive dentro dos que eram judeus: era o mal pessoal, era o mal que existia dentro dos corações humanos. Não era o mal coletivo; era, antes, o individual. Nesse sentido, assemelhou-se Jesus, mais uma vez, a João Batista, o pregador da conversão individual. Para Jesus, a guerra a ser travada não seria com povos vizinhos nem dentro da disputa política: seria uma guerra íntima, talvez mais difícil do que a coletiva. Foi por esse motivo que Jesus centra seu discurso na 'conversão', no 'Evangelho' e no 'Reino'.

Μετανοέω, *Metanoia*, a palavra grega utilizada no Novo Testamento, traduzida como "conversão, arrependimento", poderia mais adequadamente ser traduzida pelo seu equivalente hebraico em Jonas 3:9 (מֶחָנ) como "a mudança de mente", como fizeram os tradutores da Septuaginta. *Metanoia* é um conceito que designava a "mudança de sentimentos". Costumeiramente, a palavra vem acompanhada do verbo grego ἐπιστρέφω, *epistrephó*, isto é, "conversão". 'Mudança de

QUEM FOI JESUS? 171

atitude" e "conversão" são os conceitos propagados por Jesus para a entrada no Reino de Deus:

▪ *mudança de atitude*: são as condutas individuais que necessitavam ser alteradas; logo, menos valor às circunstâncias sociais de Israel – e sua situação no mundo do século I – e mais ação no plano local, especialmente naquele espaço do Reino onde somente a ação pode alterar o curso: dentro do coração humano, ou seja, individualmente;

▪ *conversão*: no sentido mais literal do conceito, transformação de um coisa em outra, alteração de sentido, substituição. Logo, modificar-se intimamente, movimentar em si essa mudança, esse giro.

Não seria exigir demais? Ao contrário! Jesus concebia que descobrira a 'chave' para a vinda do Reino de Deus. Finalmente o ser humano poderia se aproximar da paz, da única e suprema autoridade de valor, de justiça, de pureza, de Deus. Essa percepção de que não seria necessária a conversão de todos os povos, nem de todos os partidos políticos, mas que dependeria única e exclusivamente de cada um, foi um motivo de enorme alegria para Jesus. *Eureka!* Deus conosco, visto que – e notem que isto é decisivo –, ainda que o Reino não exista em plenitude, ele pode existir já aqui e agora, intimamente no indivíduo! O Reino não virá a existir. Ele já está, é o tempo atual, enquanto se pensa e se fala, é o presente. Essa foi uma novíssima concepção do Reino dentro do judaísmo. O novo tempo já começou, pregava Jesus. Não importava que Israel estivesse sob o domínio dos estrangeiros, não importava que houvesse ainda maldade, era no presente que o Reino já existia. Daí ele dizer: "cumpriu-se o tempo!",[282] em vez de "haverá de se cumprir o tempo", e de também afirmar "o Reino de Deus aproximou-se", em vez de dizer "o Reino de Deus está se aproximando"! Já é um processo em consumação.

Quando Jesus afirmou ter visto a queda de Satanás,[283] há a associação implícita do evangelista às tentações de Jesus, ou seja, não haveria mais espaço para o 'mal' triunfar: isso seria a 'queda' de Satanás. Quan-

---

[282] Mc 1:15.
[283] Lc 10:18.

172　　ANDRÉ MARINHO

do Jesus curou um endemoninhado, Mateus[284] colocou na boca de Jesus: "O reino de Deus já chegou a vós", δαιμόνια ἄρα ἔφθασεν ἐφ' ὑμᾶς, usando o verbo "chegar" em duas acepções precisas, seja porque o verbo φθάνω, *phthanó*, significa "chegar", "antecipar", "chegar antes do tempo", seja porque a passagem está conjugada em aoristo, ἔφθασεν, *ephthasen*, o que não deixa dúvidas sobre o conceito presentificado.

"Interrogado [Jesus] pelos fariseus sobre quando chegaria o Reino de Deus, respondeu-lhes: A vinda do Reino de Deus não é observável. Não se poderá dizer: 'ei-lo aqui!', 'ei-lo ali!', pois eis que o Reino de Deus está no meio de vós".[285] É curioso visto como os grandes tradutores variam na forma do trecho final do versículo: uns declaram que a frase adequada seria "no meio de vós", e outros, "dentro de vós", formas diferentes para a preposição ἐντός; mas a confusão se justifica menos no grego, cuja referencia ao primeiro conceito é mais explícita e mais no próprio contexto, dado que, se o Reino está no meio de vós, para Jesus ele está "no meio de vós, dentro de quem já se abriu ao reino". Quando Jesus narrou a parábola da semente que germinou por si só, ele afirmou que, uma vez tendo o homem lançado a semente na terra, "a terra por si mesma produz o fruto. [...] Quando o fruto está no ponto, imediatamente se lhe lança a foice, porque a colheita chegou".[286] A ação humana plantaria a semente. O brotar não dependeria de ninguém, mas da natureza, quer dizer, de Deus; o esforço da 'conversão' e do 'arrependimento', que é o esforço do plantio, não é comparável a tudo o que Deus concede para o momento pleno da planta, o da colheita. Logo, a ação do ser humano, para a vida do Reino de Deus, seria muito mais simples do que a ação de Deus. A semente também evidencia o conceito de Jesus de que embora o Reino não fosse existir imediatamente em plenitude na terra, ele poderia começar a existir no interior de cada um. O esforço não seria enorme, e que grandiosidade brota de um simples gérmen! Segundo Lucas, disse Jesus: "A que é semelhante o Reino de Deus e a que hei de compará-lo? É semelhante a um grão de mostarda que um homem

---

[284] Mt 12:28.
[285] Lc 17:20-21.
[286] Mc 4:28-29.

QUEM FOI JESUS? 173

tomou e lançou em sua horta; ele cresce, torna-se árvore, e as aves do céu se abrigam em seus ramos".

Toda essa perspectiva sobre o Reino já existente, ainda que em gérmen e no interior de cada um, será o motivo para Jesus chamar seus ensinamentos de "boa notícia", uma vez que o conhecimento que ele teve sobre o Reino de Deus não poderia se circunscrever a si mesmo: essa informação e a descrição dessa notícia tinha de se espalhar imediatamente. Essa é a "boa notícia" de Jesus, que ele pretendeu espalhar e, de fato, o fez. Não havia um nome para essa mensagem. Nos evangelhos, a expressão "boa notícia", usada por Jesus, foi traduzida em grego de modo bastante literal, pela aglutinação do adjetivo com o substantivo: "εὖ", a "boa", a "bem feita", a "correta", somada a "ἄγγελος", a "mensagem", usualmente também interpretada como "a mensagem de Deus". *Eu+ággelos,* isto é, a "boa" + "mensagem [de Deus]", formando a palavra muito utilizada εὐαγγέλιον, "*euaggelion*", ou seja, a boa notícia.[287] "*Euaggélion*" (e suas variantes em dativo, nominativo ou genitivo) formaram a mais importante palavra para se referir à mensagem de Jesus. O grego "*Euaggélion*" foi convertido para o latim como "*evangelĭum*", chegando até nós, falantes de línguas latinas, como "Evangelho".[288] Evangelho é "a boa notícia".

A concepção de Jesus sobre sua visão de 'Reino de Deus' era uma verdadeira descoberta pessoal, e ele a considerava "alegre", "suave", repleta de "deleite", uma vez que tudo mudava já e agora; não obstante isso, há outro argumento importante para se compreender o conceito de 'Reino de Deus' de Jesus. Se o Reino é de Deus, se ele é interior e íntimo e se o Reino demanda 'conversão' e 'mudança de atitude', Jesus então, em algum momento de sua descoberta, decidiu ele próprio ser o protótipo desse Reino. Isso não significava misturá-

---

[287] Não chega a ser um neologismo, embora seu uso no grego Koiné e no grego ático clássico seja raro. Encontramos τάδιδασκαλία/ διδάσκαλος em Homero uma única vez, mas também cinco vezes em Cícero e uma em Plutarco.

[288] No latim, houve uma conversão da palavra grega para a latina e, posteriormente, uma evolução fonética, no português, para evangelho. Nas línguas germânicas, houve uma efetiva tradução. No inglês, por exemplo, 'Gospel' provém de "god" + "spel", i.e., de "boas" + "Notícias/ histórias", modo mais ligado à expressão puramente latina *bona annuntiatio*.

174 ANDRÉ MARINHO

-lo com Deus; ao contrário, significava a afirmação de que ele, Jesus de Nazaré, começaria a viver o Reino em si para, depois, pregar esse reino. Não dispomos do processo pessoal passado por Jesus nesse quesito. Tudo isso ocorreu antes de sua vida pública.

Indícios sobre um possível processo de evolução de Jesus poderiam ser encontrados na simbólica narrativa sobre ter sido tentado no deserto. Se observarmos o texto de Mateus,[289] a narrativa parece deslocada do fluxo do texto: situa-se entre a pregação de João Batista – e o batismo de Jesus – e o retorno de Jesus à Galileia, no qual se seguirá o Sermão da Montanha. Esse deslocamento evidencia o isolamento do trecho, como se fora uma narrativa à parte, inserida pelo autor nos papiros apenas para que pertencesse ao Evangelho; poderia ter, consequentemente, ocorrido uma 'tentação' anteriormente ao batismo de Jesus por João Batista, mas na narrativa do evangelho de Mateus, não havia muito espaço cronológico para isso, porque entre o retorno do menino Jesus do deserto até João Batista há um hiato histórico. Poderia, portanto, a passagem ter ocorrido nesse período? Possivelmente, e o deslocamento de Mateus pode ser o mesmo evidenciado por Lucas, em seu capítulo 4, e pelos ligeiros versículos 12 e 13 do capítulo 1 de Marcos. A tentação poderia ser não um ato de desejo de Jesus ou um teste pelo qual Jesus passara, mas o símbolo de que o processo de superação do 'Diabo' (a ausência do Reino de Deus) fora vivido por Jesus; seria o momento, na vida de Jesus, entre o conceito habitual do Reino de Deus e o seu novo conceito de Reino de Deus. Os perigos que rondam Jesus, na tentação, poderiam simbolizar um momento de esforço sem precedentes, no qual Jesus entreviu o perigo de pregar uma inédita mensagem sobre o Reino em Israel, devido ao típico fechamento e obliquidade da mentalidade tradicionalista judaica do século I. A tentação poderia remeter, historicamente, ao momento em que Jesus compreendeu que a 'desordem' que essa notícia causaria seria, então, o que, *a posteriori*, estabeleceria a 'ordem de Deus'. É nesse aspecto que faz sentido a tentação do deserto, narrada pelos quatro evangelistas.

A teologia cristã, sobretudo de procedência greco-latina, não admite essa evolução. Para a grande maioria da interpretação, Jesus já

---

[289] Mt 4:1-11.

nasceu com toda essa consciência elaborada, dado que ele fora 'pré--criado' por Deus, conforme salienta Orígenes, o grande filósofo cristão da antiguidade. Sem querermos adentrar no debate teológico, se refletimos sobre o Jesus histórico, esse tema precisa ser inevitavelmente mencionado, embora não tenhamos como tirar alguma conclusão do 'processo' de Jesus de 'conversão' e de 'mudança de atitude', a não ser que especulássemos. Um fato comum, seja entre historiadores, seja entre teólogos, está posto na vida pública de Jesus: a união entre conceito de Reino e a vivência do Reino como sendo algo consumado.

Jesus seria o primeiro a viver o Reino de Deus e seria aquele que daria testemunho do Reino de Deus. É por isso que ele é a 'encarnação' do Reino. Essa concepção é antiga na teologia cristã e é um dos motivos de se valorizar tanto a trindade entre os séculos III e IV, período em que se debateu arduamente se Jesus e Deus seriam duas 'substâncias' diferentes ou se seriam uma única substância em duas 'pessoas'. A analogia que o teólogo holandês Edward Schillebeeckx fez sobre Jesus em seu importante livro "Jesus, a história de um vivente" é muito interessante: "Jesus é uma parábola viva de Deus na solicitude pelo homem e sua história de dor, pelos publicanos e pecadores, pelos pobres, tolhidos e cegos, os deserdados e os possuídos 'por males espirituais': assim é como cuida Deus dos homens. Na história de Jesus se conta a história neotestamentária *sobre* Jesus, resposta dos primeiros cristãos à história *do* mesmo Jesus. Todos os relatos sobre a vida de Jesus revivem, portanto, na vida ou na história da comunidade crente. A Igreja se converte assim em uma comunidade de história e de mesa formada por homens abertos à força crítica da parábola viva de Jesus. Também nós podemos escutar desta forma a história de Jesus. E diante de nós se semeia a pergunta se nos atrevemos a arriscar nossa vida por esta parábola".[290] É uma interessante interpretação: Jesus seria, ele em si, com sua vida, uma parábola do Reino de Deus. Naturalmente que essa interpretação é *post-factum*. Jesus nunca se comparou com suas parábolas explicitamente, mas sua vida foi todo um testemunho sobre sua relação com Deus. Nesse

---

[290] SCHILLEBEECKX, Edward. *Jesus, la historia de um viviente*. Madrid: Trotta AS, 2003, p. 72.

176 ANDRÉ MARINHO

aspecto, os milagres realizados por Jesus são afirmação do Reino. A sua força na hora de sua morte é a grande evidência do que o Reino de Deus é capaz de fazer com alguém convertido verdadeiramente a Deus. Sua ressurreição seria, por fim, a demonstração mais patente de uma nova era de vida, com a ressurreição dos mortos.

A mensagem de Jesus era considerada por ele importantíssima, porque alegre; porque, em suma, libertadora. "O Reino dos Céus [=de Deus] é semelhante a um tesouro escondido no campo que um homem encontra e torna a esconder; e, na sua alegria, vai e vende tudo quanto possui, e compra aquele campo. Novamente, O Reino dos Céus é semelhante ao homem negociante que procura boas pérolas; encontrando uma pérola muito preciosa, partiu e vendeu tudo quanto possuía, e a comprou".[291] É nessa toada que Jesus afirmava que, num casamento, quando os amigos do noivo estavam reunidos com ele, não poderia haver jejum,[292] dado que, com o Evangelho, já estariam todos na própria festa.

Jesus afirmou: "Nem todo aquele que me diz: 'Senhor, Senhor', entrará no Reino dos Céus, mas sim aquele que pratica a vontade de meu Pai que está nos céus".[293] E os que não realizarem a Vontade de Deus? Sobre esses, Jesus falou muitas vezes: são como os convidados para uma festa e que excluem a si mesmos;[294] são como aqueles que receberam misericórdia, mas não usaram de misericórdia, e encontram, portanto, um desfecho triste ante a oportunidade perdida.[295] Deverão estar alertas de que Deus é também um juiz, e que se não escolherem o Reino, terão de prestar contas; igualmente, sendo que a colheita (espiritual) pode não lhes ser boa.[296] Por isso, Jesus tinha pressa para anunciar o Reino, como atesta Mateus (24:42-44): "Vigiai, portanto, porque não sabeis em que dia vem vosso Senhor. Compreendei isto: se o dono da casa soubesse em que vigília viria o ladrão, vigiaria e não permitiria que sua casa fosse arrombada. Por isso, também vós ficai preparados, porque o Filho do Homem virá numa hora que não pensais".

[291] Mt 13:44-46 – HDD.
[292] Mc 3:18-22.
[293] Mt 7:21.
[294] Lc 14:16-24; Mt 22:1-14.
[295] Mct. 18:23s.
[296] Mt 13:20.41s e Mc 4:29, bem como em Lc 10:2 e Mt 9:37s.

Uma vez que Jesus inicia sua pregação pública sobre o Reino de Deus, ele expôs o conteúdo que acreditava, que vivia e que queria compartilhar. Uma das mais elaboradas estratégias de Jesus para a divulgação do Reino foram as parábolas. Esse gênero já existia desde a antiguidade judaica, mas foi com Jesus que elas ganharam protagonismo literário. São de uma concisão rara na literatura, de uma simplicidade cênica (quase sempre apenas dois personagens falam ao mesmo tempo) repleta de repetições (ainda que dentro da concisão) e com clímax admiráveis. Além disso, sua compreensão é bastante acessível por todos (não são alegorias secretas); seus exemplos são autoevidentes (árvore estéril, mulher que perde agulha, filho mais novo rebelde) e exprimem conteúdos requintados, de modo simples, sobre o Reino de Deus. Todas as parábolas são sobre esse reino.

Dos quatro evangelistas, Lucas foi o que melhor soube, literariamente, narrar as parábolas por meio de complexos esquemas sintático-diagramais, que sequer são entrevistos pelo leitor não introduzido no estudo crítico-literário parabólico; contudo, a complexidade de sua elaboração em nada afeta a simplicidade dos conteúdos, que o leitor pode facilmente ler em sua bíblia. Eis alguns deles:

- Lc 7:28 – João Batista, que foi considerado por Jesus o maior na terra, ainda assim no Reino de Deus é o menor. Imaginem a grandeza e dimensão moral deste Reino;
- Lc 7:40-43 – no Reino de Deus, mais valor há naquele que mais é misericordioso. Consequentemente, ser misericordioso é uma condição para entrar no Reino;
- Lc 9:10-17 e Lc 11:20 – os milagres, como o da multiplicação dos pães, são a própria manifestação do Reino de Deus;
- Lc 9:60.62 – não interessa o passado de cada um, vale a ação no presente com objetivos para o futuro. Quem põe a mão no arado e olha para trás, não é apto para o Reino de Deus;
- Lc 12:22-32 – quem se entrega ao Reino de Deus não se preocupa com os pormenores da vida, pois confia que Deus tudo provê;
- Lc 13:18-19 – o Reino de Deus é como o menor grão do Oriente Médio: "É semelhante a um grão de mostarda que um homem

tomou e lançou em sua horta; ele cresce, torna-se árvore, e as aves do céu se abrigam em seus ramos";

■ Lc 13:20-21.24 – "É semelhante ao fermento que uma mulher tomou e escondeu em três medidas de farinha, até que tudo ficasse fermentado". Nem todos fazem força para entrar no Reino de Deus;

■ Lc 13:28-29 – o Reino pertence a todos, judeus e gentios;

■ Lc 14:15-25 – muitos dos 'ilustres' que foram diretamente convidados para participar do Reino não comparecem. Todavia, aqueles que são considerados pobres, estropiados, cegos e coxos são igualmente convocados. O Reino está aberto a todos;

■ Lc 18:16 – o Reino é composto, inclusive, por aqueles que são totalmente desconsiderados da sociedade, como as criancinhas;

■ Lc 18:24-25 – Jesus, refletindo, impressiona-se com a dificuldade de os ricos estarem abertos para entrarem no Reino de Deus: "Como é difícil aos que têm riquezas entrar no Reino de Deus! Com efeito, é mais fácil um camelo entrar pelo buraco de uma agulha do que o rico entrar no Reino de Deus!";

■ Lc 18:26-27 – tal constatação, no entanto, não bloqueia o Reino de Deus aos ricos: "Os ouvintes disseram: Mas então, quem poderá salvar-se? Jesus respondeu: 'As coisas impossíveis aos homens são possíveis a Deus'";

■ Lc 18:28-30 – o Reino exige prioridade máxima. Ninguém nem nada pode se assemelhar a ele em prioridade;

■ Lc 19:11-27 – o Reino não virá imediatamente, mas é preciso investir todas as forças para se preparar para seu advento;

■ Lc 21:29-33 – será possível perceber quando o Reino estiver bem próximo. Basta estar atento aos sinais naturais.

* * *

O grande rabino Shalom Ben-Chorin afirmou: "Não há aqui na terra nenhuma paz, nenhum Reino, nenhuma soberania de Deus reconhecida pelos homens". Por isso, sugeriu que os cristãos se indagassem: Jesus errou?

Não devemos nem precisamos nos aferrar à ideia de que Jesus não errou; afinal, o presente estudo não tem motivações catequéticas. Devemos antes, com honestidade, indagar sobre o que seria um erro e qual concepção fora frustrada.

Ben-Chorin explicitou o conceito de Reino de Deus judaico tradicional e o conceito judaico de Jesus? Não. Realmente, não houve um Reino de Deus na terra; realmente, Deus não é reconhecido como autoridade suprema do ser humano; realmente, Deus não implementou um território divino (embora os ortodoxos monoteístas afirmem que implementou!) onde não há o mal e Deus é o soberano; realmente, Deus é nobre apenas para os que nele acreditam, e não para todo o mundo, Ocidente e Oriente, obedientes a Deus. Não há um Reino de Deus na terra e chega até a ser ridículo ter que, redundantemente, fazer essa afirmação. Nem por isso podemos concluir pelo erro de Jesus.

Jesus desviou-se da concepção sobre o Reino de Deus tradicional. Ele desacreditou do poder humano de implementar um Reino coletivo aqui e agora. Sua interpretação evidenciava que a decisão deveria ser pessoal, e não coletiva. Nesse aspecto, ao mudar a posição do Reino, quer dizer, ao desterritorializar o Reino de Deus, Jesus o transferiu para o íntimo humano. Para o judaísmo tradicional, houve um desvio teológico. Para Jesus, houve uma reordenação, de modo a atender a uma expectativa mais pragmática: não há como converter o mundo nem como fazer com que as coletividades mudem de atitude. Mude a si mesmo primeiro!

Jesus faliu em sua missão profética? Nesse aspecto, faliu tanto quanto os profetas tradicionais judeus. Amós pregou contra o esplendor de culto que disfarçava a ausência de uma religiosidade verdadeira e, de fato, a religiosidade em Israel nem sempre foi nobre e forte; Oseias bradou contra quem desprezava o amor de Deus e desprezava a aliança e, no entanto, os judeus contemporâneos podem ser divididos em judeus religiosos e judeus não religiosos; Isaías (o primeiro) alertou bravamente contra os perigos que Judá poderia passar, ao longo de quarenta anos e, no entanto, Judá não lhe escutou, desaparecendo, por fim. Nesse aspecto, Amós, Oseias e Isaías, além de Jeremias, bem como Jesus, falharam. O Reino de Deus íntimo não existe na dimensão que poderia ser esperada da ação profética de Jesus. Nem por isso se pode dizer que foi e é uma utopia arcaica e sem valor, mas ao contrá-

180 ANDRÉ MARINHO

rio: talvez seja uma das mais fortes e poderosas utopias do ser humano, força para milhões e milhões de vidas, ao longo de séculos.

Jesus desvirtuou-se do Reino de Deus judaico. Isso é verdade e não é. Primeiro, porque Jesus era judeu e concebeu um Reino de Deus judaico novo. Se o judaísmo talmúdico não aceitou Jesus como um profeta, isso se deve a outras circunstâncias histórico-teológicas; mas Jesus era um judeu e, consequentemente, dentro do judaísmo, fez-se uma cisão sobre esse assunto que, somado a outros temas, separou a 'boa notícia' de Jesus do judaísmo do século I. Houve um desvio de Jesus efetivamente, no sentido de mudar a concepção tradicional de Reino, afastando sua visão dos padrões habituais, inevitavelmente tornando sua interpretação 'evangélica' própria.

Jesus foi heterodoxo. Com relação ao Reino de Deus, contrariou os padrões, as normas e os dogmas sócio-teológicos estabelecidos. Não estava de acordo com a visão de seu tempo e sustentou uma doutrina diferente. Nesse aspecto, Jesus foi um dissidente e um herege.

Para conceituar o erro de Jesus, depende-se de que perspectiva se analisa a questão. Se for com a perspectiva judaica, a resposta será uma. Se for com a perspectiva contemporânea, será outra. Por esse motivo, a questão sobre o Reino de Deus não se adequa, apropriadamente, na dicotomia erro-acerto.

* * *

Os milagres de Jesus são interpretados nos quatro evangelhos como a própria evidência do Reino de Deus na terra. Os debates modernos sobre o tema variaram desde a negação da possibilidade da existência dos milagres até uma elaboração mais sofisticada e importante para a história, ao buscar a compreensão de qual o sentido foi conferido aos milagres na teologia cristã apostólica.

Nesse aspecto, identificou-se um complexo cenário, se comparados todos os milagres. Em todos eles, a presença do 'milagreiro Jesus' era central, mas com enfoques diferentes. Valorizou-se, em algumas narrativas, que os milagres eram feitos por causa da necessidade física e espiritual do povo de Israel; em outras, defendeu-se a necessidade de um representante para o povo, um ser especial; em outras, evidenciou-se o

QUEM FOI JESUS? 181

embaraço provocado pelos adversários de Jesus durante os feitos. Nem sempre os milagres dos quatro evangelhos narram apenas gratidão de quem fora curado. Havia pessoas que tinham enorme dificuldade de se aproximar de Jesus, outras que caíam de joelhos, emocionadas aos prantos; há relatos de gritos por auxílio e há súplicas dolorosas de pessoas em situação miserável. Há também relatos dos opositores de Jesus, por meio de mal-entendidos, de ceticismo, de escárnio, da crítica aberta de adversários, da resistência dos 'demônios' que possuíam as pessoas, de argumentações infrutíferas, de debates constrangedores, de confusão. São importantes essas narrativas, porque apontam para uma ação histórica variada e não apenas de uma idealização dos milagres, como se somente orações, admiração e aclamação fossem as consequências colhidas pelo milagreiro.

Os milagres também apresentavam características distintas quanto ao ato, à sua realização. Eram exorcismos ou, às vezes, simples processos 'terapêuticos', sem nenhuma resistência de quem se curava. Podiam ser milagres de dádivas, como são os famosos casos da multiplicação de pães e das bodas de Caná, como também havia milagres de resgate, como aquele em que o mar estava agitado e Jesus aplacou a tempestade.

Conquanto os milagres tivessem caráteres supostamente mágicos, os milagres de Jesus eram interpretados como carismáticos e não mágicos. Isso significava que a 'fé' era um elemento essencial para que os milagres pudessem ocorrer, bem como mais do que servir a um propósito individual; para a pessoa curada, os milagres de Jesus afetavam ou toda uma comunidade, ou todo um tema (como, por exemplo, a situação da mulher hemorroíssa). Também é de se ressaltar que, diferentemente dos milagres mágicos de Israel, não havia um ritual estabelecido por Jesus, sendo que algumas vezes ele empunhava a mão, outras ele não as empunhava.

Outro fundamental e importante diferencial reside no fato de os milagres serem a própria representação do Reino de Deus. Assim sendo, todas as ações de Jesus nos milagres são modelares. Tão importante quanto isso é o conceito de que Jesus era tão somente o operador do milagre. Quem buscava o 'remédio' eram os doentes e, nos casos dos que não podiam por si só buscar o 'remédio', o agente,

182 ANDRÉ MARINHO

Jesus, buscava-lhes, a fim de lhes oferecer; mas também quem 'operava' o milagre em si era o próprio Deus ou, dito de outro modo, o milagre somente ocorria se houvesse a permissão de Deus; essa era, portanto, a grande evidência do Reino que se avizinhava e que, para alguns, já houvera iniciado.

Tudo isso é importante ressaltar para o leitor não se ater tão somente à possibilidade de os milagres terem ou não ocorrido. De todos os fatos históricos de Jesus, os milagres são os mais difíceis de serem tolerados pelos não crentes; no entanto, não podem ser supervalorizados por esses, porque as narrativas dos milagres servem muito mais para exemplificar a mensagem do Reino de Deus do que para se evidenciar a força miraculosa de Jesus. Os milagres não são o centro da ação de Jesus. É por esse motivo que eles devem servir de ilustrações ou, se o leitor preferir, os milagres podem servir como parábolas (com alegação de serem históricas) sobre o Reino de Deus.

* * *

Paulo de Tarso define o Reino de Deus, na importante Epístola aos Romanos, com a seguinte expressão: "o Reino de Deus não consiste em comida e bebida, mas é justiça, paz e alegria no Espírito Santo [=nas forças do bem provindas de Deus]".[297] O mesmo autor também define o Reino como sendo não consistindo de "palavras, mas em poder", conforme nos atesta em 1 Cor 4:40.

Uma das mais belas definições sobre o Reino de Deus, encontramos no Apocalipse: "a realeza do mundo passou agora para nosso Senhor [Deus] e seu Cristo [Jesus], e ele [Deus] reinará pelos séculos dos séculos".[298]

De todas as definições, a mais bela encontramos formulada séculos depois por Santo Agostinho, ao descrever o que será o Reino de Deus: "Lá repousaremos e veremos, veremos e amaremos, amaremos e louvaremos. Eis o fim sem fim. E que outro é o nosso fim senão chegar ao reino que não tem fim?".[299]

---

[297] Rm 14:17.
[298] Ap 11:15.
[299] AGOSTINHO, Santo. *Cidade de Deus*. Vol. III. 2ª ed. Fundação Calouse Gulberkian, capítulo "Da Felicidade Eterna da Cidade de Deus e do Sábado perene", p. 2371.

10

JESUS, A LEI, O SERMÃO DA MONTANHA E OS FARISEUS

Os fariseus então disseram uns aos outros:
Vede: nada conseguis. Todo mundo vai atrás dele![300]

Nas décadas anteriores ao nascimento de Jesus, o judaísmo enfrentava diferentes ameaças. Por um lado, a invasão da cultura greco-pagã em terras palestinenses, especialmente na Galileia, exportava conceitos religiosos novos deturpando o judaísmo vigente, como a separação da alma e do corpo após a morte[301] e a crença em demônios. Por outro lado, entre as grandes tradições judaicas, havia uma nova tendência de se interpretar a Lei de forma não rigorosa-formal, de modo mais humano, diferentemente da interpretação majoritária. Para Hillel,[302] o ancião fundador de uma importante escola rabínica, Beit Hillel, a Torá precisava ser interpretada de modo universalista, dado que sua essência estava no espírito da letra, e não no verbo pelo verbo. O neto de Hillel, Gamaliel I, presidente do Sinédrio, foi apresentado no 'Talmude' como um dos maiores professores que Israel[303] conheceu. Em Atos dos Apóstolos, livro cristão, ele é revelado como

[300] João 12:19.
[301] Sobre este item, teremos chance de estudar mais detalhadamente no capítulo "Jesus e sua Ressurreição".
[302] GLATZER, Nahum N. *Hillel the elder*. New York: B'nai B'rith Hillel Foundations, 1959.
[303] *Sotah* 15:18.

fariseu, doutor da lei mosaica e homem respeitado por todo o povo.[304] Era o representante, no espírito do avô, de uma interpretação menos radical da Torá. Um de seus mais importantes discípulos, na tradição de Hillel, foi Saulo de Tarso. Saul (seu verdadeiro nome hebraico) era israelita da tribo de Benjamim, hebreu, filho de hebreus,[305] mas também cidadão romano;[306] ele foi o primeiro implacável perseguidor do cristianismo nascente. Formado no farisaísmo aos pés de Gamaliel,[307] dedicou-se a defender a Lei, submetendo os cristãos a prisões – muitos deles morreram, foram torturados, forçados a mentir e perseguidos até em cidades estrangeiras.[308]

Saulo de Tarso era um homem de personalidade apaixonada, sem limites com o próprio ideal, de uma lealdade absoluta a suas crenças. Verbo inflamado e sedutor, era o orgulho do farisaísmo. Ora, foi justamente esse fariseu brilhante que, para escândalo de todos, judeus e cristãos, converteu-se ao cristianismo ainda na primeira metade da década de 30, após uma aparição de Jesus ressuscitado,[309] para ele, na estrada de Damasco. Atos dos Apóstolos narra a conversão: "Estando ele [Saulo] em viagem e aproximando-se de Damasco, subitamente uma luz vinda do céu o envolveu de claridade. Caindo por terra, ouviu uma voz que lhe dizia: 'Saulo, Saulo, porque me persegues?'. Ele perguntou: 'Quem és, Senhor?'. E a resposta: 'Eu sou Jesus, a quem tu persegues'".[310] Anos mais tarde, Saulo, convertido ao cristianismo, escreveu: "Sou o menor dos apóstolos, nem sou digno de ser chamado apóstolo, porque persegui a Igreja de Deus. Mas pela graça de Deus sou o que sou: e sua graça a mim dispensada não foi estéril".[311] Qual judeu que o viu pregando no grande Templo de Jerusalém imaginaria

---

[304] Atos 5:34.

[305] Rm 11:1 e Fl 3:5.

[306] Atos 22:27. Isto apenas significa que Paulo tinha cidadania romana, mas não era romano pelo sangue, nem pela cultura. Sua cidadania devia-se a ter nascido em Tarso, cidade na qual, independentemente da origem étnica, os habitantes eram cidadãos romanos.

[307] At 22:3.

[308] At 26:9-11.

[309] At 9:1-18.

[310] At 9:3-9.

[311] 1Cor 15:9-10.

QUEM FOI JESUS?

que um dia Saulo de Tarso iria dizer: "o homem não se justifica pelas obras da Lei mas pela fé em Jesus Cristo"!?[312] Deviam dizer: "Não é este que em Jerusalém perseguia aqueles que invocavam este nome [Jesus] e não veio aqui [Damasco] expressamente para levá-los algemados aos sumos sacerdotes?".[313] Também os discípulos de Jesus, num primeiro momento, tinham medo dele, por não acreditarem em sua conversão.[314] Saulo de Tarso passou a se chamar Paulo, e seu papel foi indispensável para o cristianismo nascente, porque, como nenhum outro discípulo de Jesus, Paulo compreendeu, perspicazmente, a crítica de Jesus ao legalismo judaico.

Foi justamente nessa época, pouco antes de a *Mishná* ser codificada e inserida no que viria a ser o Talmude, que Jesus viveu. Como religioso judeu que era, Jesus questionou aspectos da interpretação vigente da lei mosaica, de modo que o resultado de tamanho debate o levou à crucificação, mas também resultando, algumas décadas mais tarde, no surgimento de uma nova religião: o cristianismo.

* * *

Ser membro da estirpe farisaica[315] era questão de honradez. O próprio Paulo, mesmo depois de muitos anos convertido ao cristianismo, afirmou: "irmãos, eu sou fariseu, e filho de fariseus. Tenho vivido segundo a seita mais severa de nossa religião".[316] Os fariseus eram muito elogiados pelo povo: eram populares porque se esforçavam sinceramente em tornar a Lei mosaica praticável por todos, unindo Deus e

---

[312] Gl 2:16.
[313] At 9:21.
[314] At 9:26.
[315] Sobre os fariseus ver: SALDARINI, A. *Fariseus, escribas e saduceus na sociedade palestinense*: uma abordagem sociológica. Trad. Paulo Ferreira Valério. São Paulo: Paulinas, 2005; SCHACH, Vanderlei Alberto. *Fariseus e Jesus*: teologia e espiritualidade em relação ao sábado a partir de Mc 3:1-6: características e avaliação crítica. Ijuí: Faculdade Batista Pioneira, 2007; NEUSNER, J. *The rabbinic traditions about the Pharisees before 70*. Atlanta: Scholars Press, 1999; WATSON, J & A. *Jesus and the Jews: the Pharisaic tradition*. Athens: University of Georgia Press, 1995; SANDERS. E. P. *Jewish law from Jesus to the Mishnah: five studies*. London: SCM Press; Philadelphia: Trinity Press International, 1990.
[316] At 26:5 c/ 23:6.

186 ANDRÉ MARINHO

as pessoas. Eram considerados aqueles que tinham um compromisso moral com Deus e com os homens. De modo diferente da hierarquia do templo – eles não estavam no topo do poder –, realizavam boas obras, ações caritativas e primavam pela moralidade exemplar. Eram quase todos artesãos e comerciantes e formavam o que seria hoje a pequena 'burguesia' local. Não se identificavam com a 'aristocracia' dos saduceus. Apesar de questionarem as autoridades do templo e delas se afastar, inclusive na compreensão da letra da Lei, pregavam o dízimo entre o povo, a ser pago ao templo. Na época de Jesus, os impostos a autoridades religiosas estavam sendo muito negligenciados. Os fariseus também praticavam obras constantes de penitência, o jejum voluntário duas vezes por semana, a oração obrigatória três vezes por dia. Acreditavam que, com essas práticas e com ações piedosas, Deus iria realizar a grande reviravolta e instaurar o Reino de Deus na terra. Eram um grupo pequeno, cerca de seis mil homens, numa sociedade de quinhentas mil pessoas. Alguns faziam questão de se distanciar dos zelotas, outros eram mais próximos deles e até patrocinavam, às escondidas, o movimento sedicioso. Cultivavam relações harmoniosas com a sociedade, atribuíam toda autoridade a Deus e eram a favor do livre-arbítrio.

Quando Jerusalém foi plenamente tomada pelos romanos no ano 70, e depois em 135, de todos as 'facções' do judaísmo, eles foram os únicos sobreviventes. O judaísmo talmúdico da diáspora provém de círculos farisaicos e o moderno judaísmo ortodoxo igualmente.

Alguns membros desse grupo chegaram, inclusive, no início da vida pública de Jesus, a protegê-lo, evitando que ele fosse perseguido por Herodes.[317] Um deles encontrou-se em particular com Jesus, à noite, para com ele conversar[318] e, na casa de outros, Jesus participou de importantes almoços.[319] Em certo momento, acredita-se, inclusive, que número considerável deles admirou Jesus. Afinal, qualquer leitura do Sermão da Montanha nos revela possíveis identificações: para Jesus, o "não matar" não era apenas o ato, mas qualquer atitude

[317] Lc 13:31-32.
[318] Jo 3:1-21.
[319] Lc 7:36, 11:37.

QUEM FOI JESUS? 187

de ódio, e o adultério não era apenas a ação, mas o desejo libidinoso, ainda que não praticado. Supõe-se que alguns teólogos, historiadores e inclusive rabinos viram em Jesus um excelente fariseu e até se conjeturou,[320] no debate bibliográfico, se Jesus pertencera a esse partido piedoso. Teria sido Jesus um "fariseu do amor", como os mencionados no Talmude? Perguntamo-nos:

- *como os fariseus,* Jesus não aceitava a violência como meio da vinda do Reino de Deus;
- *como os fariseus,* Jesus estava entre o povo e não concordava com uma postura apolítica.

O distanciamento entre Jesus e os fariseus é óbvio por conhecermos a história de Jesus em retrospecto; contudo, os elementos em comum entre os grupos permitiu que, mesmo no século XX, um estudioso do excelente nível de David Flüsser trouxesse de volta a questão da pertença de Jesus ao farisaísmo. Por esse motivo, ao lermos a história de acusações de Jesus aos fariseus, hipoteticamente se pensou se essas não seriam construções teológicas dos evangelistas, após as experiências da guerra judaico-romana do ano 70. Mesmo na eventualidade de que os registros não sejam rigorosamente históricos e que as acusações de Jesus pudessem ter sido ligeiramente mais suaves, ainda assim o pensamento de Jesus afastou-se explicitamente do farisaísmo tradicional pré-guerra civil. Conhecendo mais fatos da vida de Jesus, é menos surpreendente que Jesus os tivesse repudiado, bem como a recíproca fosse igual: que os fariseus tivessem repudiado Jesus, após alguma aproximação; é porque havia disparidades teológicas consideráveis entre os fariseus e Jesus.

Observemos esses trechos de frases de Jesus:

- "Não é o que entra pela boca que torna [o homem] impuro, mas o que sai da boca, isto sim o torna impuro".[321] Onde a obedi-

---

[320] FLUSSER, David. *O Judaísmo e as origens do Cristianismo.* Trad. Reinaldo Guarany. Rio de Janeiro: Imago, 2000-2001; FLUSSER, David. *Jesus in collaboration with R. Steven Notley.* Jerusalem: Magnes Press, 1997.
[321] Mt 15:1; Mc 7:15.

188 ANDRÉ MARINHO

ência aos rituais de purificação, com suas detalhadas prescrições? E o valor da pureza do culto? E as medidas de higiene, estabelecidas por Moisés? A Jesus não interessava pregar o ritual, somente o interior do homem;

■ "Se estiveres para trazer a tua oferta ao altar e ali te lembrares de que o teu irmão tem alguma coisa contra ti, deixa a tua oferta ali adiante do altar e vai primeiro reconciliar-te com teu irmão; e depois virás apresentar tua oferta".[322] Onde o valor do templo, da instituição sagrada, da tradição dos patriarcas e da obediência a autoridades? Para Jesus, nunca a instituição nem as prescrições religiosas vinham em primeiro lugar, e sim o que se deveria fazer;

■ "Os discípulos de João e os fariseus jejuavam, e vieram dizer-lhe: Por que os discípulos de João e os discípulos dos fariseus jejuam, e teus discípulos não jejuam?".[323] Jesus questionava o jejum voluntário, não o valorizando. Por que Jesus só praticava o jejum obrigatório e não o voluntário? A Jesus não interessava o jejum pelo jejum, isto é, a regra pela regra;

■ "Jesus foi convidado para um casamento e os seus discípulos também. Ora, não havia mais vinho, pois o vinho do casamento havia acabado. Jesus lhes disse: Enchei as talhas de água".[324] E ele fez delas vinho. Onde a prática do ascetismo total? Por que ser tão diferente de João Batista, que não comia nem bebia nas festas? A Jesus interessava anunciar que agora era o tempo da alegria saudável, e não do ascetismo do Batista ou dos essênios;

■ "Misericórdia quero, não sacrifício".[325] Por que ir contra as práticas habituais das mortificações, renúncias e penitências? Por que sentar-se à mesa com gente de má-fama e compartilhar com eles o alimento? Para Jesus, não era verdadeira a crença de que, por meio de sacrifícios, estaremos mais próximos de Deus ou que o ato de se afastar dos 'pecadores' nos faz mais "puros". Antes, interessava-lhe a pregação de que, independentemente do esforço humano, já existia a misericórdia de Deus para todos;

[322] Mt 5:23.
[323] Mc 2:18.
[324] Jo 2:2.3.7.
[325] Mt 9:13, 12:7.

QUEM FOI JESUS?

189

▪ "Aconteceu que, ao passar num sábado pelas plantações, seus discípulos começaram a abrir caminhos arrancando as espigas".[326] Por que eles faziam o que era proibido no sábado, *shabbat*, dia do descanso pleno, observado rigorosamente por todo o povo? A Jesus interessava questionar abertamente as regras, quando questioná-las significava conferir liberdade, em vez de obediência cega;

▪ "E entrou de novo na sinagoga, e estava ali um homem com uma das mãos atrofiada. E o observavam para ver se o curaria no sábado, para o acusarem. Ele disse ao homem da mão atrofiada: Levanta-te e vem aqui para o meio. E perguntou-lhes: É permitido no sábado, fazer o bem ou fazer o mal? Salvar a vida ou matar? Eles, porém, se calavam. Repassando então sobre eles um olhar de indignação, e entristecido pela dureza do coração deles disse ao homem: Estende a mão. Ele a estendeu, e sua mão estava curada",[327] Para que arriscar-se tanto? Curar dentro de uma sinagoga em dia de sábado [*shabbat*]? Tomar, ele próprio, a iniciativa da cura, provocando abertamente as autoridades? Fazê-lo com alguém que nem em perigo de vida estava e poderia tranquilamente esperar o dia seguinte?[328] Ferir tão gravemente um dos pontos mais respeitados de toda Israel, aquilo que a distinguia plenamente dos povos vizinhos pagãos, o guardar o dia de sábado? Mexer no tema mais melindroso de todos? Afrontar dessa maneira Moisés, a Lei e todos os profetas? Romper com a 'aliança de Deus'? A Jesus não interessava a diplomacia, nem a acomodação. "O sábado foi feito para o homem, e não o homem para o sábado".[329] Nenhuma obediência

---

[326] Mc 2:23.

[327] Mc 3:1-6; Mt 12:9-14; Lc 6:6-11. Um estudo completo somente sobre esta passagem é a tese de mestrado de SCHACH, Vanderlei Alberto, *Fariseus e Jesus: teologia e espiritualidade em relação ao sábado a partir de Mc 3:1-6: características e avaliação crítica*. Ijuí: Faculdade Batista Pioneira, 2007.

[328] As sete curas realizadas por Jesus em dia de sábado, narradas nos evangelhos, são as seguintes: 1) O endemoninhado de Cafarnaum (Mc 1:21-27 e Lc 4:31-37); 2) A sogra de Pedro (Mc 1:29-31; Mt 8:14-15; Lc 4:38-39); 3) Um paralítico em Jerusalém (Jo 5:1-9); 4) O homem da mão ressequida (Mc 3:1-6; Mt 12:9-14; Lc 6:6-11); 5) A mulher encurvada (Lc 13:10-17); 6) O homem hidrópico (Lc 14:1-6; Mt 12;11; Lc 13:15); 7) O cego de nascença (Jo 9:1-14).

[329] Mc 2:27.

irrestrita a regras que não ajudam a libertação dos homens, mas só os sufocam. O dia do descanso não fora feito para não se fazer nada, mas para se fazer o bem. Nenhuma lei deveria ser autoridade diante do homem: somente o Deus amigo dos homens deveria ser a autoridade suprema;

■ Por fim, Jesus abertamente enfatizava as contradições dos fariseus com relação às leis, e o fazia de modo inclemente: "Hipócritas! Bem profetizou Isaías a vosso respeito, quando disse: Este povo me honra com os lábios, mas o coração está longe de mim. Em vão me prestam culto, pois o que ensinam são mandamentos humanos".[330] Chamou-os de "condutores cegos"; "insensatos"; "sepulcros caiados, que por fora parecem bonitos, mas por dentro estão cheios de ossos de mortos e de toda imundície"; "serpentes"; "raça de víboras"![331]

Não estava Jesus, com todos esses abertos questionamentos, dando uma nova interpretação à lei mosaica? Não seria isso uma blasfêmia? Atitude de um falso-profeta e demagogo? Jesus, especialmente com a desobediência do sábado, atingiu o coração do judaísmo: a Lei. Para acirrar sua crítica, Jesus ainda acusou os fariseus de serem os responsáveis por bloquear "o Reino dos Céus diante dos homens, pois vós mesmos não entrais, nem deixais entrar os que o querem".[332] "Amarram fardos pesados e os põem sobre os ombros dos homens, mas eles mesmos [os fariseus] nem com um dedo se dispõem a movê-los".[333] São tantas as exigências, normas, determinações, leis, mandamentos, prescrições... "Dizem, mas não fazem".[334] No fundo, "praticam todas as suas ações com o fim de serem vistos pelos homens".[335] Os fariseus não queriam, para Jesus, tomar o lugar de Deus com tanta 'moral' e 'compreensão do caminho da salvação'?

---

[330] Mt 15:7-9.
[331] O capítulo 23 de Mateus é o discurso de Jesus sobre a hipocrisia e vaidade dos fariseus.
[332] Mt 23:13-15.
[333] Mt 23:4.
[334] Mt 23:3.
[335] Mt 23:5.

Quem foi Jesus?

* * *

Foi no ano de 49, duas décadas após a morte de Jesus que, na mesma Jerusalém da crucificação, ocorreu a primeira séria reunião entre os apóstolos e alguns líderes judeus, seguidores de Jesus, cujo embate era: a interpretação de Jesus do judaísmo, isto é, o Evangelho, era uma religião independente ou um 'judaísmo reformado'? A difícil resposta veio ao longo dos séculos seguintes. Talvez da perspectiva atual poderíamos afirmar: poderia ter sido as duas coisas, mas não foi!

A ruptura oficial do cristianismo com o judaísmo não pode ser atribuída simploriamente a Jesus. Esse foi um processo contínuo de afastamento de ambos os lados. Jesus nunca pretendeu formar uma nova religião, nem pregou fora da região de Israel. Nesse tema, a importância histórica do ex-fariseu Paulo de Tarso foi fundamental, uma vez que foi ele quem deu a guinada no assunto. Entre as comunidades de cristãos formadas na diáspora, a grande dúvida era: para seguir Jesus, pessoas não judias teriam, antes, de se converter ao judaísmo para, só depois, seguirem a interpretação de Jesus do judaísmo? Ou podiam considerar a mensagem de Jesus uma mensagem independente, isto é, uma religião diferente do judaísmo? A resposta formulada pelos apóstolos no Concílio de Jerusalém longe estava de ser diplomática: os seguidores de Jesus de origem judaica (judeus--cristãos) podiam, se quisessem, observar as leis judaicas referentes à alimentação e à circuncisão, mas os cristãos de origem não judaica (gentios) não eram obrigados a observar as leis judaicas referentes à alimentação e à circuncisão. Estava firmada a ruptura. Segundo Atos dos Apóstolos, não fora nem mesmo Paulo quem deliberara sobre o assunto, mas, ao contrário do que se supõe, foi Tiago quem elaborou essa fórmula, dando liberdade para as comunidades de gentios. Houve apenas uma imposição para que os gentios observasse os rituais de abstenção de "carnes imoladas aos ídolos, do sangue, das carnes sufocadas e das uniões ilegítimas",[336] mas que, em verdade, eram apenas obediências *pro forma*. Em verdade, a decisão, liderada por Tiago e Pedro, libertou os gentios de serem judeus.

---

[336] At 15:29.

192 ANDRÉ MARINHO

Paulo de Tarso[337] compreendeu como poucos a crítica de Jesus às interpretações da Lei e fez com que os apóstolos Tiago e Pedro, importantes líderes cristãos, homens não letrados, compreendessem o cerne da questão da relação de Jesus com a interpretação da Lei. Efetivamente, nesse aspecto, Paulo de Tarso evidenciou para os apóstolos galileus a ousadia teológica de Jesus. Esses conheciam a tumultuada relação de Jesus com o tema e eles mesmos foram protagonistas da relação liberal de Jesus ante Moisés; mas pela limitada formação teológica deles, não deviam ter a efetiva dimensão de que Jesus provocara o cerne do judaísmo ao ser tão livre com relação à Lei.

Conhecimentos básicos do Novo Testamento deixariam qualquer cristão com algumas dúvidas mediante nossas argumentações, pois se indagariam: como Jesus quis uma libertação da interpretação rigorosa da Lei se ele mesmo afirmou: "não penseis que vim revogar a Lei e os profetas. Não vim revogá-los, mas dar-lhes pleno cumprimento"?[338]

* * *

Para sermos precisos, temos de usar, a todo tempo no texto, a palavra 'interpretação' da Lei, em virtude de Jesus questionar a interpretação da Lei, não a Lei em si. Seria simplório afirmarmos que Jesus considerou que Moisés havia errado. Jesus chegou mesmo, no Sermão da Montanha, a desdizer algumas frases de Moisés, mas ele não estava afrontando Moisés, e sim a interpretação que se fazia sobre a lei mosaica. Todos os cuidados sanitários dos fariseus, em nome da Lei, não seria tão somente uma preocupação com a higiene e com a

---

[337] Paulo interpretava Abraão e Moisés de maneira extremamente heterodoxa e sua capacidade revelava a mente de um teólogo genial, que lidava com extrema liberdade com certos temas. Suas interpretações são fiéis a Jesus, mas possuem uma originalidade própria. Ele atreveu-se a, num jogo brilhante de retórica, afirmar que Abraão, antes mesmo da própria circuncisão, havia selado a aliança com Deus, deduzindo daí que o que fizera o patriarca diante de Deus fora a fé, e não a descendência física (Rm 4:9-12, 9:6-8; Gl 3:6-29; Rm 2:29, 4:1-25). Quanto a Moisés, Paulo via nele o grande representante da Lei, mas considerava-a relativizada diante de Jesus Cristo. Neste aspecto último, o caminho de Paulo era o mesmo de Mateus, que entendeu o Sermão da Montanha como o que deveria prevalecer, como interpretação preferencial da legislação do Monte Sinai.

[338] Mt 5:17.

saúde, em vez de uma obediência a Deus? Tamanhas exigências, sempre a considerarem a ação do outro insuficiente, sempre a aniquilarem qualquer desejo mais livre, seriam mesmo uma reivindicação de Deus? Os preceitos, as regularidades para se obedecer a prescrições, a dificuldade de vivenciar aqueles hábitos com espiritualidade, toda uma conduta regrada por uma legislação, seriam, de fato, padrões exigidos por Deus? Deus manifestara-se com tantos alvarás, despachos, éditos e editais, que não obedecer a alguns dos incisivos levaria o fiel à danação plena dos infernos de Satanás? Deus seria esse juiz, a aplicar seus próprios códigos com inclemência, exigência, obrigatoriedade e rigidez? Não seria, tudo isso, uma interpretação humana sobre a Lei de Deus? Consequentemente, Jesus separou a Lei de Deus e a interpretação da Lei de Deus. Foi a interpretação da lei de Deus vigente no século I que ele considerou não só asfixiante, como também pouco eficaz para a religiosidade de seu povo.

Detendo complexa compreensão do horizonte humano, Jesus, o maior crítico do farisaísmo que existiu, considerou que os rigores da interpretação da lei mosaica, em conformidade com sua visão, não mais estavam servindo para o homem relacionar-se com Deus, mas, contrariamente a isso, impediam o ser humano de viver uma religiosidade profunda, porque a quantidade de prescrições a cumprir era tão grande que ninguém poderia sinceramente observá-las. A própria Lei, por mais que supostamente abarcasse toda a dinâmica das relações interpessoais, fracassava em seu intento; nenhuma legislação, seja sintética, seja analítica, delimitaria toda a realidade humana; fracassava sobretudo a interpretação fechada e rigorosa da Lei, porque limitava ainda mais o escopo legal.

Jesus, de modo perspicaz em sua crítica, reconheceu o perigo de fazer da Lei uma relação barganhosa para com Deus, em cálculos de méritos e deméritos, segundo o cumprimento estrito da legislação, fazendo de Deus, no final das contas, um mero contador celeste. O legalismo mosaico, que era a superinterpretação da lei mosaica alastrada na sociedade havia alguns séculos, podia oferecer uma série de seguranças para o ser humano, pois caso não se estivesse fora da Lei, se estaria dentro dela. Desse modo, Jesus entendia que a compreensão do que é permitido ou proibido era superficial e o ser humano, na maioria das vezes, utilizava-se da Lei para se esconder, manipulando as interpretações e enganando a si mesmo. A acumulação colossal de leis permitia que os estudiosos controlassem o povo, consoante seus interesses, e impediam o livre desenvolvimento das pessoas, por meio da espontânea liberdade. A vida tornava-se um cálculo *continuum* e essa avaliação era sempre deficiente, dado que o cálculo era exclusivamente o exteriorizado pelas pessoas. A interpretação da lei que, na prática, era confundida pelas pessoas como sendo a própria Lei, em realidade tornava-se um refúgio para a hipocrisia, visto que servia para a manipulação de muitas autoridades, interpretando-a conforme conviesse a cada caso e, pior, fazendo com que o ser humano pautasse a própria religiosidade no cumprimento da Lei, e não na própria relação com Deus. A observância da Lei ou sua desobediência era, por si, taxativa, para considerar-se alguém salvo ou perdido. Na realidade, valorizava-se mais a Lei do que o ser humano ou até mesmo do que Deus.

A compreensão de Jesus sobre a rotulação de quem observava a Lei e de quem a desobedecia ultrapassava a relação de obediência-desobediência. Obedecer significa submeter-se à vontade de outrem; no caso, obedecer à vontade de Deus por meio das leis. Porém, quem dizia onde estava a vontade de Deus nas leis? Qual lei? Qual texto? Qual significado daquele texto? Como julgá-lo? Como entender? E esse questionamento era pautado em duas observações históricas feitas por Jesus: a primeira, que havia diversas interpretações divergentes de uma mesma Lei no século I. Os fariseus, os saduceus, os essênios e os zelotas costumavam discordar em importantes aspectos da lei. A segunda observação situa-se no fato de que Jesus evidencia compreender as diferenças do tempo histórico: a função e a interpretação da Lei na época de Moisés não era a mesma que no período dos dois reinos, não era a mesma do período pós-exílio de Neemias e de Esdras, tampouco a mesma sob ocupação romana!

A questão é delicada, porque a Lei que os opositores de Jesus compreendiam que ele questionava não era simplesmente uma legislação elaborada por homens ou por um congresso representativo.

Não se tratava de um direito positivo, formulado por legisladores, de caráter obrigatório, a fim de atender circunstâncias históricas. Jesus, compreenderam rapidamente os fariseus, estava problematizando a validade da interpretação da Lei sagrada, incontestável e legítima, dada por Deus a Moisés para o povo! Como questionar um direito intocável como esse? Quem poderia fazê-lo senão o próprio Deus? Era como se, aos olhos de seus opositores, ele contestasse o próprio Deus; entretanto, não é verdade que Jesus questionou o cerne da Lei. Ele, como já apresentamos, recusou algumas interpretações vigentes sobre a Lei. Não obstante, não temos como julgar, com precisão, o quanto os inimigos de Jesus sabiam fazer essa diferenciação. Compreenderiam eles a diferença ou fingiam não compreender? É uma resposta complexa; mas ante o famoso debate de Hillel e de Shammai sobre a interpretação da Lei e ante os importantes textos talmúdicos que viriam à luz a partir do final do século I, seria provável que eles soubessem essa diferenciação. Se eles sabiam, talvez o povo não compreendia, efetivamente, as diferenças, e isso é mais provável.

Para os fariseus, saduceus, zelotas e essênios, não havia possibilidade de o ser humano se relacionar com Deus de outra forma, senão pela lei mosaica. Jesus transcendeu essa abordagem da relação homem-lei, na medida em que apresentou um novo modo de relacionar-se com a Lei e, sobretudo, de relacionar-se com o cerne da Lei, que é Deus. Jesus não se apegou à legislação; ele quis convergir para os valores fundamentais que motivaram a existência dessa legislação – ainda que esses valores sejam contrários ao modo como se interpretava a Lei em sua época. A postura de Jesus é surpreendente e perigosíssima. Por conseguinte, Jesus rompeu, em parte, com a convenção estabelecida e, talvez o mais perigoso, ultrapassou a relação simbólica popular com aquela Lei, uma vez que sugeriu que mais importante do que obedecer a Lei deveria ser se relacionar diretamente com Deus. Para Jesus, a aliança do ser humano com Deus era muito superior do que a própria legislação e do que a interpretação dessa legislação. A aliança do ser humano com Deus seria anterior à formulação da própria Lei.

196 ANDRÉ MARINHO

Jesus trouxe fogo e divisão à estrutura cultural religiosa. O próprio Jesus endossou sua crítica a todo instante.[339] Já o temos dito, e repetimos:

■ *desobedecendo* ao descanso de sábado, Jesus curava no sábado;
■ *desobedecendo* aos rituais de limpeza das mãos, Jesus defendia os que comiam com as mãos não purificadas;
■ *desobedecendo* a ordenações de seleção rigorosa de comida, Jesus afirmou que não é o que entrava pela boca do homem que o suja, mas o que saía dela;
■ *desobedecendo* as recomendações de juramento, Jesus pediu que não jurássemos nunca, em hipótese alguma;
■ *desobedecendo* a concessão de vingança "olho por olho", Jesus recomendou o perdão contínuo;
■ *desobedecendo* o respeito absoluto pelo templo, Jesus disse que mais importante que estar no templo seria reconciliar-se com os adversários.

Pelo exame dos evangelhos, descobre-se que Jesus nunca usou a palavra obedecer ($\pi\epsilon\iota\theta\alpha\rho\chi\epsilon\omega$)[340] e que ele, em pessoa, foi motivo de escândalo. Jesus desobedeceu as interpretações vigentes da Lei, pois ele mesmo a interpretou: o ser humano poderia se 'salvar' obedecendo às leis, mas poderia também (vejam que heresia!) se perder! Mais valia alguém que desobedecesse às interpretação vigentes da Lei, mas que estivesse obedecendo a Deus! O que desejou Jesus com tamanha afronta?

* * *

---

[339] As passagens respectivamente são: Mt 12:9-14; Mc 7:1-13 e Lc 7:36-50; Mt 15;10-20; Mt 5:33-37; Mt 5:38-42; Mt 5:23-26.

[340] Há duas palavras no Novo Testamento que a Bíblia de Jerusalém traduz por 'obedecer'. A que aparece em Lc 17:6, em que o evangelista usa o vocábulo υπηκουσεν isto é, "escutar, prestar ouvido a" (que aparece também em Mc 4:41 e 2 Ts 3:14), em uma passagem sobre o poder da fé, e não como recomendação de Jesus à obediência a leis ou regras. E a palavra no presente, na voz ativa e no modo infinitivo, πειθαχέω, que significa estritamente 'obedecer a uma regra ou a um superior', como aparece em Atos 5:29 e Tito 3:1b, esta sim traduzível com precisão na palavra portuguesa obedecer.

A aliança dos judeus com Deus era uma relação. Havia entre judeus um processo de dependência emocional de Deus, uma verdadeira ligação psicológica. A Lei teoricamente fazia essa intermediação. Era como uma consanguinidade entre o 'eu', os seres humanos, e o 'Tu', Deus. Os judeus – incluindo Jesus – sentiam-se pertencentes a uma linhagem própria, cujo ancestral primevo era o próprio criador, motivo pelo qual Deus era considerado, em linha reta ascendente, o pai. O 'eu' e o 'Tu' detinham, contudo, um elo único e exclusivo, pessoal, a nada comparável. Era como se houvesse uma estabilidade relacional peremptória, algo que não se submetesse a conjunturas temporais e atravessasse gerações (um pouco como o sistema monárquico se pressupõe). A harmonia desse pacto redundava em segurança. Alguns judeus da época de Jesus supunham que a aliança experimentava um processo de disjunção. As contínuas derrotas políticas fomentavam a dúvida de que algo desajustava a relação ser humano com Deus. Teria Deus rompido com o povo eleito? No processo insistente de afirmação do valor da Lei, quer por fariseus quer por saduceus, havia, paralelamente, a ameaça que lhes rondava sobre um possível afastamento de Deus. Afirmar a validade rigorosa e exclusiva da Lei e sua obediência era, também, a necessidade de concluir-se que não se estava sozinho, desvinculado. Se desatado o elo sagrado, restaria apenas vulnerabilidade, mais instabilidade política, maior perigo. O alerta de Jesus rondava, de certo modo, esse receio: a aliança com Deus manifestava-se na Lei, mas a interpretação dessa Lei poderia resultar em desrespeito à própria Lei, isto é, em nome de uma fidelidade à Lei era possível incorrer no seu contrário, em desobediência; consequentemente, a interpretação poderia ser um obstáculo. Contudo, e se fosse, ao contrário disso, a retórica de Jesus, o próprio veneno disfarçado? Se sua doutrina fosse uma poção saborosa, porém envenenada? E se todo aquele refúgio prometido fosse apenas o portal do lamaçal de emboscadas, vespeiro agitado, lobos à porta, cobras na relva? Seu questionamento à interpretação da Lei não poderia levar, por fim, a não relação com a própria Lei? Não seria um modo de conduzir o povo à ilegalidade, à inobservância e ao desrespeito com Deus? Não seria Jesus um agitador, um revolucionário insensato, que estava mexendo em algo extremamente delicado?

Havia essa dúvida e, por isso, não podemos ser superficiais ao concluir que os judeus que negaram a mensagem de Jesus o fizeram apenas por uma rejeição moral. Havia certo instinto de preservação em jogo. A mensagem evangélica era, indubitavelmente, uma sirene estrondeante. Seria Jesus a solução ou a perdição? Evidentemente, nem todos se colocaram essa questão. Havia os que abraçaram o Evangelho denodadamente ou o rejeitaram. O grupo do 'que importa!', os apáticos e os desinteressados eram igualmente presentes. O que estava em jogo para os que se colocaram a dúvida era a própria Aliança com Deus. Como ficariam, se seguissem a concepção de Jesus sobre esse tema? Jesus tinha consciência do problema que ele colocava nas mentes. "Pensais que vim para estabelecer a paz sobre a terra? Não, eu vos digo, mas a divisão. Pois doravante, numa casa com cinco pessoas, estarão divididas três contra duas e duas contra três ficarão divididos: pai contra filho e filho contra pai, mãe contra filha e filha contra mãe, sogra contra nora e nora contra sogra".[341] Era necessária uma decisão pessoal e intransferível. "Por que não julgais por vós mesmos o que é justo?".[342] As evidências tinham sido dadas. Cabia a escolha. Com Jesus, houve a publicidade sobre o debate teórico acerca da discórdia sobre a aliança que sondava os judeus. Não foi ele quem fragmentou a sociedade com relação a esse tema; contudo, ele aderiu à concepção de que, para não esfacelar a aliança, era fundamental uma escolha. Quis Jesus, sempre, defender a aliança. O Levítico – era a própria voz de Deus a Moisés – autorizava a repreensão aos compatriotas, quando esses desrespeitavam a aliança.[343] Jesus foi, por isso, contrário à indiferença e a abstenção.

O ímpeto de Jesus foi o de estabelecer uma concórdia entre o ser humano e Deus, porque esse era o espírito original da aliança. Não bastava a identidade natural, que qualquer judeu de sua época sentia, com Deus. A concórdia – uma forma de acordo e, portanto, de aliança – implica em amizade, conformidade, simpatia. Deus era o amigo dos seres humanos; os seres humanos haviam de estar conformes o

---

[341] Lc 12:54-59.
[342] Lc 12:57.
[343] Lv 19.17b e todo esse capítulo.

QUEM FOI JESUS?

amor que recebiam de Deus, distribuindo essa benesse, como ensinava a Torá;[344] Deus era simpático à causa humana, era um Deus de ternura. Essa amizade entre o 'eu' e o 'Tu', para Jesus, poderia ser inquebrantável, desde que os seres humanos considerassem que, efetivamente, nada fosse superior a Deus, porque o clássico mandamento hebreu do amor a Deus não deveria ser abordado como uma escolha, mas como uma ordem – e Jesus concorda com essa visão do Deuteronômio.[345] É por esse motivo que ele quis renovar a Aliança com Deus: nada deveria impedir, nem mesmo as interpretações vigentes sobre a Lei mosaica. Para relacionar-se com Deus, Jesus propôs que se retornasse ao cerne da aliança. "Os fariseus, ouvindo que ele fechara a boca dos saduceus, reuniram-se em grupo e um deles – a fim de pô-lo à prova – perguntou-lhe: Mestre, qual é o maior mandamento da Lei? Ele respondeu: Amarás ao Senhor teu Deus de todo o teu coração, de toda a tua alma e de todo o teu espírito. Esse é o maior e o primeiro mandamento. O segundo é semelhante a esse: Amarás o teu próximo como a ti mesmo. Desses dois mandamentos dependem toda a Lei e os Profetas".

* * *

É na questão do 'mérito' que encontramos a discórdia final de Jesus com relação ao farisaísmo:

- com tantas definições da Lei para a salvação do homem e com suas consequentes rotulações de pessoas e das transgressões que praticavam, os 'pecados' eram rotuláveis e classificáveis; mas será mesmo que o que faz o ser humano 'pecar' pode ser tão facilmente apreendido?
- Jesus falou do pecado em 'pensamento' ou sobre o 'desejo de pecar' como sendo o próprio pecado. Com isso, radicalizou a noção do homem: não são suas ações exteriores que revelavam os 'pecados', mas o que não era nem perceptível, os pensamentos. Como seria possível, a partir desse entendimento, rotular alguém e catalogar pecados? Fazer um cálculo de deméritos, culpas e er-

---

[344] Lv 19:17-18.
[345] Dt 6:5.

ros? Jesus não defendeu de modo algum esse tipo de raciocínio. Para ele, não seria possível fazer uma rotulação simplória de pecados mais graves e menos graves; por isso, não lhe interessou supervalorizar o 'pecado', pois o foco deveria estar no 'perdão';

▪ por que, estranhamente, Jesus usou poucas vezes a palavra 'pecado' e 'mérito'?

▪ "Assim também vós, quando tiverdes cumprido todas as ordens, dizei: Somos simples servos, fizemos apenas o que devíamos fazer".[346] Onde o cálculo de méritos? Jesus, para ilustrar seu raciocínio, elaborou a parábola dos trabalhadores que, trabalhando ou uma hora ou doze horas, receberam o mesmo salário. Um dos temas dessa parábola era a seguinte indagação: lidar com méritos não seria, ocultamente, um modo de barganhar com Deus?

Jesus evidencia não acreditar no mérito, mas no dom gratuito que Deus daria a todos. Mérito está associado a um olhar para trás, a um merecimento. É óbvio que Jesus considerava as diferenças entre as pessoas. O que ele problematizou foi o mérito como sinônimo de 'prêmio', o que conferia mais apreço a uns do que a outros. Mérito não tem só a conotação positiva e vantajosa. Mérito inclui o seu conceito reverso, o demérito, a perda de crédito e do merecimento; mas, para Jesus, ninguém teria o demérito de Deus, bem como nenhuma ação humana poderia ser precificada, nem as boas ações nem as más. Nesse aspecto, havia a crítica de Jesus à lógica interpretativa da Lei, feita pelos fariseus: seguir leis ortodoxas, definidas rigorosamente pelos detentores do poder religioso é tornar-se digno de receber o condizente a um prêmio. É ser capaz, por isso superior, virtuoso, ainda que circunstancialmente; mas o problema, para Jesus, situa-se sempre no oposto aos virtuosos: e os inaptos, e os piores, e os corrompidos? Efetivamente, não há uma rotulação do preto ou do branco para Jesus, dado que ele analisava também as contradições humanas: o nexo e a lógica matemática de contabilização de méritos e de deméritos não condiz com a realidade objetiva das pessoas. E como classificar as contradições das pessoas (mesmo a dos 'bons' e

---

346 Lc 17:10.

QUEM FOI JESUS?

dos 'santos')? Como desvendar o móvel das ações humanas? E será mesmo que uma pessoa cheia de méritos, em alguns setores de sua vida, não tem seus deméritos em outros setores? Se nós, por natureza, existimos em permanente mudança, entrosados uns nos outros, como nos retratar como seres repletos de 'méritos' ou 'deméritos'?

Há ainda outro perigo para o mérito que Jesus combateu: que méritos pode o ser humano querer acumular diante de Deus? Que aptidão, capacidade, superioridade ou valia existiria diante do Criador?

Jesus, como se vê, tinha pouca identidade com os fariseus. É conveniente refletirmos com seriedade: esse espírito farisaico do século I morreu nos dias de hoje?

* * *

A atenção de Jesus tinha dois focos: Deus e o ser humano. Sua postura de relativização com relação à Lei não era de antemão uma reserva contra Moisés ou contra a tradição oral. O que Jesus queria era o homem livre para Deus. Que nada o impedisse de se relacionar com Deus: nem Lei, nem pessoa alguma, nem religião alguma. O ser humano só deveria ilimitada obediência a Deus, exclusivamente. Que cesse o domínio de um sobre o outro! Que termine a manipulação de certos religiosos com a multidão simples. A única e suprema norma é o "amar a Deus sobre todas as coisas"[347] propagado por Jesus, o mandamento básico da lei mosaica. A única autoridade sobre nós seria a de Deus, que gratuitamente nos ama. Por isso, em muitas passagens Jesus afirmou que "a sua vontade é fazer a vontade do Pai que está nos céus";[348] ou. na oração do Pai-Nosso, "seja feita a Tua Vontade".[349] O ser humano deveria, então, de acordo com Jesus, reconhecer a sua fragilidade espiritual na mesma condição do rapaz que afirmou certa vez para ele: "creio, mas ajuda a minha incredulidade".[350] A fragilidade espiritual humana, na perspectiva do Evangelho, não é negada. O homem é apresentado nos evangelhos

---

[347] Mc 12:29-30; Dt 6:4-5.
[348] Mt 7:21, 12:50.
[349] Mt 6:10.
[350] Mc 9:24.

dentro de sua real condição, sabendo que é nas mãos de Deus que ele deve, sem resistências, se entregar.

* * *

Não deixemos a dúbia (?) frase "não penseis que vim revogar a Lei e os profetas. Não vim revogá-los, mas dar-lhes pleno cumprimento" relegada ao abandono. Importante sabermos que:

- Jesus não propôs nenhuma nova lei;
- Jesus não anulou a lei mosaica;
- Jesus, em várias circunstâncias, obedecia à Lei (mosaica) e, em outras, a interpretava amplamente, agindo de modo que, aos olhos da tradição, a estivesse desobedecendo.

Portanto, Jesus não deslegitimou a Lei, mas sim o legalismo, ou seja, o império da Lei, a adesão estrita ou literal ao código mosaico. Ele não permitia que o homem se justificasse na vida mediante a Lei. Ele almejava colocar o ser humano em relação direta com Deus. O autêntico cumprimento da Lei não seria afrouxá-la ou radicalizá-la, mas sim ter a capacidade de se aprofundar em seu espírito (e não na forma), já que fora feita para a libertação, e não para o aprisionamento do homem ao sistema. Havia uma distinção, feita por Jesus, entre observância estrita da Lei e obediência a Deus. Precisamos de cuidado: Jesus não era um anarquista colorido e não desvalorizou o valor essencial de leis básicas para a convivência comunitária. Preceitos éticos como "não matar, não roubar, não mentir, não adulterar" eram aceitos por Jesus, como ilustra o próprio Sermão da Montanha. Ocorre que religiosidade, para Jesus, não era sinônimo de observância estrita da Torá. Ele considerava que poderia haver verdadeiras experiências de fé fora da lei mosaica. Era o caso da mulher cananeia e do centurião romano, pagãos que impressionaram positivamente Jesus. Assim como pode existir a experiência de autêntica fé entre gentios, o fato de ser obediente à lei mosaica não significava que se compreenderia o seu sentido; obedecer à Lei, portanto, não implicaria necessariamente obedecer a Deus. Essa a perturbadora conclusão que Jesus alcançou e divulgou.

QUEM FOI JESUS?

* * *

Seria, o Sermão da Montanha, a "Lei de Jesus"?
Observemos pelos exemplos. Jesus:

- *radicalmente* exigiu do moço rico toda a dispensa de bens;[351]
- *flexivelmente* aceitou que o chefe dos publicanos desse a metade de seus haveres;[352]
- *tolerantemente* impressionou-se com a fé de um homem que não deu nenhum tostão.[353]

Radical, flexível, tolerante? Nenhuma das três e as três? Jesus jamais se moldou e moldou o humano por regras; no entanto, o grande perigo de interpretação do Sermão da Montanha é ver nele 'uma nova Lei'.

* * *

Apesar de o cristianismo ter pensadores do porte de Santo Agostinho ou de Karl Barth, reconhecemos: Jesus não foi um filósofo e teólogo teórico, à semelhança dos pensadores gregos. Não foi um rabino que 'inventou' ou 'descobriu' uma nova lei e saiu a pregar pelo norte e sul de sua Israel. Ele lidou com a natureza humana de maneira muito natural, característica de um verdadeiro observador. Basta conhecermos as parábolas e as falas de Jesus. Nelas, o ambiente do homem está presente. Ele não fantasia simbolicamente a vida. O homem era visto por ele com realismo, sem depreciar a realidade humana, sem abordá-la idealisticamente, olhando para a vida como ela é. Não fala da 'natureza' do homem como fazem os filósofos de todos os tempos, em debates intermináveis. A palavra é uma só: *ação*.

O que Jesus estabeleceu?

- uma hierarquia de valores negativos, onde matar é pior que mentir? *Não!*

---

[351] Mc 10:17-22.
[352] Lc 19:1-10.
[353] Mt 8:10.

204 ANDRÉ MARINHO

- uma hierarquia de valores positivos, onde ser justo é melhor do que ser paciente? *Não*!
- uma hierarquia de temas mais importantes como família, estado, amor, economia ou cultura? *Não*!

O Sermão da Montanha[354] não é uma série de exigências necessárias para a salvação, não é a Lei de Jesus. Esse sermão é, única e exclusivamente, um exemplo do que seria, para Jesus, a vontade de Deus. Seria justamente o fim da relativização da vontade de Deus, uma vez que homem se encontraria diante da sua responsabilidade para com Deus. Deus, segundo o Sermão da Montanha:

- quer além do exterior conhecido do homem, quer o interior;
- quer não só bons frutos, mas uma boa árvore;
- quer não só a ação, mas o ser;

É graças a essa lógica que, em muitos versículos do Sermão da Montanha, a vontade de Deus contrapõe-se à Lei. Aquilo que escapava à Lei, ou seja, o pensamento, a intenção, o próprio ser humano, poderia condená-lo ou salvá-lo. Não necessariamente a 'salvação' estaria na visibilidade do que uma pessoa faz. Para Jesus, o humano é mais multifacetado do que apenas suas ações exteriores conhecidas e Deus é muito mais complexo do que um julgamento simplório entre o que se pode e o que não se pode fazer. O Sermão da Montanha é, então, uma extrema demonstração de relacionamento com Deus, compreendido como uma expressão de Jesus sobre o Reino de Deus. A liberdade face à Lei, tão presente em Jesus e tão debatida por teólogos judeus e cristãos na teologia de Paulo, não significa supressão da Torá, nem esvaziamento de autênticos vínculos religiosos. No lugar da Lei, Jesus não pregou uma liberdade concebida como libertinagem. Santo Agostinho compreendeu o cerne da questão ao escrever sua magistral frase, que retrabalha a premissa de Jesus, tão bem compreendida por Paulo: "Ama, e faça o que quiseres".

---

[354] JEREMIAS, Joachim. *O Sermão da Montanha*. Trad. Jose Raimundo Vidigal. São Paulo: Paulinas, 1988. Sobre o sermão do senhor na montanha: comentário

QUEM FOI JESUS? 205

* * *

Engana-se gravemente quem pensa que o judaísmo da época de Jesus é o mesmo de hoje. São dois mil anos de história também para os judeus.

Após a expulsão de praticamente todos os judeus da Palestina, no ano 135, pelas terríveis guerras judaico-romanas, o período de exílio da terra prometida se consolidou, nascendo uma nova ortopráxis: a Mixná e o Talmude. O judaísmo transformou-se numa religião da lei e do livro. Segregados na Europa, ameaçados pelas forças bélicas do cristianismo institucional (no sec. IV), a comunidade judaica fechou-se em si. Desse modo, os judeus passaram por toda a sua idade média rabínico-sinagogal. Ao se aproximar da modernidade, a cabala surgiu como uma alternativa à tradição, embora não tenha se firmado como um paradigma próprio. Lutero e os papas antijudeus da contrarreforma continuaram com as perseguições sistematizadas e o grande filósofo judeu Spinoza elaborou uma nova abordagem aos estudos sobre Deus. Os direitos humanos chegaram aos judeus por meio do iluminismo e, como característica da modernidade, emergiu a coexistência de diferentes paradigmas judeus conflitantes, com sérias questões intrarreligiosas a serem resolvidas (como acontece também no cristianismo).

Hoje, o judaísmo, como qualquer religião ocidental, debate sobre seus fundamentos intrínsecos: a tensão entre a fidelidade à Lei (Samson Hirsch) e a necessidade de renovação com um judaísmo reformado racionalista (Abraham Geiger, Hermann Cohen), na construção de uma síntese entre tradição e reforma (Louis Jacobs). Também enfrenta as tentativas de uma coexistência espiritual do judaísmo conservador com a época da modernidade (Zacarias Frankel), o debate sobre o judaísmo entendido como religião, povo e terra, isto é, uma tentativa de se reconstruir o que é o judaísmo (Mordecai M. Kaplan). Os debates com relação aos princípios da religião e o quanto essa religião trimilenar ainda se comunica nos dias de hoje com o mundo (Nathan Glazer, Jeshajahu Leibowitz) é tema das mais interessantes páginas da teologia judaica. Há ainda o grande debate em torno do sionismo (Leon Pinsker), do

206 André Marinho

Estado judeu (Theodor Herzl), das problemáticas guerras entre judeus e muçulmanos e tudo o que abarca a paz no Oriente Médio.

O judaísmo – apesar de seus problemas no mundo de hoje, diga-se de passagem, como qualquer outra religião – continua tendo a vitalidade e o dinamismo admiráveis da época de Jesus e de Moisés. Repito: enganam-se gravemente os que pensam que o judaísmo da época de Jesus é o mesmo de hoje.

É Preciso Aprender com...

... as tendências de alguns setores religiosos do século XX, como no judaísmo, no cristianismo, no islamismo e no espiritismo, de reconheceram a necessidade dessas religiões/doutrinas identificarem mais nitidamente seus fundamentos básicos, isto é, engendrarem estudos e capacitação de seus adeptos para reconhecerem o que é fundamental e o que não é, na formulação desses pensamentos religiosos/doutrinários.

Nem a palavra 'fundamento', nem a palavra 'essência', são as melhores para a identificação desses princípios básicos. Ambas estão repletas de preconcepções problemáticas e costumeiramente fazem os leitores caírem em lugar comum. Outros teóricos preferem os termos "centro/cerne", "sistemas", "elementos estruturais" e "princípios básicos e indispensáveis". Entre todas essas expressões, a última parece-me ser a menos problemática. De qualquer modo, elas querem referir-se à concepção permanentemente válida e normativa, através das épocas e das teologias.

Numa religião tão antiga e rica quanto o judaísmo, a pergunta por seus "princípios básicos e indispensáveis" é fundamental, sem a qual a tradição judaica e os "princípios básicos e indispensáveis judaicos" se misturam. O exemplo do cristianismo talvez seja mais evidente: uma coisa é a teologia da transubstanciação medieval na hóstia durante a eucaristia (tradição); outra coisa é a ceia da páscoa, em que Jesus, junto aos apóstolos, repartiu simbolicamente o pão e bebeu o vinho, como faziam todos os chefes de família judeus. Uma igreja naturalmente pode manter a eucaristia como símbolo da última ceia de

Jesus com os apóstolos. Pode até mesmo tratar essa eucaristia como sacramento central; no entanto, essa igreja precisa saber que uma coisa é a tradição que se formou ao longo dos séculos e outra coisa é o princípio básico de onde essa tradição emergiu. Desse modo, pode haver cristianismo sem o sacramento da hóstia.

É Fundamental Refletir:

- [...] estudiosos *judeus*, ligados aos mais diversos paradigmas, identificaram que, ao longo dos três mil anos de tradição hebraica/judaica, sempre permaneceram como princípios básicos e indispensáveis para qualquer judeu o Êxodo (povo e eleição divina), o Sinai (aliança com Deus e a Lei) e a Canaã (a Terra e a Promessa);
- estudiosos *muçulmanos*, ligados aos mais diversos paradigmas, identificaram que, ao longo de quase mil e quinhentos anos de tradição islâmica, sempre permaneceram como princípios básicos e indispensáveis para qualquer muçulmano o Alcorão e Maomé como O Profeta;
- estudiosos *espíritas* identificaram que, ao longo dos breves cento e cinquenta anos de tradição espírita, sempre permaneceram, como princípios básicos e indispensáveis, "as relações do mundo material com os Espíritos ou seres do mundo invisível";[355]
- e os estudiosos *cristãos*? Quais são os princípios básicos e indispensáveis para os cristãos de todos os tempos? Não é nem o amor, nem a paz, nem os sacramentos, mas, por óbvio que seja dizer, é o próprio 'Jesus' o princípio básico e indispensável do cristianismo.

---

[355] KARDEC, Allan. *O livro dos espíritos*. Trad. Herculano Pires. 66ª ed. São Paulo: Lake, 2009, "Introdução I".

JESUS E OS 'MORALMENTE FRACASSADOS'

> Nem eu te condeno.[356]
> Jesus.

Jesus quebrou paradigmas inimagináveis:[357]

- comparou o Reino de Deus a uma criança (elas eram destituídas de qualquer valor na sociedade judaica do séc. I): "Deixai vir as crianças virem a mim. Não as impeçais, pois é delas o Reino de Deus";
- comparou os anjos de Deus com uma simples mulher (numa sociedade rigidamente patriarcal e machista): "Qual a mulher que, tendo dez dracmas e perder uma, não acende a lâmpada, varre a casa e procura cuidadosamente até encontrá-la? E encontrando-a, convoca as amigas e vizinhas e diz: 'Alegrai-vos comigo, porque encontrei a dracma que havia perdido'. Eu vos digo que, do mesmo modo, há alegria diante dos anjos de Deus por um só pecador que se arrepende";
- afirmou que os ladrões e as prostitutas chegariam primeiro ao Reino de Deus que muitos religiosos. "Em verdade vos digo que os publicanos e as prostitutas vos precederão no Reino de Deus". Muito possivelmente os próprios apóstolos estranharam tais falas.

---

[356] Jo 8:11.
[357] As três passagens estão, respectivamente, em Mc. 10:13-16; Lc 15:8-10; Mt 21:31.

210 ANDRÉ MARINHO

É preciso decisão e coragem para aceitar esse evangelho!

* * *

Quase todos os cristãos conhecem a famosa frase de Jesus: "não são os que têm saúde que precisam de médico, e sim os doentes. Eu não vim chamar justos, mas pecadores".[358] Aparentemente, a frase expressa uma bondade superlativa de Jesus, uma caridade ilimitada. Contudo, ela tem implicações muitíssimo mais profundas.

Os exemplos pululam das páginas do Novo Testamento a respeito da *atitude* de Jesus com os 'moralmente fracassados':

■ Jesus tomou refeição com pecadores e ladrões, gente mal afamada nas cidades, impuros para se sentar à mesma mesa, simbolizando intimidade e aceitação com a gentalha indigna de convivência, segundo o tabu: "Acontece que estando ele [Jesus] à mesa em casa, vieram muitos publicanos e pecadores e se assentaram à mesa com Jesus e seus discípulos. Os fariseus, vendo isso, perguntaram aos discípulos: Por que come o vosso Mestre com os publicanos e pecadores?";[359]

■ Jesus, surpreendido por escribas e fariseus que a ele trouxeram uma mulher em flagrante adultério, digna da sentença legal de apedrejamento, falou seu aforismo famoso: "atire a primeira pedra aquele que estiver sem pecado". Constrangidos, os linchadores foram embora. Disse Jesus para mulher: "eu também não te condeno";[360]

■ Jesus, visitando a cidade de Jericó, hospedou-se na casa do chefe dos publicanos, que eram considerados os piores traidores da causa nacional, gente de mau caráter, estelionatários, e disse diante de todos: "hoje a salvação entrou nessa casa".[361]

É que Jesus, além de nunca discriminar ninguém, independente de quem fosse, entendia muito além do que o tacanho pré-conceito social, tendo em vista que:

---

[358] Mc 2:17.
[359] Mt 9:10-13.
[360] Jo 8:1-11.
[361] Lc 19:1-10.

QUEM FOI JESUS?   211

- sentar-se com ladrões e prostitutas não significa ser igualmente ladrão ou prostituta. *Além do mais*, por que uma pessoa humana, seja ladrão ou 'homem de bem', não poderia sentar-se à mesma mesa com Jesus? Todo ser humano não deve ser tratado de forma humana? Não somos todos falíveis e limitados? E, *de modo mais grave*, quais de nós não têm os mesmos sentimentos de inveja e ressentimento, de ódio e rebelião, que muitas vezes movem ladrões? Quais de nós não têm problemas na área sexual, conflitos e dificuldades emocionais, como também os têm as prostitutas?

- defender mulheres adúlteras não significa ser a favor do adultério ou de uma sexualidade desumana. *Além do mais*, como um ser humano permitirá que alguém seja retalhado, excluído socialmente e linchado (ainda que com palavras)? Todo ser humano não deve ser tratado de forma humana? E, *de modo mais grave*, quais de nós não estão sujeitos ou já estivemos a tentações sexuais e a apaixonar-se pela pessoa errada, a ponto de nos expormos a situações perigosas? Quais de nós conseguem impedir que a paixão domine o coração e, concretizando-a ou não, ficarmos com marcas doloridas?

- visitar um publicano não significa ser a favor da traição a causas nacionais, ao abuso de poder dos fiscais, à extorsão e ao roubo de propriedades alheias. *Além do mais*, por que um ser humano não terá compaixão de pessoas que se comprometem tanto na esfera social, política e pessoal? Todo ser humano não deve ser tratado de forma humana? E, *de modo mais grave,* quais de nós já não se deslumbraram em algum momento com as questões materiais? Quais conseguem ser plenamente responsáveis com os bens da terra e distinguem, com absoluta clareza, entre o consumo necessário e o supérfluo? Quais de nós disponibilizam plenamente seus bens pessoais também a favor de indivíduos e da comunidade, evitando, em todas as circunstancias, o desejo insaciável por dinheiro, prestígio e consumo, coibindo, desse modo, as imensas desigualdades sociais?

Com essas práticas, muito mais que ser bonzinho e caridoso, quis Jesus indagar-nos claramente, *de modo mais grave*: será que os piedosos e caridosos são tão piedosos e caridosos assim? Os 'homens

212 ANDRÉ MARINHO

de bem' tão 'homens de bem' assim? Em última análise, será que os 'justos' são tão 'justos' assim? A quem Jesus veio chamar, afinal?

"Eu não vim chamar justos, mas pecadores".[362] Será que nessa frase não há um ligeiro cunho de ironia, como se Jesus indagasse: existe ser humano que não é "pecador"?

* * *

Necessitamos parar toda e qualquer argumentação para ler uma história ensinada por Jesus, extraída do evangelho de Lucas:[363]

> Um homem tinha dois filhos; o mais novo disse ao pai: Pai, dá-me a parte da herança que me cabe. E o pai repartiu-a. Poucos dias depois, esse filho reuniu tudo o que lhe pertencia e viajou para um país distante, onde dissipou sua herança vivendo como um devasso. Gastou tudo. Sobreveio uma fome extrema naquele país e ele começou a passar necessidades. Foi, então, pedir trabalho a um dos cidadãos daquelas terras, que o mandou ao campo, para cuidar de porcos; desejava amainar sua fome com a ração dos porcos, mas nem isso lhe davam. Caindo em si, disse: "Quantos empregados de meu pai têm pão com fartura, enquanto eu aqui morro de fome! Irei reerguer-me, voltarei imediatamente à casa de meu pai e direi: Pai, pequei contra o céu e contra ti. Já não sou digno de ser chamado teu filho, trata-me como um de teus empregados". Revigorando-se, partiu rumo a seu pai. Estando ele ainda longe, o pai viu-o e, comovido, correu ao seu encontro, abraçou-o fortemente e cobriu-o de beijos. O filho começou a dizer: "Pai, pequei contra o céu e contra ti, já não sou digno de ser chamado teu filho". O pai disse aos empregados: "Tragam imediatamente a melhor roupa e vistam-no, ponham um anel em seu

---

[362] Mt 2:17.

[363] Lc 15:11-32. A referida passagem foi traduzida por mim a partir do cotejamento de diversas versões em grego (koiné), português, francês, espanhol, latim e inglês.

QUEM FOI JESUS?   213

dedo e sandálias em seus pés. Matem o novilho cevado. Comamos e celebremos com um banquete, porque esse filho meu estava morto e voltou à vida, estava perdido e foi encontrado". E começaram a festa.

Seu filho mais velho estava no campo e, ao regressar, quando se aproximou da casa, ouviu músicas e danças. Chamando um dos empregados, perguntou-lhe o que significava aquilo. O rapaz respondeu: "Teu irmão, que voltou, e teu pai mandou preparar a carne mais farta e macia, porque o recuperou com saúde". Ele irritou-se e não quis entrar. Seu pai saiu e insistiu para que ele entrasse; ele respondeu ao pai: "Há tantos anos que te sirvo, jamais deixei de obedecer a uma ordem tua e nunca me destes um cabrito para uma festa com meus amigos, e agora que veio esse teu filho, que devorou teus bens com prostitutas, para ele matas um novilho cevado!" O Pai respondeu: "Filho, tu sempre estás comigo e tudo o que é meu é teu, mas é justo celebrar uma festa e alegrarmo-nos, porque esse teu irmão estava morto e voltou à vida, estava perdido e foi achado".

Não é à-toa que essa história foi considerada, desde a antiguidade, o *evangelium in evangelium,* o evangelho dentro do evangelho.

Numa rápida interpretação, constatamos o seguinte:

- o pai representa Deus, que permite aos filhos fazerem o que quiserem com seu livre-arbítrio;
- o filho mais novo representa, por um lado, a transcendência do ser humano, desejando expandir-se além dos próprios horizontes e, por outro lado, representa a inconsequência e a imaturidade, ao desvalorizar os bens que possui, sobretudo a aliança de Deus com seu povo e sua religião, em detrimento de si mesmo;
- havendo gastado sua parte da herança, sofrendo a mais baixa humilhação que um judeu poderia experimentar, o jovem rebelde, diante de uma vida concreta e sem a proteção das ilusões materiais,

confronta-se com a realidade e cai em si, de modo comovedor, assumindo o seu percurso, arrependendo-se e desejando mudar o rumo;

▪ esse jovem, de fato, transforma-se, sofrendo todas as consequências de suas ações, sem queixas e sem autoclemência, acolhendo seu destino, até chegar de volta à casa paterna;

▪ esse pai-Deus, que já o espera e o espreita pelos caminhos da estrada, ao invés de puni-lo, recriminá-lo ou ressentir-se, corre para festejar a volta do filho perdido, beijando-o sem reservas, feliz, extremamente feliz por reencontrar o filho;

▪ o menino não só pensou em admitir seus próprios atos, mas assumiu-os diante do pai com coragem e sinceridade. O pai discretamente não se propõe a colocar culpa no filho, mas prefere virar a página e seguir adiante;

▪ ao invés de castigo, o pai está preocupado com os pés machucados do filho, a roupa suja e, para celebrar o regresso, põe-lhe uma aliança no dedo, símbolo de eternidade e união, da relação de Deus com o povo eleito, amor e amizade constantes, e manda preparar um banquete com a melhor comida disponível para o filho e para todos os que quiserem com eles festejar;

▪ segundo algumas interpretações, o filho mais velho é um jovem ciumento e ressentido. Segundo outras análises, ele é o defensor de um *status quo* familiar. Seja como for, a parábola evidencia a dificuldade desse rapaz entender a postura do pai com relação ao filho rebelde. Ao saber da festa, o filho mais velho não deseja sequer encontrar o irmão, "jogando na cara" do pai todos os 'erros' do irmão. Ele representa o filho obediente, mas que não tem consciência da dimensão da ação do pai. Alguns interpretam que o filho mais velho apenas obedeceu ao pai por conveniência, e não por livre e espontâneo impulso. Outros afirmam que ele obedeceu com convicção, mas é a representação de um modo antigo de compreender as relações, isto é, ele é o protótipo de homens que tinham resistência ao evangelho de Jesus. De qualquer modo, ele é comparado com os religiosos *pro forma*, que em tudo externamente são os 'filhos mais velhos', isto é, os que têm sabedoria e espírito de serviço, mas, no fundo, são 'os filhos mais novos', que não lidam com a liberdade e se acreditam melhores do que os outros;

QUEM FOI JESUS? 215

▪ mesmo assim, o pai deseja a reconciliação dos irmãos e ama o filho até então considerado 'fiel';

▪ a parábola termina sem conclusão do enredo, porque não se trata somente de uma história de literatura oral, e sim de uma analogia de Jesus sobre Deus e seu reino.

Essa parábola suscita inúmeras reflexões, *de modo mais grave*, a saber:

▪ Deus ama indiscriminadamente a todos os seus filhos, sejam quais aparências exteriores eles tiverem ou quais atitudes tenham cometido. Deus não tem preferências;

▪ não há hierarquia entre as pessoas aos olhos de Deus. Portanto, Madre Teresa, a amiga dos pobres, e Gengis Khan, o conquistador mongol, embora sejam diferentes, recebem de Deus o mesmo amor e a mesma oportunidade de transformação;

▪ as consequências práticas da parábola do filho pródigo, assim como das ações de Jesus, são claras: todos têm chances de se salvar, assim como de se perder. Ninguém deve se autoafirmar em cima das fraquezas alheias, já que, em última análise, as mesmas dificuldades humanas de um são as de todos;

▪ Duas outras parábolas de Jesus denunciam o tema abordado:[364]

▪ quando um homem estava doente numa estrada, precisando de socorro imediato, um sacerdote passou ao largo, um levita fez o mesmo, mas um herege parou para socorrê-lo, isto é, muitas vezes os não-religiosos ou proscritos socialmente são 'mais humanos' que os religiosos 'oficiais', declarados espontaneamente religiosos;

▪ um senhor contrata diversos empregados. Uns trabalham doze horas, outros nove, outros seis, outros três e há os que só trabalham uma hora. Na hora do pagamento, o patrão dá o mesmo salário a todos, isto é, Deus não é um superintendente tributário que dá mais a quem mais fez, mas dá igual a todos, desde que eles queiram receber, não importando a 'carga de méritos acumulada'.

---

[364] As parábolas são, respectivamente, Lc 10:29-37 e Mt 20:1-16.

Por meio dessas três parábolas, há uma inovação de Jesus sobre a compreensão do ser humano. Para Jesus, tomar refeição com bandidos, defender mulheres adúlteras, hospedar-se na casa de ladrões profissionais, não significa fazer do outro objeto de caridade, mas sim transmitir-lhe o direito que todos têm ao amor de Deus; é, portanto, um direito do ser, independentemente de quem ele seja e de qual tenha sido o seu passado. Jesus quis ajudar o ser humano a perceber esse direito que não seria simplesmente um outorga, mas uma 'graça' (termo usado na teologia católica patrística) de Deus, uma dádiva que dispensaria qualquer contrapartida. Nesse aspecto, teólogos iminentes como Santo Agostinho debateram sobre o quanto Jesus defendeu essa tese como sendo, essa graça, a garantia do amor incessante de Deus. Por esse motivo, todos mereceriam, de Deus, o perdão absoluto.

Pela lógica evangélica de amor gratuito de Deus, Jesus falou sobre a necessidade de perdão. Quem, dos convertidos e dos que mudaram de atitude, descobrisse que vive dentro do perdão de Deus, só deveria, consequentemente, agir com perdão incessante ao próximo. Nessa teologia, o ser humano tem uma dívida impagável com Deus, que é esse amor abundante e gratuito. Também por isso, o moralismo nada tem a ver com Jesus, já que os moralistas acreditam-se superiores, salvos; mais encontrados, desconhecem a realidade humana, tanto dos declaradamente pecadores, quanto dos que se supõem inocentes, e vivem de um teatro de alta moralidade e em uma cegueira espiritual imensa. Como poderão julgar alguém se Deus não julga, mas perdoa?

Pela lógica de perdão de Deus a qualquer ato humano, Jesus expressou: "tomai sobre vós o meu jugo [simbolicamente, o vínculo entre o ser humano e Deus], e aprendei de mim, porque sou manso e humilde de coração, e encontrareis descanso para vossas almas, pois meu jugo é suave e meu fardo é leve".[365]

* * *

---

[365] Mt 11:29-30.

Círculos cristãos sempre atribuem como sinônimo para o cristianismo o amor, o grandioso sentimento vivido por Jesus. Algumas vezes, por parte dos cristãos, o amor é apresentado de modo piegas e sentimentalista, e Jesus é retratado mais como um nostálgico bom coração do que como um revolucionário e contestador líder religioso. Quase sempre esse amor abstrato, atribuído a Jesus, representa muito mais uma doce alienação da crua realidade do mundo do que uma exata inserção no mesmo mundo. Artigos diversos e livros *best sellers* são lançados, a resmas, para explicar como Jesus amou. Jesus utilizou-se muito pouco da palavra 'amor' e sempre a empregou de modo muito cuidadoso, não a vulgarizando. Assim, encontramos essa palavra na famosa frase usada por Jesus, embora atribuída a Iahweh, na época da aliança com Moisés: "Amarás a Iahweh teu Deus com todo o teu coração, com toda a tua alma e com toda a tua força".[366] E Jesus, a este indispensável mandamento judaico,[367] acrescenta outro, extraído do Levítico, também dado por Iahweh: "Amarás o teu próximo como a ti mesmo".[368] Essas duas sentenças não estão necessariamente relacionadas no judaísmo; é Jesus quem as aproxima e faz delas uma máxima para seu evangelho. Seu conhecimento das escrituras fez com que ele pinçasse uma pequena frase do Levítico e a exaltasse. A súmula do ensinamento de Jesus é que toda a revelação divina poderia ser sintetizada nesses dois princípios.

A palavra usada no Novo Testamento para referir-se a "amor", verbo e substantivo usados poucas vezes por Jesus, é ἀγαπάω, agapaó. Ela aparece na Bíblia cristã cento e quarenta e três vezes, mas poucas vezes falada por Jesus. Agapaó era uma palavra raramente usada por Homero e por Platão. Ela ganhou um sentido específico na época de Jesus, algo equivalente a "amor-concreto", "amor ilimitado e incondicional", "amor em ação". Sua significação é vasta. No século IV, Jerônimo, o famoso tradu-

---

[366] Dt 6:5.

[367] A frase registrada em Mateus 22:37 "ὁ δὲ Ἰησοῦς ἔφη αὐτῷ· Ἀγαπήσεις Κύριον τὸν Θεόν σου ἐν ὅλῃ τῇ καρδίᾳ σου καὶ ἐν ὅλῃ τῇ ψυχῇ σου καὶ ἐν ὅλῃ τῇ διανοίᾳ σου", tem, como cerne o verbo ἀγαπάω, "agapaó", conjugado na voz ativa, no futuro do indicativo, segunda pessoa do singular, Ἀγαπήσεις, Agapēseis.

[368] Lv 19:18. Tanto esta, quanto a referência acima, estão trabalhadas por Jesus em Mt 22:34-40.

tor da Vulgata, traduziu a palavra grega ω por car tas, isto é, "ternura", "afeição", "amor". A palavra latina vem a nosso idioma como caridade (it. *Carità*; fr. *Charité*; cat. *Caritat*; esp. *caridad*). Caridade, segundo o uso hodierno registrado por Houaiss, pode ser considerada como sinônima da virtude teologal do amor; adequa-se igualmente ao conceito de beneficiar o próximo, especialmente os desprotegidos ou os que estejam em situação de inferioridade; pode ser ainda uma esmola, um benefício. Há diferenças entre os conceitos de *Agapaó*, *Carĭtas* e Caridade, embora os conceitos das três tenham preservado definições próximas.

Como resgatar aquela palavra tão especial escolhida pelos apóstolos, para ser colocada na boca de Jesus, em traduções? Detalhe ainda mais perigoso: Jesus não pregava em grego, mas em aramaico. Nessa língua, não há nenhuma palavra que tenha a mesma acepção de Agapaó. Será que Jesus falou do 'amor' de maneira tão transcendente e ao mesmo tempo imanente?

Seja como for, no debate entre os tradutores, Jesus viveu o conceito *Agapaó*, pois sua forma de amar nada tem a ver com o amor platônico ou puramente sentimental. Jesus não fez discursos sobre o amor, nem teorizou sobre o sentimento – ele viveu o 'amor'. E, especialmente nas passagens narradas pelos evangelistas, do relacionamento de Jesus com os chamados 'moralmente fracassados', encontramos o 'amor vivido'.

Sua concepção de amor estende-se até o "amai os vossos inimigos e orai pelos que vos perseguem". Aqui, surge o amor incondicional que Jesus vivia e pregava, pois ele amava independentemente de qualquer recompensa, interesse pessoal ou condição. Não havia exceção, nem restrição de algum tipo para o seu amor. O "amai ao próximo", como demonstramos, fazia parte da tradição judaica e aparece em alguns outros escritos judaicos da época de Jesus; no entanto o "amai ao inimigo" é uma distinção de Jesus e, inclusive, único caso entre as religiões até aquela época. Naturalmente, a exortação de Jesus a favor dos 'inimigos' implica em uma nítida consciência de grupos distintos. E quem eram os inimigos de Jesus? É uma pergunta difícil de ser respondida, pois em relação a qualquer grupo que levantássemos como exemplo dos opositores, nós encontraríamos passagens que revelam predisposição de Jesus ao diálogo. Se ele condenou o farisaísmo, houve fariseus com

Quem foi Jesus?

quem ele realizou interlocução.[369] Se ele se afastou dos zelotas, sabemos que alguns apóstolos haviam sido afins àquele grupo. Se ele se colocou em oposição aos membros da hierarquia, mesmo assim não se proibiu de almoçar na casa deles, quando era convidado. O amor aos inimigos de Jesus é a exemplificação de uma compreensão tão profunda sobre o ser humano, que será na crucificação que ele viverá esse 'amor' radical.

Cristãos precisam meditar sobre:

- o gravíssimo problema da homofobia (ou, para ser mais abrangente e justo, LGBTfobia). É inadmissível que, por motivações religiosas, países de cultura cristã, em suas câmaras legislativas, deixem de considerar a homofobia crime. Nenhum ser humano, seja a que orientação e gênero sexual pertença, pode sofrer desprezo, preconceito, sendo desumanizado pelos demais. Argumentos que afirmam que a homossexualidade "não é natural", "é uma perversão", "é contrária às leis de Deus" não condizem nem com os Direitos Humanos, nem com o Evangelho vivido por Jesus. É absolutamente inaceitável a postura de igrejas cristãs boicotarem ou dificultarem a tramitação de leis que defendem homossexuais, bissexuais, transgêneros, transexuais e travestis. Os princípios constitucionais da igualdade, da liberdade pessoal, da dignidade da pessoa humana e da segurança jurídica devem ser respeitados. A Assembleia Geral da ONU, em seu Conselho dos Direitos Humanos, aprovou,[370] em 15 de junho de 2011, um documento histórico que "expressa grave preocupação pelos atos de violência e discriminação, em todas as regiões do mundo, cometidos contra indivíduos por causa de suas orientações sexuais e do gênero de identidade". Ninguém, em nome da religião, deve estar autorizado, moral e culturalmente, a perseguir algum indivíduo. O respeito à individualidade não é uma concessão, é um direito que, para os religiosos, está assegurado pelo simples fato de judeus, cristãos e muçulmanos acreditarem que todos os seres humanos são filhos de Deus.

---

[369] Jo 3:1-21.

[370] Para consultar o documento na íntegra no Site da ONU, seu número é o A/HRC/17/L.9/REV.1.

12

JESUS, SUA PAIXÃO E MORTE

Nós temos uma Lei e, conforme essa Lei, ele deve morrer.[371] (Frase de um opositor de Jesus)

Jesus é um judeu originário da Galileia, região pobre da Palestina, berço de pescadores, agricultores e construtores. Ele era ou um carpinteiro ou um cobridor de telhas, ou ainda um pedreiro. Seu modo de vida era tipicamente rural. Até iniciar sua vida pública, por volta dos trinta anos, provavelmente só conhecia as aldeias em torno de Nazaré. Tudo o que provinha das capitais representava, para os aldeãos, perigo – a vida urbana era muito diferente do interior do país. Aprendeu seu ofício profissional com o pai e, como filho primogênito, herdou o simples estabelecimento familiar. Educou-se no judaísmo e assimilou que toda a vida deve ser interpretada a partir de Deus. Em sua infância e juventude foi, junto com seu povo, explorado pelas classes dominadoras.

Desde o início de sua vida pública, Jesus contou com inimizades, como nos demonstram os evangelhos.[372] Nem tudo eram flores. Toda a vida de Jesus foi cercada de tensões, já que se as adesões à

---
[371] Jo 19:7.
[372] Mc 3:6.

sua mensagem foram enormes, as resistências também o foram na mesma proporção – são graves os conflitos que ele gerou com suas práticas e afirmações. Não era possível ser a favor e contra Jesus ao mesmo tempo. Ele havia testemunhado a morte de João Batista e sabia que o seu destino poderia ser o mesmo, embora não tivesse se abatido com possíveis medos ou receios: continuou sua missão. A cada dia que passava, o desfecho se aproximava mais de uma cisão. Por toda a sua pública vida, Jesus foi acusado de "profeta herético". Aos olhos populares dos galileus, ele era o sucessor de João Batista. Em certo momento, era odiado por fariseus, sacerdotes e zelotas, ou seja, os principais grupos políticos. Tinha uma atitude autossuficiente e não fazia alianças. Não justificava a sua autoridade quando era indagado.[373] Não era um líder ensimesmado, contrário ao diálogo, mas sabia das armadilhas que a todo o tempo tentavam impingir-lhe. Esforçaram-se por prendê-lo mais de cinco vezes, bem como por duas vezes quase foi apedrejado.[374] Sua pregação na Galileia e nas regiões da Judeia esgotavam-se – ele havia percorrido inúmeras cidades, a adesão inicialmente era estimulante e depois decepcionante. As pessoas inebriavam-se, mas não decidiam pela conversão. As massas foram-se afastando gradualmente, assim como setenta dos seguidores próximos.[375] É a chamada 'crise da Galileia'. Estava Jesus em solidão, porque os discípulos que restaram não compreendiam a dimensão do que estava acontecendo. Ele tinha somente ao Deus que tanto pregara e em que tanto confiara. Foi acusado de modos diversos: falso profeta, louco, impostor, subversivo, possesso, herege, demagogo. Continuou com a mesma coragem do início. Sua orientação foi sempre a partir de Deus, e não das circunstâncias que o cercavam. A vida de Jesus não foi uma fantasia.

O Jesus histórico não sabia de tudo o que ia acontecer no futuro, como um Deus encarnado ou um adivinho, mas também não era ingênuo. Ao que parece, após o fracasso de adesão à sua mensagem, ele tinha consciência de uma necessária virada na situação. Seria preciso

[373] Lc 20:8.
[374] Tentativas de prender Jesus: Mc 11:18; Jo 7:30.32.44-50; 10:39. Tentativa de apedrejar Jesus: Jo 8:59; 10:31.
[375] Jo 6:60-71.

QUEM FOI JESUS?

continuar a pregação do Evangelho e do Reino de Deus. Foi quando Jesus radicalizou e decidiu partir para Jerusalém, o local onde era aguardado o advento do Reino de Deus. Ele sabia que essa atitude representava o perigo máximo. Ia entrar no 'olho do furacão'. Mesmo assim, subiu à cidade santa. Lá, foi recebido com entusiasmo e teve uma atuação intensa nos cinco dias que antecederam a festa da Páscoa. O que impressiona a quem se dedica a esse dramático momento da vida de Jesus é a decisão que ele tomou ao chegar a Jerusalém. Ele não optou pela diplomacia nem pela remedição dos problemas que o perseguiam. Não poupou a crítica aberta ao Templo e foi por essa atitude que a hierarquia decidiu: era preciso eliminá-lo e rapidamente.[376]

* * *

Do templo de Jerusalém, no Monte Moriá, restam apenas o muro das lamentações. Esse templo, hoje inexistente, considerado o lugar mais sagrado do judaísmo, passou por sua última importante obra de expansão no ano 19 a.C., e é possível que o avô paterno de Jesus tenha trabalhado nas obras. Na época de Jesus, o Grande Templo de Jerusalém era cercado de hospedarias, pois era uma grande atração turística. Era um edifício moldado no mármore branco com três torres e ornado de ouro. O Átrio dos Gentios era famoso por ser o lugar onde qualquer pessoa poderia adentrar. O comércio era vasto, com vendedores de *suvenires*, animais e alimentos.

Justamente nesse espaço sagrado, Jesus realizou um dos feitos mais determinantes de sua vida. Não foi um milagre, nem uma pregação, mas uma atitude política e profética: a expulsão dos vendedores do Templo. Narrado pelos quatro evangelhos[377] e tido muitas vezes como passagem fantasiosa ou simbólica, há hoje consenso sobre a raiz histórica da ação de Jesus. A atitude de expulsar os comerciantes e compradores, virar as mesas e cadeiras dos cambistas, falar em alto e bom som, denunciando que muitas autoridades e muitos religiosos "fizeram do Templo um covil de ladrões",[378] não representava um ato

[376] Jo 19:7.

[377] Mt 21:12-13.17; Mc 11:15-19; Lc 19:45-48; Jo 2:14-16.

[378] Mc 11:17. Esta frase selecionada por Jesus, segundo a tradição judaica, foi pronunciada por Iahweh para Jeremias (Jr 7:11) e Jesus a reutiliza, aplicada ao Templo de Jerusalém.

de violência ou de impulso; diferentemente disso, foi uma atitude bem pensada.[379] Essa ação simbolizou a expressão de uma 'ira santa', postura de um profeta que questionou o sistema religioso com um gesto emblemático e irrevogável. Assim agiram todos os profetas judeus: desde Moisés, passando por Isaías até Malaquias. Jesus teve uma atitude tipicamente profética e desejou expor sua crítica ao considerar o quanto a religião institucional se vendera a interesses mundanos, totalmente desvirtuada de seu objetivo. Essa crítica de Jesus é dura e visava atingir o Templo, não a Lei. Questionar abertamente e desafiadoramente o *status quo* colocou Jesus em conflito direto com o núcleo aristocrático judaico de seu tempo.[380] Não é à-toa que a multidão ficou maravilhada com a atitude de Jesus no Templo. Em franca provocação, ainda na Galileia, meses antes, Jesus curou dentro da sinagoga, mostrando que ali era o lugar onde se deve fazer o bem, e não espaço para se obedecer a normas e conveniências. Para Jesus, a religião jamais poderia ser uma força dominante, manipuladora e opressora, mas sempre o sinônimo da libertação. Nunca um Templo (Igreja) de classes, onde ricos são preferidos a pobres, homens a mulheres, religiosos a hereges. A única autoridade infalível deveria ser Deus. Uma religião que se entenda provisória, em que só Deus deveria ser absoluto. Uma comunidade religiosa servidora a todos os tipos de pessoas, porque reconhecedora de que a fé de todos os seus membros é vacilante; portanto, que viveria exclusivamente do perdão, porque admitiria que não haveria superioridade de um ser sobre outro, a não ser a superioridade existente de Deus. Uma religião decidida, sempre a favor da alforria humana.

Essa declarada guerra ao modo de funcionamento do Templo explica, em parte, a condenação de Jesus. Os chefes dos sacerdotes e os fariseus reuniram-se numa tomada de decisão: "Que faremos? Esse

---

[379] Assim revela Marcos 11:11, passagem de evidente fundo histórico: "Entrou no Templo, em Jerusalém e, tendo observado tudo, como fosse já tarde, saiu para Betânia com os Doze".

[380] A assertiva "daí a César o que é de César e a Deus o que é de Deus" significa que o pertencente a Deus, César não deve tomar. Nada tem a ver com uma resposta conciliatória entre poder e religião. Jesus estava também, sutilmente, afirmando que César não é Deus.

Quem foi Jesus?

homem realiza muitos sinais. Se o deixarmos assim, todos crerão nele e os romanos virão, destruindo o nosso lugar santo e a nação. Um deles, porém, Caifás, que era Sumo Sacerdote naquele ano, disse-lhes: Vós nada entendeis. Não compreendeis que é de vosso interesse que um só homem morra pelo povo e não pereça a nação toda? Então, a partir desse dia, resolveram matá-lo".[381]

O ambiente era dos mais tensos e os apóstolos aguardavam uma ruptura decisiva. No domingo, entrara Jesus em Jerusalém. Na segunda-feira, fizera sua ação profética no templo; na terça-feira, fora o dia de contar inúmeras parábolas – um dos momentos ápices de sua criatividade; na quarta-feira, mais um dia de parábolas e o dia do último jantar com os apóstolos; na quinta-feira, um dia tenso, culminando com sua prisão à noite; na sexta-feira, sua condenação, crucificação e morte.

Na terça e na quarta-feira, Jesus contou parábolas embaraçosas como a dos vinhateiros homicidas, da figueira estéril, do banquete de núpcias, do servo fiel e infiel, das das dez virgens, do ladrão noturno e dos talentos. Recomendou ao povo que se protegesse da hipocrisia dos escribas.[382] Admirou-se da fé de uma pobre viúva, fé essa tão superior à de ricos que se exibiam por meio da caridade.[383] Predisse a ruína do Templo, falou do fim de Jerusalém.[384]

Entre as autoridades, estava tudo armado: era preciso eliminá-lo antes das festas religiosas do final da semana, "para não haver tumulto entre o povo".[385] Jesus, em seus dias em Jerusalém, hospedou-se em Betânia, a cinco quilômetros da cidade santa. A quinta-feira foi sua última noite de vida. Segundo o evangelho de João, esse dia era o 14 nisã, data que historiadores acreditam ser a única possível para anteceder o dia da morte de Jesus. De acordo com cálculos astronômicos, a crucificação ocorreu em 7 de abril do nosso calendário gregoriano.

As narrativas de Marcos são as mais seguras, para acompanharmos os acontecimentos. Chegou-se à conclusão, entre exegetas de grande

---

[381] Jo 11:47-50.53.
[382] Discursos que abrangem os seguintes capítulos: Mt 24-25, Mc 11-13 e Lc 19:28-21.
[383] Mc 12:41-44.
[384] Mt 24:1-24.
[385] Mc 14:2.

226 ANDRÉ MARINHO

porte, de que a narrativa marquina deu origem às posteriores narrações de Mateus, Lucas e João, ainda que possa ter existindo um evangelho anterior ao de Marcos, um evangelho pré-marquino (*Quelle*). É importante refletirmos sobre as seguintes situações:[386]

■ **a Traição de Judas** é muito controversa.[387] Tentou-se dar um sentido para essa deslealdade, mas todas as explicações não se baseiam em fatos históricos e somente em interpretações. Ao que parece, Judas, como os outros apóstolos, confundiu o Reino de Deus com um reino material triunfante, com a libertação de Israel. Judas talvez quisesse antecipar o Reino de Deus, à feição dos zelotas. Supôs que, uma vez Jesus preso, o seu mestre mostraria os poderes espirituais a todos, como já o demonstrara nos milagres; contudo Jesus, ao ser preso, não se utilizou de nenhum poder miraculoso, morreu como qualquer ser humano;

■ **a Santa Ceia** originou um dos principais sacramentos cristãos: a eucaristia. O ato de ofertar pão e vinho era parte do ritual judaico e todos os 'pais' de clãs o realizavam. A ceia pascal, ocorrida nesse dia, foi o último encontro familiar com os apóstolos. Pela interpretação teológica dos evangelistas, Jesus estaria estabelecendo uma nova 'aliança' entre Deus e os homens, já anunciada pelos profetas do passado. Jesus, segundo essa visão escatológica, só voltaria a celebrar com os apóstolos no dia do banquete messiânico, isto é, no dia em que o reino estivesse plenamente instaurado. Já no ano 54, a celebração da eucaristia era realizada amplamente entre os cristãos.[388] O símbolo, sem dúvida, é muito relevante e caracterizava, para os primeiros cristãos, uma unidade no culto e na fé. Na ceia, Jesus predisse que alguém iria traí-lo. O ambiente

---

[386] Segundo L. Schenke, há uma evolução literária na história da paixão. A sequência de versículos seria essa: Marcos 14, versículos 1, 32, 34, 35, 36-38, 40c, 42, 47-50, 53, 55-56, 60-62a, 63-65, e Marcos 15, versículos 1, 3-5, 15b, 16-20, 22-27, 29a, 31b, 32, 34, 36, 37, 39, 42-47.

[387] Mc 14:18.

[388] Ver 1Cor 11:17-34. A epístola foi escrita no ano 54. A palavra "eucaristia" não é conhecida no Novo Testamento, e sim a expressão "ceia do senhor", "κυριακὸν δεῖπνον". Eucaristia só apareceu pela primeira vez em Didaquê 9:10, no ano final do século I.

era dramático. Jesus lavou os pés dos discípulos num ato de humildade e ensinou-lhes que todos devem se comprometer com o serviço desinteressado ao próximo. Recomendou aos discípulos que se amem uns aos outros como ele os amou, pois nisto se reconheceriam os seus seguidores;

• **o Getsêmani**, o monte onde Jesus se retirou para orar, em sua última noite de vida, revela a tragédia: "Jesus começou a apavorar-se e a angustiar-se e disse-lhes: "Minha alma está triste até a morte".[389] A narrativa, certamente histórica, revela uma humanidade impressionante em Jesus e remete-nos à história das tentações. Era o momento ápice em que tudo seria decidido. Jesus orava intensamente, de joelhos, para que se possível passasse dele aquela hora. "Abba!, tudo é possível para ti: afasta de mim este cálice, porém, se faça não o que eu quero, mas o que tu queres".[390] Jesus orava a Deus pedindo toda a força para manter a fé, apesar das circunstâncias contrárias. Era um homem incompreendido pelos amigos íntimos, que se alienaram na hora do testemunho. Jesus não tinha traços de um herói grego ou de um estoico. A 'tentação' seria a de regionalizar o Reino, assumir-se como Deus, utilizar-se de poderes para uma dominação humana e política. Era preciso renunciar a toda tentação e obedecer exclusivamente a Deus. Nada de manipular a vontade do homem e dispensá-lo das próprias responsabilidades. Jesus considerava que viera para ser servo, e não para ser dominador. Conseguiria ele, sob tortura, continuar a ser a 'encarnação do amor de Deus'? É uma das maiores tensões vividas por Jesus. Se, por um lado, o Reino já começara na terra, por outro, ele ainda não estava instaurado plenamente e somente a Deus cabe implementá-lo em sua grandeza total. Após seu veemente apelo a Deus, na oração do horto, Jesus levantou-se resoluto para o que seguiria. Os discípulos não sabiam o que lhe falar. Jesus disse-lhes: "Levantai-vos! Vamos! Eis que o meu traidor aproxima-se". Jesus tinha feito sua escolha: a libertação sem a dominação;[391]

---

[389] Toda a passagem está em Mc 14:32-42.

[390] Mc 14:36.

[391] Muitos se indagam: se os apóstolos estavam dormindo, como saber se esses fatos aconteceram? A narrativa da oração de Jesus é discurso criado pela comunidade

228 ANDRÉ MARINHO

▪ a Prisão de Jesus tem toques aparentemente fantasiosos, como a briga de Pedro com um dos soldados, cortando-lhe a orelha; o símbolo dessa passagem, contudo, significa que Jesus se entregou sem resistências e que os discípulos reagiram violentamente e fugiram. Ali começava a solidão absoluta de Jesus;

▪ o Sinédrio reuniu-se para o julgamento do caso, numa reunião, ao que tudo indica, historicamente grave, com a presença de autoridades religiosas. Foi um estranho processo noturno que se arrastou até a manhã.[392] As arbitrariedades no processo revelam-nos os motivos escusos do julgamento. O direito processual na *Mishná* proibia julgamentos noturnos, assim como não poderiam ocorrer em dias de festa, nem nos dias de preparação para essas. Também era proibida uma sentença de morte no primeiro dia de julgamento, somente quando houvesse uma nova sessão. O próprio local onde ocorreu o julgamento, o palácio do sumo sacerdote, não era autorizado para o feito. O local devido era o salão de pedra de cantaria dentro do Templo. Raymond Brown,[393] importante autoridade no tema, sugere, baseando-se em Jo 11:47s e Mc 11:18, 14:2s, que houve um processo contra Jesus antes de sua prisão, sendo o interrogatório apenas uma formalidade. O apóstolo Pedro acompanhou de longe os acontecimentos, após a prisão de Jesus. Buscaram-se testemunhas para condenar Jesus, mas houve dificuldade, uma vez que os depoimentos eram todos incongruentes. Jesus não quis se defender. Optou pelo silêncio;

▪ a Tortura foi experimentada por Jesus. Cuspiram nele, esbofetearam-no, aplicaram-lhe as terríveis trinta e nove chibatadas, dele zombaram. Infligiram-lhe violenta dor, física e mental. Jesus conheceu a intimidação e a coerção, foi vítima, como nunca antes, do ódio.

* * *

pós-pascal, sem dúvida. No entanto, ela demonstra um fato histórico, uma vez que Jesus chega ao horto apavorado e sai de lá decidido; este o cerne do conteúdo desta passagem. Jesus sempre foi visto pelos apóstolos como um ser tentável, e não como um Deus encarnado.

[392] Mt 26:57-68 faz esta indicação em combinação com Lc 22:66-71 e Jo 18:19-24.

[393] O famoso livro de BROWN é *The death of the Messiah, from Gethsemane to the grave*.

Quem foi Jesus?

A paixão de Jesus de modo algum é um relato neutro. Nela, deparamo-nos com um grande interesse dos evangelistas na conversão às concepção de Jesus. Não é um relato histórico, dentro dos moldes da moderna historiografia, mas uma narrativa de fé. Os evangelistas e os apóstolos eram homens impregnados pelos acontecimentos narrados: alguns eram testemunhas oculares; outros herdeiros de fortíssimas tradições. Há toda uma lógica de fé nas histórias da paixão, bem como uma lógica de culpas, arrependimentos, tristezas; não significa, contudo, que os fatos narrados tenham sido inventados, mas foram interpretados pelos evangelistas. Depois de séculos de hermenêutica aplicada a essas narrativas, hoje em dia é perfeitamente possível chegar a conclusões sobre os acontecimentos históricos. Há trechos que claramente demonstram a historicidade pura do fato, sem nenhum interesse religioso, como por exemplo: ao Jesus ser preso, um jovem rapaz coberto em lençóis acompanhava de longe os acontecimentos, quando dele suspeitaram e quiseram prendê-lo e ele, largando os lençóis, fugiu nu.[394] Também as narrativas das negações de Pedro não amenizam seu fracasso, mas o pintam de maneira bem real.[395] Em todas as passagens, o trabalho de exegese, separando o Jesus histórico e o Cristo da fé, tem sido realizado e está em nível bem avançado.

À época de Jesus, bastava a desobediência de um sábado para ser réu de morte por apedrejamento. Sua morte só foi postergada porque, a favor dele, estava a multidão das cidades por onde andou. Ela era considerado uma ameaça concreta às autoridades.

Consoante a interpretação farisaica e saduseísta da lei mosaica, Jesus estava totalmente sem razão. As quatro acusações de que foi alvo não foram uma arbitrariedade, um erro de justiça ou um esclerosamento do sistema. Elas tinham sentido legal e não há frase melhor para entendermos a aplicação do sistema legislativo de então do que

---

[394] Mc 14:51-52.

[395] Narrativas sobre o alerta de Jesus com relação à negação de Pedro: Mt 26:30-35; Mc 14:26-25; Lc 2:15-20. Prenúncios de Jesus sobre Pedro, anteriores à semana da paixão: Mt 16:21-23; Mc 8:31-33. Nessas duas passagens, Pedro é enfaticamente chamado por Jesus de "satanás".

a expressa por uma das autoridades: "Nós temos uma Lei e, conforme essa Lei, ele deve morrer".[396]

Jesus foi condenado por ser considerado:

■ **herege** – *de fato, Jesus foi um herege, segundo o entendimento da hierarquia judaica do século I, porque* transgrediu inúmeras vezes a determinação de se guardar o sábado para o descanso absoluto, curando e permanecendo em franca atividade com os apóstolos. Não exigiu a renúncia pela renúncia, mas, ao contrário, afirmou a misericórdia acima da justiça; não fazia distinção entre o sagrado e o profano. Qualquer lugar pode ser profanado ou sacralizado, dependendo da pessoa e não do espaço físico. Participava de festas e nelas comia e bebia naturalmente. Jesus aceitava banquetes oferecidos para ele e os apóstolos e não fazia boicotes aos ricos; não praticava a penitência como meio de salvação e destoou severamente, nesse sentido, de João Batista; muitas vezes usava duas expressões altamente perturbadoras para os guardiões da Lei quando, citando a Bíblia hebraica, desejava dar uma nova interpretação às passagens: "em verdade, em verdade vos digo" e "Eu, porém, vos digo". Um homem que tinha atitudes como essas era imediatamente reconhecido como um herege;

■ **falso profeta** – *de fato, Jesus foi um falso profeta, segundo o entendimento da hierarquia judaica do século I, porque* predisse a destruição do Templo de modo ofensivo para as autoridades judaicas; relativizou o culto de modo afrontoso, afirmando que mais importante do que fazer oferendas ou frequentar templos é o homem fazer o que deve ser feito na vida como, por exemplo, reconciliar-se com os seus adversários; na sua visita ao Templo, em Jerusalém, Jesus não poupou críticas aos mercadores e aos representantes religiosos que permitiam a deturpação do espaço religioso, misturando-o ao poder e ao dinheiro. Jesus agiu profeticamente, expulsando os vendedores do Templo. Um homem que tinha atitudes como essas era imediatamente reconhecido como um falso profeta. Foi acusado, possivelmente de *maddiah*, aliciador do povo;

---

[396] Jo 19:7. Alguns pesquisadores veem essa passagem como citação a Lv 23:22.

QUEM FOI JESUS?

- **blasfemador** – *de fato, Jesus foi um blasfemador, segundo o entendimento da hierarquia judaica do século I, porque* em sua companhia estavam sempre elementos de moralidade duvidosa, pessoas sem 'estirpe', impuros, pagãos, mulheres, mendigos, doentes marginalizados, prostitutas, ladrões, pobres miseráveis, ignorantes. Tinha como um dos seus seguidores mais próximos um antigo publicano, que era sinônimo de ladrão profissional (o evangelista Mateus); protegia mulheres adúlteras do apedrejamento; afirmou que o chefe dos publicanos, Zaqueu, havia se salvado; contou uma parábola na qual o rapaz que gastou o dinheiro com prostitutas se mostrara mais amadurecido do que o filho 'obediente'; afirmou, desaforadamente, que as prostitutas e os ladrões chegariam ao Reino de Deus primeiro que os religiosos; questionou a santidade dos 'santos'; considerou os 'religiosos' altamente presunçosos, em sua maioria; afirmou que esses mesmos religiosos não sabem o que é viver do perdão, somente da hipocrisia; viu uma 'transparência', nos moralmente fracassados, que não viu nos 'homens de bem'. Um homem que tinha atitudes como essas era imediatamente reconhecido como um blasfemador;

- **agitador** – *de fato, Jesus foi um agitador, segundo o entendimento da hierarquia judaica do século I, porque* não se mostrou doce e manso, como um moralista contumaz da época vitoriana. Jesus exigia decisão e, ao crer na sua boa nova, o engajamento era natural. Não via, nem nas autoridades políticas, nem nas ,religiosas autênticas autoridades, não as obedecia declaradamente. Um homem que tinha atitudes como essas era imediatamente reconhecido como um agitador.

São as quatro acusações da condenação de Jesus. Ele não exigiu a decisão para uma nova lei, dogma ou culto, mas para o Evangelho. Jesus foi alvo de agressões mortais, motivadas pelo seu entendimento do mundo. Jesus não foi vítima de um erro da justiça mosaica. Sua morte é uma forte reação de membros religiosos da hierarquia que queriam 'guardar a Lei'. Somente a mensagem de Jesus pode nos indicar porque foi condenado à pena mais brutal de toda a antiguidade.

232 ANDRÉ MARINHO

Em nosso tempo, não cabe colocar a culpa da morte de Jesus nos judeus, como em tempo algum deveria ter cabido. Expressões infelizmente ainda usuais, como "assassinos de Deus" e "traidores", devem ser rigorosamente abolidas de qualquer entendimento sobre a condenação de Jesus. Certamente, dado que Jesus era judeu, atuou entre judeus e colocou-se em conflito com judeus, seria em seu povo que ele sofreria o repúdio; no entanto, a 'culpa' não foi do 'povo judeu', porque judeus também eram os apóstolos e todos os primeiros cristãos. Os verdadeiros responsáveis pela paixão de Jesus foram os membros da hierarquia judaica, caducos como quase todas as hierarquias de todos os tempos. Como escreveu Leonardo Boff, "o fechamento, o enclausuramento dentro do próprio sistema de valores, feito intocável e inquestionável, a incapacidade de se abrir e de aprender, a estreiteza de horizontes, o fanatismo do próprio arranjo vital e religioso, o tradicionalismo, a autossegurança assentada na própria tradição e ortodoxia, mesquinharias que ainda hoje caracterizam, muitas vezes, os defensores de uma ordem estabelecida, clérigos ou políticos, geralmente imbuídos da maior boa vontade, mas destituídos de senso crítico e falhos de sentido histórico, todas estas banalidades que nem constituem graves crimes, motivaram a liquidação de Jesus".[397] Nesse sentido, cabe uma 'culpa da hierarquia judaica', e não de judeus indistintamente. Além do mais, por ser época de festas e agitações na cidade de Jerusalém, dificilmente as autoridades do Templo poderiam matar Jesus. Contaram com uma articulação determinante: a participação dos romanos.

Os romanos evitavam conflitos com os judeus, dado que aqueles consideravam estes como fanáticos e encrenqueiros. Pilatos, o prefeito romano de Jerusalém, estava na cidade e era odiado pela multidão. Foi procurado pelos sacerdotes do Templo, que alegaram ser Jesus um guerrilheiro político, como eram os zelotas. Forjou-se a ideia de Jesus ter se autoproclamado "rei dos judeus",[398] desejoso de libertar politicamente o povo hebreu. Neste quesito, unem-se as forças hierárquicas

[397] BOFF, Leonardo. *Paixão de Cristo – Paixão do Mundo*. 5ª ed. Petrópolis: Vozes, 2003, p. 37. Leonardo Boff é uma das excelentes referências para o aprofundamento no tema.
[398] Mc 15:26.

QUEM FOI JESUS?

judaicas e romanas. Foi atribuída a Jesus a condenação de *perduellio*, importante inimigo público, e de *crimen lasae maiestatis populi romani*, prejuízo contra a reputação do povo romano e de seus governadores.

Jesus foi sondado por Pilatos, que não quis responsabilizar-se pela absolvição nem pela condenação, uma vez que deve ter considerado Jesus como mais um dos 'fanáticos vagabundos' daquelas terras; a decisão do julgamento foi, contudo, de Pilatos, porque ele era o único que poderia autorizar a condenação pela crucificação. Pilatos não quis problemas com o Templo que, de quando em quando, mancomunava-se contra o poderio romano e, na possibilidade de Jesus ser um zelota, era melhor condená-lo, uma vez que durante as festas, Jerusalém era alvo de ataques terroristas desse grupo. O abrandamento da imagem de Pilatos não é histórico. Ele até pode ter se impressionado com Jesus, mas isso não o impediu de sentenciar sua crucificação.

Houve uma arbitrariedade legal, que ocorreu por parte dos romanos e da ligação entre poderes romanos e judaicos. Se Jesus teve uma acusação religiosa arbitrária, sem um confronto efetivo de suas ações com a lei mosaica, a acusação política foi completamente falsa. Foi a *Lex Julia Maiestatis*, a lei romana, que autorizou a morte de Jesus. Somente os romanos tinham a *ius gladii*, o direito exclusivo de ordenar execuções.[399]

O curso do processo contra Jesus, perpetrado pelo Império Romano, tem dois aspectos: *Coercitio et Cognitio*. O primeiro caso foi uma medida compulsória, gerada pelo governador romano, aplicando as leis a favor da ordem pública. O segundo caso foi um procedimento formal, com regras legais, de acordo com a *cognitio extra ordinem*, com acusação, interrogatório, confissão (no caso de Jesus foi o silêncio) e veredicto proferido em obediência à legislação. A formalidade do processo é atestada por Jo 19:13 e Mt 27:19,[400] confirmando o pro-

---

[399] Esta afirmativa é capital para a corresponsabilidade romana na pena de morte de Jesus. O *ius gladii*, na época de Jesus, é atestado por diversas fontes. Flávio Josefo o afirma em Bell 2,117; a tradição talmúdica em jSanh 1:18; 7:24, e o próprio evangelista João em 18:31: "Disse-lhes Pilatos: "Tomai-o vós mesmos, e julgai-o conforme vossa Lei". Disseram-lhe os judeus: "Não nos é permitido condenar ninguém à morte"".

[400] Jo 19:13: "Ouvindo tais palavras, Pilatos levou Jesus para fora, fê-lo sentar-se no tribunal, no lugar chamado Pavimento, em hebraico Gábata". Mt 27:19: "Enquanto

234 ANDRÉ MARINHO

cesso *pro tribunali*, sendo, uma das exigências, que o juiz sentasse em sua cadeira de magistrado.

Jesus nunca foi um agitador no sentido revolucionário do termo. Nunca deu a entender que os romanos eram os grandes inimigos do povo de Israel. Nunca utilizou de sua popularidade para rebuliços populares. Foi condenado como um insurgente político, embora jamais o tenha sido. A mensagem de Jesus era indiretamente política, mas não somente política. Jesus, definitivamente, foi morto pela forma como as autoridades judaicas interpretavam a lei mosaica, em parceria com a tirania do jugo romano. A interpretação da letra da lei matou Jesus – justamente essa lei que ele tanto reinterpretou, libertando-a do legalismo. Jesus foi considerado um 'amaldiçoado por Deus, vindo a morrer fora de Jerusalém, miseravelmente.

Uma vez que foi determinada a sua morte, Jesus tinha apenas mais uma última manhã de vida. Era o dia 15 de Nisã.

* * *

Após a traição de Judas, a ceia pascal, os sofrimentos do horto, a prisão e o julgamento de Jesus, era irrevogável a crucificação:

- **Pedro**, o apóstolo, negou Jesus de forma enfática: "não conheço esse homem de quem falais".[401] Era, junto com Tiago e João, um dos mais íntimos amigos de Jesus! Sua negação demonstra que os apóstolos não eram 'especiais', e sim tão frágeis quanto qualquer humano. Significativa também foi a covardia de Pedro, espreitando à distância Jesus preso, quando ambos cruzaram os olhares. Pedro, "saindo dali, chorou amargamente";[402]
- **a coroação de espinhos** foi uma entre tantas zombarias que Jesus sofreu. Fantasiaram-no de rei e puseram-lhe uma coroa repicada de afinados espinhos. Bateram em sua cabeça, nele cuspiram e, de joelhos, achincalharam-no. Jesus foi torturado!

---

estava sentado no tribunal [Pilatos], sua mulher lhe mandou dizer: Não te envolvas com esse justo".

[401] Mc 14:71.

[402] Mt 26:75.

Quem foi Jesus?

• **a via dolorosa, via sacra** ou **via crucis** é uma rua da velha Jerusalém que começa na Porta dos Leões e termina no Gólgota, onde hoje está localizada a Igreja do Santo Sepulcro. Segundo a tradição cristã, foi nessa rua que Jesus caminhou com sua cruz. As quinze estações são mais simbólicas do que históricas e muitos dos fatos sequer estão narrados nos evangelhos, mas provêm da tradição no século IV. Carregando a sua pesada cruz, alegoria, à época, da baixeza humana, Jesus não suportou o peso e caiu. Essa queda, além de representar a fraqueza física, também retrata a fragilidade de todo ser humano ao carregar sua própria cruz. O heroico é que Jesus se levanta e continua a caminhada, sem lamúrias. Grande para Jesus não era não cair, mas levantar-se da queda. Jesus não caiu somente uma vez, mas três vezes. De todas se ergue, apesar do desgaste. Encontra-se ligeiramente com sua mãe, que vê o filho prestes a ser crucificado. A dor da mulher-Maria revela-se no silêncio entre mãe e filho. Em determinado momento, Jesus não aguentou mais carregar a cruz e foi preciso que um estranho, Cireneu, a carregasse para ele. Jesus precisou da ajuda de estranhos. Uma piedosa mulher enxugou seu rosto decomposto em sangue e suor. Mulheres seguiam a caravana e choravam desesperadas. Jesus pediu que elas não chorassem por ele, mas por elas e pelos filhos delas.[403] Ao chegar ao monte Calvário, o Gólgota, Jesus foi desnudado e nu foi crucificado. Nem aos trapos de sua roupa sua família teve direito. Os soldados romanos brincaram de sorteio, para ver quem ficaria com as roupas do 'rei'. Jesus não reteve absolutamente nada para si;[404]

• **a crucificação** propriamente dita não é narrada por Marcos. Sua capacidade de abreviar o assunto é sintomática. "E o crucificaram".[405] O leitor de sua geração bem sabia o terror que era o momento da crucificação, por ser considerada a pior punição aplicada pelos romanos, concedida apenas para escravos e guerrilheiros. Um cidadão romano podia ser decapitado; crucificado, jamais. A

---

[403] Lc 23:28-29.
[404] Um bom livro sobre o tema da via-sacra e fácil de o leitor encontrar chama-se *Via-Sacra para quem quer viver*, de Leonardo Boff, Verus editora.
[405] Mc 15:25.

236 André Marinho

cruz era um verdadeiro escândalo: para gregos era loucura; para romanos, vergonha; para judeus, maldição de Deus. Ofereceram, inclusive, enquanto Jesus estava preso à cruz, vinho com mirra para ele, um tipo de anestésico para dores, mas Jesus não aceitou nenhuma forma de alijamento daquela situação. Eram nove da manhã. Na mesma condenação estavam dois ladrões, sendo que um deles, na cruz, ultrajava Jesus;[406]

▪ L. Schenke[407], em sua importante obra que analisa a evolução literária das narrativas da paixão de Jesus, considera que é possível resgatar a mais antiga fonte evangélica sobre a paixão de Jesus (pré-Marcos/ *Quelle*), ao cotejar os Evangelhos de Mateus, Marcos e Lucas. Todas as passagens conhecidas da crucificação que não estejam citadas no texto abaixo são, historicamente, questionáveis, por motivos os mais diversos. Segundo Schenke, os fatos teriam se sucedido na seguinte ordem (utilizarei as referências de Marcos): (Mc 14:1) Dois dias depois da morte de Jesus seria realizada a festa da Páscoa e dos Ázimos. (14:32a) Jesus e seus discípulos estiveram no Getsêmani, onde se reuniram e onde Jesus disse a dramática e histórica frase (14:34) "minha alma está triste até a morte. Permanecei aqui e vigiai". (14:35a) Pouco tempo depois, Jesus orou e pronunciou a importante afirmativa (14:36) "*Abba* (Pai)! Tudo é possível para ti: afasta de mim este cálice; porém, não o que eu quero, mas o que tu queres". (14:40c) Os discípulos não compreendiam o que se passava com exatidão. (14:42) Jesus lhes disse: 'Levantai-vos! Vamos! Eis que o meu traidor aproxima-se'. (14:47-50) Houve uma confusão na hora da prisão de Jesus, com reação de um dos apóstolos contra o soldado do Sumo Sacerdote. Jesus disse ao soldado: "Serei eu um ladrão? Saístes para prender-me com espadas e paus! Eu estive convosco no Tempo, ensinando todos os dias, e não me prendestes. Mas é para que as Escrituras se cumpram". (14:53) Em seguida, Jesus foi conduzido para o Sumo Sacerdote. (14:55-56) As autoridades judaicas buscaram colher depoimentos contra Jesus, mas não o encontravam. Houve falsos

---

[406] Lc 23:39-43.
[407] SCHENKE, L. *Der gekreuzigte Christus*, Stuttgart, 1974.

QUEM FOI JESUS? 237

testemunhos para incriminá-lo. (14:60-62a) "Levantando então o Sumo Sacerdote no meio deles, interrogou Jesus, dizendo: 'Nada respondes? Que testemunham estes contra ti'. Ele [Jesus], porém, ficou calado e nada respondeu. O Sumo Sacerdote o interrogou de novo: 'és tu o Messias, o Filho do Bendito?' Jesus respondeu: 'Eu sou'." (14:63-65) "O Sumo Sacerdote, então, rasgando suas túnicas, disse: 'Que necessidade temos ainda de testemunhas? Ouvistes a blasfêmia. Que vos parece?' E todos julgaram-no réu de morte. Alguns começaram a cuspir nele, a cobrir-lhe o rosto, a esbofeteá-lo e a dizer: 'Dá uma de profeta!' E os criados o esbofeteavam". (15:1) Pela manhã, as autoridades judaicas levaram o processo para os romanos. (15:3-5) Pilatos, o prefeito romano, interrogou Jesus, sem compreendê-lo: "E o chefe dos sacerdotes acusavam-no de muitas coisas. Pilatos o interrogou de novo: 'nada respondes? Vê de quanto te acusam!' Jesus porém nada mais respondeu, de sorte que Pilatos ficou impressionado. (15:15b) Pilatos mandou torturar Jesus e permitiu a crucificação. (15:16-20) Houve enorme zombaria com Jesus por parte dos soldados romanos, ao fantasiarem-no, dando-lhe uma coroa de espinhos e vestindo-o com púrpura. Machucavam-lhe a cabeça, escarravam sobre ele, e ajoelhavam-se, troçando e dizendo, 'ó rei de Israel!'. (15:27-30) Levaram-no então ao Gólgota, e lhe deram vinho misturado com mirra, de gosto amargo. E crucificaram-no. E retiraram suas roupas, e brincavam de distribuí-la. Eram nove horas da manhã. O motivo da condenação estava escrito numa placa: 'o rei dos judeus'. Junto de Jesus, igualmente crucificados, estavam dois ladrões, um à sua direita, um à sua esquerda. (15:29a) E as pessoas que passavam insultavam-no, dizendo (15:31b-32), 'a outros salvou, a si mesmo não pode salvar! Ó Messias, o Rei de Israel... que desça agora da cruz, para que vejamos e creiamos!' (15:34a) E Jesus deu um grande grito, dizendo *'Eloi, Eloi, lemá sabachtháni'*, que, traduzido, significa: *'Deus meu, Deus meu, por que me abandonaste?'*, frase que era a evocação do salmo 22 e que alguns estudiosos interpretam como sendo a oração de um inocente perseguido que encerra a súplica louvando e glorificando Deus, enquanto outros estudiosos, interpretam a passagem de modo semelhante, porém considerando que aquele foi um momento extremamente humano de Jesus. (15:37) "Jesus, então, dando um grande grito, expirou." (15:39) O centurião que liderava a crucificação, após a morte de Jesus disse: "Verdadeiramente este homem era filho de Deus". (15:42-37) Seguiu-se, ainda, a intervenção de um nobre membro do Sinédrio, José de Arimateia, pedindo o corpo de Jesus, para poder entrega-lo à família. Pilatos autorizou, porém admirou-se de Jesus já ter morrido e chamou o centurião para certificar-se. Confirmada a morte, entregou o corpo a José de Arimateia. Acompanharam o sepultamento duas mulheres, Maria de Magdala e Maria, mãe de Joset, personagem que não sabemos exatamente quem foi.

13

JESUS E SUA RESSURREIÇÃO

E, se Cristo não ressuscitou, ilusória é a vossa fé.[408]

Paulo

Por que procurais entre os mortos aquele que vive?[409]

(Anjo às mulheres em visita ao túmulo de Jesus)

– Tu és o único forasteiro em Jerusalém que ignora os fatos que nela aconteceram nestes dias?

– Quais? – Disse-lhe ele.

Responderam: – O que aconteceu a Jesus, o Nazareno, que foi profeta poderoso em obras e em palavras, diante de Deus e diante de todo o povo: como nossos sumos sacerdotes e nossos chefes o entregaram para ser condenado à morte e o crucificaram. Nós esperávamos que fosse ele quem redimiria Israel; mas, com tudo isso, faz três dias que todas essas coisas aconteceram! É verdade que algumas mulheres, que são dos nossos, nos assustaram. Tendo ido muito cedo ao túmulo e não tendo encontrado o corpo, voltaram dizendo que haviam tido uma visão de anjos a declararem que ele está vivo. Alguns dos nossos

---

[408] 1 Cor 15:17.
[409] Lc. 24:5

240 ANDRÉ MARINHO

foram ao túmulo e encontraram as coisas tais como as mulheres haviam dito; mas não o viram.[410]

Por que estais perturbados e por que surgem tais dúvidas em vossos corações?
Vede minhas mãos e meus pés: sou eu![411]

Jesus

Ao ouvirem falar da ressurreição dos mortos, alguns começaram a zombar, enquanto outros diziam: "A respeito disto te ouviremos outra vez".[412]

Mas, dirá alguém, como ressuscitam os mortos? Com que corpo voltam?[413]

Paulo

Morte, onde está tua vitória? Morte, onde está o teu aguilhão?[414]

Paulo

Ao vê-lo, prostraram-se diante dele. Alguns, porém, duvidaram.[415]

Não há dúvida ao afirmarmos que o tema ressurreição é o mais difícil de ser enfrentado quando estudamos Jesus. Qualquer homem agnóstico e não cristão poderá perguntar com muita propriedade: desde quando alguém morreu e três dias depois ressuscitou no mesmo corpo, como se nada tivesse acontecido? A morte foi superada? A lei da natureza, abolida? Ocorreu uma exceção na história humana? Por que não temos nenhuma amostra de algo parecido em outras

[410] Lc 24:18-24
[411] Lc 24:38
[412] At 17:32
[413] 1 Cor 15:35
[414] 1 Cor 15:55
[415] Mateus 28:17

QUEM FOI JESUS? 241

culturas? Afinal de contas, segundo os evangelistas, a ressurreição não é um fantasma, que após morrer, começou a aparecer à noite para um grupinho de adolescentes, a fazer-lhes relatos curiosos – é algo maior: Jesus apareceu para quinhentas pessoas na Galileia! Mostrou as chagas para os apóstolos! Andou no barco com eles, à vista de todo mundo! E, por último, ainda ascendeu aos céus diante de uma multidão! Que homem contemporâneo desprovido de misticismo e das fantasias da Antiguidade poderá levar a sério esse tipo de narrativa? Não seria tudo uma fantasia apostólica? Uma invenção? Um golpe de marketing para divulgar o evangelho? Uma criação psicológica ou até mesmo uma vingança dos seguidores de Jesus com relação à hierarquia judaica? Teriam, os apóstolos, pregado uma grande peça na humanidade? Precisaremos, para aceitar a ressurreição, renunciar às nossas experiências diárias e a uma mentalidade científica?

Se quisermos adentrar a questão da ressurreição com a seriedade que ela merece, graças ao impacto que gerou na humanidade, não podemos ter medo de certas indagações e devemos encará-las com todas as dificuldades inerentes, porque sem ressurreição não haveria sequer cristianismo.

* * *

Mas, se há suspeitas que nos levam a desacreditar da ressurreição, há outros indícios que merecem, se somos sérios, nossa reflexão. A morte de Jesus é fato consumado e deve ser levada a sério: Jesus morreu como qualquer ser humano. Lucas narra o desânimo dos apóstolos mediante a crucificação.[416] Ruía o sonho de um reino divino. A maldade humana havia dado a palavra final. Não valeria à pena lutar pela justiça. O desfecho é sempre o da miséria e o da opressão. Diante dessa perspectiva, abrimos espaço para as seguintes indagações: se Jesus morreu e inclusive foi sepultado, por que não se fez um culto junto a seu túmulo, como era tão comum no túmulo dos profetas mortos? Como, após ser tido como um herege, falso-profeta, blasfemo, agitador e, o pior de tudo, considerado abandonado e amaldiçoado por Deus, surgiram seguidores desse homem crucificado? Por que a sua morte não foi o ponto final de toda uma história de fracasso?

---

[416] Lc 24:21; Lc 24:17: "E eles pararam com o rosto sombrio".

242　　André Marinho

Como alguém tão desacreditado se tornou, na mente de seus primeiros seguidores, o 'Messias'? De onde os apóstolos tiraram energias, já que estavam tão amuados, para viajarem Palestina afora, durante décadas, pregando o evangelho e se sacrificando em martírios deploráveis? Como, "por meio de onze homens iletrados, sem pátria, sem eloquência, sem arte retórica... nem sequer eram versados na mesma língua de seus ouvintes, mas numa língua pobre e diferente da deles",[417] poderiam adquirir tanto estímulo para suas missões? Por que o próprio Jesus passou a ser alvo da pregação dos apóstolos e em torno dele surgiu uma religião que rapidamente chegou à Europa (no ano 40 já estava em Roma) e em menos de trezentos anos era a religião oficial do Império Romano? De onde vem essa força impressionante que o cristianismo tem, ao longo de dois mil anos de uma história de fracassos e êxitos, abarcando um terço de fiéis do mundo? Será mesmo que essa potência veio simplesmente da esperteza do inventor de uma 'ressurreição'? Afirmar que se trata tudo de uma grande invencionice ou de uma necessidade psicológica é tão superficial quanto querer defender, a qualquer custo, uma ressurreição somente pela crença. Também os descrentes precisam se desarmar para uma meditação honesta.

* * *

Os grandes líderes da Israel pré-estatal e do reino monárquico – Moisés e Davi – não acreditavam na ressurreição dos mortos após a morte física. Para os livros mais antigos da bíblia judaica, os mortos continuavam vivendo, mas de modo quase vegetativo. O local onde habitavam esses mortos, que não eram chamados nem de 'espíritos', nem de 'essência', chamava-se *Xeol*, palavra de origem ignorada, mas que designa as profundezas da terra, local para onde os mortos "descem".[418] O *Xeol* é o espaço de neutralidade total, onde não há relação dos seres com Deus, onde a vida é minguada à quase inexistência, o lugar do silêncio,[419] a terra do esquecimento.[420] Não é possível de lá

---

[417] João Crisóstomo, Contra os judeus e pagãos – Que Cristo seja Deus 12: p. 48, col. 830.
[418] Dt 32:22, Is 14:9s.
[419] Nm 16:33; Sl 30:10, 88:6.11-13, 115:17-18; Is 38:18.
[420] Sl 88:13.

QUEM FOI JESUS? 243

regressar.[421] O homem jaz inerte, não volta à terra. Ao mesmo tempo que afirma Deus e a imortalidade, não enfatiza a existência *post-mortem*. Os judeus estavam exclusivamente interessados na vida do *aqui e agora* terrestre. É no plano terrestre que se expressaria a proteção de Deus. A cultura semítica era plenamente voltada para a história, e não para os fenômenos da natureza.[422] Não havia grandes problemas existenciais com relação à morte, porque ela era entendida como um lugar da criação de Deus. Também na Israel pré-estatal havia a concepção da "sobrevivência após a morte em termos de memória da descendência sobre seus antepassados falecidos. Em outras palavras, a vida permanece ao ser 'lembrada de geração em geração'".[423] Na cultura judaica, não era matéria de interesse os meandros da imortalidade, como seria no mundo grego para Sócrates e Platão.[424] Durante séculos, os judeus relacionaram-se com a vida após a morte segundo a doutrina do *Xeol*.

A situação cultural-religiosa só se modificou no século II a.C, conforme informa-nos em testemunho o Livro de Daniel.[425] Escrito durante as guerras entre Selêucidas e Lágidas e durante as perseguições de Antíoco Epífanes, esse livro é repleto das expectativas do fim e da vinda do Senhor,[426] inaugurando o gênero apocalíptico, tão em moda

---

[421] Jo 14:7.22, 16:22; 2Sm 12:23; Sl 88:11; Nm; 16:33. Naturalmente que, se analisarmos as páginas da Bíblia judaica, encontraremos exceções afirmando o retorno das almas do *Xéol* para a terra, com o objetivo de se comunicarem com os humanos. No entanto, o que desejamos enfatizar é que a concepção cultural vigente em Canaã não priorizava o intercâmbio entre mortos e vivos, como fundamento religioso.

[422] Nas culturas que dão ênfase maior à história, não há a tendência a 'superar' a morte com uma vida *post-mortem* rigorosamente definida. Já as culturas que são mais ligadas aos fenômenos da natureza, a relação com a vida no além é muito mais detalhada. Os primeiros testemunhos literários, neste último caso, datam de 3.000 a.C, mas tal pressuposto já aparece, segundo alguns, a partir do Mesolítico, cerca de 100 mil anos atrás.

[423] *Concilium*, n 318, p. 86 – Márcio Fabri dos Anjos. Editora Vozes.

[424] Este último escreveu três diálogos sobre o assunto: Gorgias, Fedro e Fédon (verificar nomes em português).

[425] Livro muito utilizado pelos adventistas e testemunha de Jeová.

[426] "Com relação ao exercício da soberania neste tempo de salvação, uns creem que o rei será o mesmo Iahveh, mas em outros círculos, partidários ainda da destronada dinastia de Davi, sustentam que no lugar de Iahveh, como seu mandatário e representante, entronizado pelo mesmo Iahveh, reinará um rei escatológico da família de David" (FOHRER, G. *Grundstrukturen des Alten Testaments*. Berlin-Nueva York, 1972, p. 267.

na época de Jesus. No auge da turbulência política vivida entre os anos 167 e 164 a.C., indagou-se: qual o valor de entregar a vida em sacrifício para Deus se, no *Xeol*, tudo permanecerá imparcial? Onde ficaria, então, a justiça de Deus? E foram esses primeiros homens apocalípticos que afirmaram: os mortos ressuscitam, voltam à vida, a esta vida aqui da terra, com uma diferença: vive-se, na ressurreição, eternamente.[427] Também o segundo livro de Macabeus,[428] escrito no mesmo período, relata com precisão a ressurreição em seu capítulo sétimo. Não obstante isso, essa concepção de imortalidade não é entendida de forma semelhante à do panteão grego. Para os judeus, a alma e o corpo jamais se dividiriam. Havia uma unidade humana inseparável. A ressurreição dos mortos não era o equivalente à imortalidade da alma platônica e isto é decisivo ao reinterpretarmos o assunto, porque, para esses judeus, é Deus quem ressuscita o ser humano, por meio de sua ação. É por isso que a ressurreição nada tem a ver com aparições de espíritos. Entendia-se que esse despertamento de novo na vida terrena se daria no mesmo corpo humano, sob a mesma forma, e não como essência anímica; a ressurreição, porém, só ocorreria com os justos. Não importa que não faça sentido estrito, uma vez que os corpos se decompõem. Deus é quem ressuscitaria, Deus é quem teria os poderes para a ressurreição. A crença na ressurreição não era universal na Palestina. Muitos judeus da época de Macabeus nela não acreditavam e mesmo um século e meio depois havia, ainda, os que não a aceitavam – os saduceus.[429]

Jesus nasceu na efervescência apocalíptica e, como qualquer homem de sua época, tinha uma visão de mundo condicionada e ligada a essa mentalidade. A cultura sobre as coisas que devem acontecer no final dos tempos, tratando o destino final do homem e do mundo – a

---

[427] Também eles não se indagavam sobre como poderia se viver eternamente num corpo humano. Os judeus não eram afeiçoados ao pensamento metafísico e filosófico nos moldes gregos.

[428] Os Livros de Macabeus não compõem o cânone hebraico, fixado pelos judeus da Palestina por volta da era cristã e não aceito também pelos evangélicos. É um livro da Bíblia judaica escrita em língua grega dos Setenta (LXX). É validado pela Igreja Romana como "inspirado" e entrou no cânone cristão desde o século IV.

[429] Flávio Josefo em Bell 2,165; Ant 18:16. At 23:8 é explícito: "Pois os saduceus dizem que não há ressurreição, nem anjo nem espírito, enquanto os fariseus sustentam uma outra coisa".

QUEM FOI JESUS?

escatologia – tornou-se uma euforia no século I. A historiografia registra a quantidade enorme de messias e profetas que surgiram nessa época. O próprio movimento zelota foi fundado dentro dessa perspectiva. "Que Jesus anuncie uma mensagem escatológica não indica nada de especial, senão situá-lo inconfundivelmente em seu tempo e em sua cultura".[430] A antiga tradição israelita sempre tematizou sobre a opressão, mas a época apocalíptica radicalizou o assunto e buscou uma resposta ativa à alienação das autoridades e do povo em geral; Jesus não era, porém, propriamente um apocalíptico, como eram os de seu tempo,[431] cujos olhares estavam plenamente atados ao futuro.[432] Jesus foi um profeta, à semelhança dos grandes profetas pré-exílicos, que falava do passado, do presente e do futuro, sendo este futuro não somente o do *post-mortem*, mas também o da história humana. Sua atitude, ao questionar a instituição religiosa, ou seja, o templo e a interpretação da lei mosaica, ao defender incondicionalmente os chamados 'moralmente fracassados', por meio do amor incondicional de Deus, não havendo castigo nem punições divinas, fez com que ele radicalize e até fosse um profeta à parte dos demais, com características muito próprias. Neste cenário real, Jesus foi acusado de falso-profeta, de blasfemador, de agitador do povo e de herege. O resultado foi sua pena de morte e crucificação e o espantoso deste profeta foi que, além de sua maneira inédita de profetizar, ele foi ressuscitado por Deus!

* * *

Trilhar uma tentativa de comprovação histórica sobre a ressurreição é tarefa mais do que árdua, senão impossível.[433] Os problemas (a palavra deve ser essa) são inúmeros. Tomando os quatro evangelhos

---

[430] BLANK, J. *Der Jesus des Evangeliums* . Munich, 1981.

[431] Para isso, ver a obra de referência de FOHRER, G. *Greundstrukturen des Alten Testaments*. Berlim-Nova York, 1972.

[432] Há uma boa tese de doutorado de VIDAL, S. *La ressurreccion de Jesús en las cartas de Pablo. Análisis de las tradiciones.* Também do mesmo autor, *Los tres proyectos de Jesús e el cristianismo naciente. Um ensayo de reconstrucción histórica* e *Jesus el Galileo.*

[433] Indicamos, aos interessados em estudar, nas fontes neotestamentárias, o tema, o estudo e a comparação das seguintes passagens: 1Cor 15:3-11; Mc 15:42-16:20; Mt 27:57-28:20; Lc 23:50-24:53; At 1:1-11; Jo 19:38-21:25.

246 ANDRÉ MARINHO

como referência e deixando de lado os apócrifos,[434] as perguntas são embaraçosas para qualquer *expert*: se, nos relatos disponíveis, ninguém afirma ter testemunhado o momento exato da ressurreição, como poderemos entendê-la precisamente? Se, entre os quatro evangelhos, há discordâncias exorbitantes, tais como com relação às pessoas implicadas nas aparições da ressurreição[435] e na localização dos eventos,[436] como querer dar credibilidade a informações que se contradizem de modo inconciliável? São basicamente essas as argumentações vigentes de Reimarus, no século XVIII, supondo pôr abaixo a ideia da existência da ressurreição; entretanto nós nos indagamos: a discordância na narrativa dos evangelistas pode demonstrar simplesmente o triunfo das argumentações de Reimarus? Somente por tais argumentações se deve atribuir todo o determinante do cristianismo a uma 'invenção dos apóstolos'? Como explicar que a doutrina da ressurreição de Jesus estava presente entre todos os cristãos da Palestina? Não era uma doutrina de um ou dois apóstolos, de uma região específica, de uma mentalidade determinada, mas de *todos* os cristãos

---

[434] Os relatos dos apócrifos ajudam a compreender a mentalidade cristã após a geração dos apóstolos, e não do período apostólico. São relatos escritos a partir do século II, quando já existia todo um conceito estruturado sobre a ressurreição.

[435] Há divergências nas narrativas sobre para quem foi a primeira aparição de Jesus. João aponta para Maria Magdala, Mateus para três mulheres, Lucas para os discípulos de Emaús e Marcos subentende que foi a Pedro. O fato de 1Cor 15:3s não citar Maria não invalida a possibilidade da aparição, uma vez que as mulheres não eram citadas como testemunhas. Não se pode, também, em Mc 16:7, inferir uma aparição exclusiva a Pedro. Lc 23:34 não é suficiente para atestar a primeira aparição sendo a Pedro, pois o evangelista está nitidamente influenciado pela citação de Coríntios. A presença de Maria Magdala nos evangelhos figura em destaque. Mc 15:40-47, 16:1, Lc 8:2s, 24:10 atestam isto. Além do mais, o valor simbólico desta aparição, a uma mulher curada de sete demônios, é muito forte, não podendo ser atribuído somente à tradição do século II, como alguns exegetas quiseram ver em Mc 16:9-11.

[436] Marcos e Mateus atestam que as aparições de Jesus se deram na Galileia. Lc e João afirmam que foi em Jerusalém. A Igreja Romana defendeu que primeiro Jesus apareceu em Jerusalém, depois na Galileia, tentando concordar as divergências de narrativa, mas não há evidência neotestamentária sobre tal argumentação. As aparições em Jerusalém revelam muito mais motivações teológicas do que históricas, atendendo ao Sl 110:2 e Is 2:3: "Quem trará de Sião a salvação para Israel?". Lc reforça esta tradição salvífica em Lc 24:47 e At 1:8. Historicamente, é mais provável que as primeiras aparições tenham se dado na própria Galiléia.

QUEM FOI JESUS?

247

existentes. Há unidade entre os diferentes grupos cristãos, a saber, os judeus-cristãos, judeus-helenistas e gentios-cristãos. A despreocupação da exatidão da narrativa (é preciso lembrar que os autores não tinham uma mentalidade historiográfica) pode justificar que o assunto principal da ressurreição não é o 'como', o 'quando' e nem o 'onde', tão pertinentes a uma mentalidade racional ocidental moderna, e sim,, são outras questões como cerne da investigação. Aqui temos que nos perguntar: o que é de fato importante para a compreensão da ressurreição? Qual é o centro fundamental de seu significado? Por que, além de uma aparição sobrenatural, o cristianismo só existe graças a esse fato inédito?

Se quisermos seguir adiante com o estudo temos que, por um instante, deixar de lado a ambição de querer 'provar historicamente' esse 'evento' e, utilizando-nos da mesma pesquisa histórica e antropológica, entender a mentalidade e o sentido que os primeiros cristãos atribuíam à ressurreição, para então identificarmos essa 'alguma coisa' que aconteceu com os primeiros discípulos de Jesus.

* * *

O mais antigo relato[437] da crucificação e da ressurreição provém de Paulo, entre os anos 49 e 50: "Transmiti-vos, em primeiro lugar, aquilo que eu mesmo recebi: Cristo morreu por nossos pecados, segundo as Escrituras. Foi sepultado, ressuscitou ao terceiro dia, segundo as Escrituras. Apareceu a Cefas, e depois aos Doze. Em seguida, apareceu a mais de quinhentos irmãos de uma vez, a maioria dos quais ainda vive, enquanto alguns já adormeceram. Posteriormente apareceu a Tiago, e, depois a todos os apóstolos. Em último lugar, apareceu também a mim como a um abortivo".[438]

---

[437] Atesta-se a antiguidade desse relato não apenas cronologicamente. O versículo posterior, 15:15, evidencia Deus como o sujeito protagonista da ressurreição, e não Jesus. A cristologia ainda estava sendo formulada; Deus ainda era nitidamente o centro da pregação. Também é certo tratar-se de um texto mais antigo do que a fundação da comunidade de Corinto, por volta dos anos 49-50, pois está implícito o Concílio Apostólico de 49. J. Jeremias supõe tratar-se de um texto da protocomunidade de língua aramaica, traduzido para o grego.

[438] 1 Cor 15:3-6.

248 André Marinho

Esse fragmento fornece-nos alguns esclarecimentos: situando-nos no horizonte histórico de Paulo, devemos saber que ele escreveu essa epístola para pessoas de sua época. Justamente aqui, nós identificamos que sua escrita não é uma simples crônica, mas um testemunho engajado (ele mesmo afirma ter visto Jesus ressuscitado), alguém que acreditava piamente na ressurreição e desejava transmiti-la, com o objetivo de fortalecer a fé dos fiéis de Corinto, cidade da Grécia, a quem a carta era destinada.

Esse trecho é praticamente incontestável, de acordo com os historiadores. É um relato de extrema concisão, centrado na própria aparição do Jesus-vivente. O autor fornece as fontes de seu relato: Pedro, dando o nome autêntico dele, e não o apelido grego, reforçando assim a importância e seriedade do testemunho de Pedro – Cefas – à comunidade sobre a ressurreição. Citou também os doze (apóstolos), os quinhentos (dos quais a maioria vivia), Tiago (outra importante referência dos primeiros cristãos) e os apóstolos (aqui não eram os doze, mas inúmeros outros mais próximos a Jesus). Enfim, era um número grande de testemunhas. Paulo aspirava informar aos Coríntios sobre a universalidade da crença na ressurreição e a possibilidade de os cristãos investigarem pessoalmente com essas pessoas sobre os fatos da ressurreição. Já naquela época, havia o questionamento sobre a veracidade da ressurreição.

Acima de tudo, a ressurreição, narrada por Paulo ou pelos evangelistas, é entendida como um acontecimento que ultrapassa os limites da história, isto é, do espaço-tempo. As narrativas sempre têm um aspecto alegórico, graças ao inédito da questão: teologicamente, a ressurreição de Jesus seria um modo de existir absolutamente novo, gerado por Deus. Não seria a anulação da morte na cruz, nem, tão somente, a experiência da imortalidade da alma, mas sim a superação da morte. Jesus não desapareceu na morte, fracassado e abandonado por Deus, ele foi legitimado por Deus. A ressurreição é a resposta de Deus ao "Por que me abandonastes", no sentido de que, por ter sido fiel até o fim, mesmo sem evidências de uma intervenção divina, Jesus assumiu tudo o que fez e foi fiel a tudo o que acreditou; portanto, estava sendo fiel a Deus. Essa interpretação corrobora a análise do grande teólogo Rudolf Bultmann, ao afirmar que Jesus não vive graças à fé de seus discípulos, mas independentemente dessa fé. Foi a ação de Jesus que permitiu a ação de Deus, ressuscitando-o.

É fundamental conhecer qual a interpretação que a teologia produziu sobre a ressurreição. A investigação por dentro do argumento teológico pode ser crítica, histórica e ecumênica. É matéria de todo o Novo Testamento e dos pais da Igreja apostólica a esperança que a ressurreição gera. O leitor contemporâneo necessita ter em mente o que isso representava na mente dos apóstolos para poder, na atualidade, questionar o tema. Teólogos das mais diferentes tradições reinterpretam a ressurreição para o mundo de hoje, tentando manter seu núcleo central querigmático: Jesus viveria para sempre com Deus! Esse é o grande estímulo dos primeiros cristãos. A crucificação foi um grande protesto contra a vida marginalizada do homem e Jesus não foi torturado à toa. "Não foi ressuscitado qualquer um, mas Jesus de Nazaré, aquele que anunciou o reino de Deus aos pobres e os defendeu, aquele que denunciou e desmascarou os opressores, e por eles foi perseguido, condenado à morte e executado, e que em tudo isto manteve confiança num Deus que é Pai e disponibilidade à vontade de um Pai que sempre se lhe mostrou como Deus, inefável, manipulável".[439]

James Cone, propagador da teologia negra afirma: "A ressurreição de Cristo é a manifestação de que a opressão não derrota Deus, senão que Deus a transforma em possibilidade de liberdade. Para os homens que vivem numa sociedade opressora, isso significa que não devem conduzir-se como se a morte fosse a última realidade. Deus em Cristo nos libertou da morte e agora podemos viver sem preocupar-nos com o ostracismo social, a insegurança econômica ou a morte política".[440] Leonardo Boff assim interpreta: "Quem ressuscitou foi o Crucificado; quem liberta é o Servo Sofredor e o Oprimido. Viver a libertação da morte significa não mais deixar que ela seja a última palavra da vida e determine todos os nossos atos e atitudes com medo de sermos mortos. A ressurreição mostrou que viver pela verdade e pela justiça não é sem sentido; que ao oprimido e liquidado está reservada a Vida que

---

[439] Concilium, n 318, Jon Sobrino, p. 99. Editora Vozes.
[440] CONE, J. *Teologia Negra*, p. 148, *apud* BOFF, L. *Paixão de Cristo, Paixão do Mundo*, p. 87.

se manifestou em Jesus Cristo. A partir disso, pode cobrar coragem e viver a liberdade dos filhos de Deus sem estar subjugado pelas forças inibidoras da morte",[441] Dentro da mesma perspectiva de interpretação, Jon Sobrino afirma que a ressurreição é "uma esperança para as vítimas. E entendemos aqui por vítimas tanto as grandes massas de pobres e oprimidos que são matadas lentamente, como os que são assassinados por denunciar a injustiça e procurar ativamente a justiça".[442]

Morrer na cruz significava, até então, ser abandonado e amaldiçoado por Deus. Paulo explicou a maldição expressa em Deuteronômio 21:23; entretanto, com a ressurreição de Jesus, a morte passou a ser interpretada pelos discípulos não mais como uma ameaça total.[443] Consequentemente, o determinante da páscoa[444] era essa esperança. Sem ela, não haveria nem os evangelhos, nem a evangelização cristã mundo afora da Palestina; nem a conversão do império romano, nem a entronização do cristianismo no ocidente; nem a idade média, nem o iluminismo; nem o ateísmo, nem a mentalidade contemporânea!

A ressurreição comprometia toda realidade existencial dos apóstolos: agora, eles detinham uma compreensão radicalmente diferente da que tinham do Jesus que conheceram nos áureos tempos das pregações. Nem passado, nem presente, nem futuro poderiam mais ser os mesmos. Para os judeus seguidores do evangelho, Jesus não adentrou o *Xeol,* nem passou a viver no *Hades*[445] da mitologia grega. Não ficou elevado num céu medieval, a administrar burocraticamente o planeta terra. A vida na ressurreição nada tem a ver com fantasmas materializados, com revificação de cadáver – como os da filha de Jairo e de Lázaro – ou com um *continuum* da vida terrena, como se nada tivesse ocorrido. É uma vida outra. Antes de nos determos na interioridade do sentido da ressurreição de Jesus, tanto ontem quanto hoje, precisamos enfrentar outras questões.

* * *

[441] BOFF, Leonardo. *Paixão de Cristo, Paixão do Mundo.* 5ª ed. Petrópolis: Vozes, p. 87.
[442] Conclium 318, p. 99, Jon Sobrino
[443] 1 Cor 15:54-55.
[444] A festa de alegria em comemoração à ressurreição de Jesus.
[445] É o mundo subterrâneo grego, assim como o deus da morte. É o local da morada dos mortos.

Um dos tópicos mais complexos, ao adentrarmos o tema ressurreição, é justamente o 'como', não apenas do ponto de vista histórico, mas até de um ponto de vista biológico: o que ocorreu com as células de Jesus, após ter sofrido morte clínica, com o cessamento total da atividade cerebral? Com a morte biológica, o seu cérebro perdeu irreversivelmente suas funções e não poderia ser reanimado. Em três dias, houve tempo suficiente para entrar no processo de decomposição pela ação de microrganismos, com exalação de odores e liberação de fluidos orgânicos. Como houve reversão de tais leis naturais? Como é possível?

Novamente aqui temos de fazer uma concessão à antropologia judaico-cristã. Em vez de falarmos em causas mortis, devemos sondar o que os primeiros cristãos entendiam da questão porque, embora não conhecessem a existência de moléculas, eles sabiam da decomposição cadavérica,[446] sendo que também eles quiseram entender como se deu esse fato, tanto que a indagação pretende ser respondida pelo apóstolo Paulo. Um de seus textos é muito usado para tentar esclarecer o tema. É preciso muito cuidado ao lê-lo, para não tirarmos conclusões precipitadas e simplórias: "Mas, dirá alguém, como ressuscitam os mortos? Com que corpo voltam? Insensato! O que semeias, não readquire vida a não ser que morra. E o que semeais, não é o corpo da futura planta que deve nascer, mas um simples grão, de trigo ou de qualquer outra espécie. A seguir, Deus lhe dá corpo como quer; a cada uma das sementes ele dá o corpo que lhe é próprio. Nenhuma carne é igual às outras, mas uma é a carne dos homens, outra a carne dos quadrúpedes, outra a dos pássaros, outra a dos peixes. Há corpos celestes e há corpos terrestres. São, porém, diversos os brilhos dos celestes e o brilho dos terrestres. Um é o brilho do sol, outro o brilho da lua, e outro o brilha das estrelas. E até de estrela para estrela há diferenças de brilho. O mesmo se dá com a ressurreição dos mortos; semeado corruptível, o corpo ressuscita incorruptível; semeado desprezível, ressuscita reluzente de glória; semeado na fraqueza, ressuscita cheio de força; semeado corpo psíquico ressuscita corpo espiritual".[447]

---

[446] Ver Lc 24:1. Maria Madalena e as mulheres, seguindo a tradição da época, iam aos túmulos, para sobre eles colocar perfumes.

[447] 1Cor 15:35-44.

252 André Marinho

Certamente este texto esclarece muito para uns, enquanto para outros confunde ainda mais e para, alguns, nada significa. Só conseguimos adentrar o sentido do texto quando reconhecemos que as concepções de mundo, as respostas às questões filosóficas básicas, a maneira de entender a existência da vida após a morte dos homens e mulheres do século I era muito diferente de hoje. Nossas antropologias são outras.

O pensar semita do século I era muito mais próximo da concepção medicinal moderna, cuja defesa é a unidade psicossomática, em detrimento da concepção dual platônico-agostiniano-cartesiana, de separação da alma e do corpo. Para qualquer judeu do século I, não havia separação entre corpo e alma.[448] Por isso, não se fala em 'imortalidade da Alma' no Novo Testamento. Para o judaísmo, o homem morre por inteiro, porque o homem é uno, indivisível. Não existe uma 'alma' sem um 'corpo'. A morte é uma realidade total e o homem, ao passar por ela, cairá no *Xeol* (para alguns judeus) ou na *ressurreição* (para outros judeus). O homem morre por inteiro!

Essa compreensão é de suma importância, porque quando o apóstolo Paulo escreve sobre o "corpo", o "espírito" e a "carne", ele não está tendo a mesma compreensão que o pensamento platônico-agostiniano-cartesiano propõe. As palavras são as mesmas, mas a compreensão é muitíssimo diferente.

Na semântica judaica, 'corpo' quer dizer o homem inteiro, é a totalidade do indivíduo humano. Já 'espírito'[449] significa o princípio Divino no homem, mas jamais um judeu entenderia que 'espírito'

[448] Ver as explicações didáticas de: BULTMANN, Rudolf. *Teologia do Novo Testamento*. Trad. Ilson Kayser. São Paulo: Teológica, 2004. Sobre esta questão, há ainda livros específicos, como: KASEMANN, E. *Perspectivas Paulinas*. 2ª ed. São Paulo: Teológica, 1972.

[449] A expressão hebraica *Ruah* (traduzida no Novo Testamento com a correspondente grega *pneuma*, e para as línguas latinas como *Espírito*) significa "ar", "sopro", "vento", "espírito", "respiração", e é usada para descrever a influência imaterial-material do criador. *Ruah* está em oposição não ao conceito judaico de matéria ou corpo, mas a carne. Espírito (*Ruah*) fala sobre o poder ou dinamismo divino. Não é o Espírito de um homem, um ser, uma individualidade, mas sim o "Espírito de Deus", a influência de Deus sobre os homens. Ver: Mt 4:1; Mc 1:12; Lc 4:14; Is 11:2, 42:1, 61:1, 63:10-12, Sl 51:13, 143:10; Sb 9:17; Ez 37:5.6.9.10; Jz 6:34, 11:29; 1 Sm 10:6.10, 11:6, 19:20; 2 Sm 23:2; Ex 31:3, 35:31; Nm 11:17, 24:2; Gn 41:38; 2 Rs 2:9; Jl 3:2; Sb 7:22.

estaria em oposição a 'corpo'. Ao contrário, Paulo afirma que Jesus ressuscitou no "corpo espiritual", isto é, o homem inteiro, justificado por Deus, ressuscitou. Já a expressão 'carne' não quer dizer junção de moléculas, matéria, agregado de partículas que possuem massa ou músculos, ossos e tegumentos. 'Carne', na semântica judaica, tem um sentido pejorativo e significa a situação rebelde do homem contra Deus. Daí a famosa frase de Jesus: "o espírito está pronto, mas a carne é fraca".[450] Notem: o Novo Testamento expressa a 'ressurreição do corpo', e não a 'ressurreição da carne'.

A expressão paulina 'corpo espiritual' significava "a personalidade humana, a partir de agora, seria totalmente comunhão, abertura, comunicação com Deus, com os outros e com o mundo".[451] A ressurreição seria a vida eterna de modo novo, porque o homem ressuscitado seria um homem novo. Todo ele seria transformado por Deus. *Vita mutatus, non tollitur* – a vida não termina, se transforma.

Ainda assim, a mentalidade presente hoje poderá indagar: se a ressurreição não é reavivamento de cadáver, o que aqueles judeus do século I entendiam, no que se refere especificamente ao cadáver?

Também é Paulo quem nos dá as pistas: "O que os olhos não viram, os ouvidos não ouviram, e o coração do homem não percebeu, tudo o que Deus preparou para os que o amam".[452] Paulo, tanto nesta passagem, quanto em 1 Cor 15:35-44, só trabalhou com metáforas quando o tema era a explicação do fenômeno ressurreição. Ele não saberia explicar ao homem de hoje e às indagações de seus opositores com precisão a essa pergunta. Ele usou analogias porque para ele, como para os primeiros cristãos, a ressurreição, no que tange às 'moléculas', não pode ser explicada, segundo a racionalidade da época. E não porque se trata simplesmente de um mistério de Deus, mas porque o interesse principal, o centro da questão, não se situava em seu pormenor somático, mas em seu conteúdo transcendente. Que conteúdo é esse? Para Paulo, a ressurreição "não é um fantasma, mas tampouco é algo apreensível. É algo visível-invisível, reconhecível-

---

[450] Mc 14:38.

[451] BOFF, L. *A nossa ressurreição na morte*. 11ª ed. Petrópolis, RJ: Vozes, 2012. P. 74. Mais adiante, explicaremos a interpretação espírita a esse conceito.

[452] 1 Cor 2:9s.

254 ANDRÉ MARINHO

-irreconhecível, palpável-impalpável, material-imaterial, imanente-
-transcendente na ordem espaço-temporal".[453] Os brilhos celestes e
os brilhos terrestres são brilhos, mas diferentes. Até as estrelas pro-
duzem brilhos diferentes e assim ele conclui: "O mesmo se dá com
a ressurreição dos mortos".[454] É o homem por inteiro, mas de outra
ordem, que se modifica *com* e *na* sua corporalidade. O corpo é mais
do que osso-pele-pelos. Ele é uma radical transformação *do* e *no* homem – assim seria a vida eterna. Ela não poderia ser simplesmente
explicada pelo entendimento humano. Conforme o teólogo católico
Wilhelm Breuning afirma: "Deus ama um corpo marcado por todas
as fadigas do peregrinar, mas marcado também pelo incessante desejo
que neste peregrinar deixou fundas marcas no mundo e que por estas
mesmas marcas se tornou mais humano... ressurreição no corpo significa que de tudo isso, Deus não perdeu nada, porque ama o homem.
Ele juntou todos os sonhos e nem um sorriso ele perdeu de vista.
Ressurreição do corpo significa que o homem reencontra em Deus
não só seu último momento, e sim toda a sua história".[455]

Perscrutada a antropologia judaica, a resposta para o homem
questionador de hoje que deseja ainda dados científicos ou históricos
sobre o tema fica em suspense: terá uma solução esta pugna?

* * *

Qualquer radical materialista presumirá infrutífera a tentativa de demonstração histórica sobre a ressurreição. Ignora ele que a Bíblia é o
livro mais estudado do mundo e os versículos do Novo Testamento são
rigorosamente examinados, por cristãos e não-cristãos, historiadores
e exegetas. Também os grandes teólogos propuseram soluções para a
questão, refutadas, muitas vezes, até mesmo por outros teólogos. O ambiente acadêmico teológico é tão sério quanto qualquer outra disciplina
e sofre pressões críticas de todos os lados. A moderna crítica historio-
gráfico-teológica surgiu no mesmo período que as demais ciências humanas, com o advento do iluminismo, e reflete também as tendências

[453] KÜNG, Hans Küng. *Vida eterna.* Editorial Trotta, p. 186.
[454] 1 Cor 15:42.
[455] BREUNING, W. *Gericht und Auferweckung von den Toten als Kennzeichen des
Vollendungshandeln Gottes durch Jesus Christus.* Zurick: Mysterium Salutis, 1976.

QUEM FOI JESUS? 255

culturais da sociedade em que foi estabelecida. Há argumentações 'positivistas-românticas', 'neopositivistas' e até 'pró-popperistas'. Quais são as principais interpretações e possibilidades de solução para a questão, formuladas no decorrer do século XX? Podemos indicar as seguintes:

■ Rudolf Bultmann:[456] para este exegeta, é impossível verificar historicamente o que aconteceu com a pessoa Jesus no ato da ressurreição. As contradições presentes nos quatro evangelhos, ao ser narrado o tema, não conseguem ser superadas num quebra-cabeça histórico; contudo 'algo' aconteceu com os apóstolos e com mais de uma centena de pessoas, e isso é plenamente verificável historicamente. O 'algo' era entendido por aqueles homens como a própria ressurreição de Jesus. Mas não se trataria de uma compreensão exclusivamente por meio da fé? É nesse caminho que Bultmann constrói sua tese. É necessário recordar-se de que havia os que não acreditaram na ressurreição. A existência da descrença predispõe à conclusão de que a historicidade do fenômeno ressurreição só foi alcançada pela fé e, por isso, não foi um fato observável por todos. Ora, se assim se põe, a possibilidade de esse 'algo' ter sido uma mera invenção dos apóstolos ou o que quer que seja ganha espaço. Mas não! *O 'algo' existiu na realidade daqueles homens*: para eles, a morte foi vencida pela própria cruz, como uma realidade plena. O 'algo' pode não ter sido universal, mas muitos acometeram-se desse 'algo', os primeiros cristãos. Consequentemente, não pode ser simploriamente um 'algo' descartado. Emerge um sentido novo e vigoroso na concepção teológica daqueles judeus do século I. Nada obstante, essa linha de argumentação desconsidera a importância da explicação histórica, porque vê na ressurreição um fato histórico dos que creram, inacessível para os que não creram, consequentemente não se aplica aqui uma resposta possível para todas as pessoas;

■ W. Marxsen:[457] tendo como interesse uma fé que deseja compreender o que expressa, essa linha de argumentação adentra o ho-

---

[456] BULTMANN, Rudolf. *Teologia do Novo Testamento*. Trad. Ilson Kayser. São Paulo: Teológica, 2004.
[457] MARXSEN, W. *The Significance of the message of the resurrection for faith in Jesus Christ [and others.* Naperville: Allenson, 1968.

rizonte cultural dos apóstolos e explicita que a ressurreição, antes de ser analisada no âmbito do fato real, só pôde se exprimir nos termos que conhecemos da antropologia judaica porque está indissociável da cultura apocalíptica da época.[458] Aqui indagamos hipoteticamente a Marxsen: se esse 'algo tivesse ocorrido cinco séculos antes, no mesmo local, quando não existia a mentalidade da ressurreição, então não teria ocorrido a ressurreição? O próprio Marxsen, contudo, sem responder a essas argumentações, afirma que as aparições são reais, mas lhe interessa primordialmente demonstrar que elas são revestidas pela antropologia judaica, e isto é mais do que aceito hoje. Como fica o dilema entre a concepção do mundo judeu do século I e o de hoje? Marxsen apega-se justamente nesse quesito, porque quer ele expressar a fé cristã de modo válido para a contemporaneidade, encontrando respostas já a partir da interpretação dos escritos neotestamentários. Ele afirma que duas foram as abordagens dos apóstolos sobre o tema: uma pessoal – Jesus ressuscitou dos mortos, isto é, no mesmo corpo, consoante a maneira de ver e entender o mundo na época, alma e corpo em uma unidade integrada. Se, porém, o 'fato' tivesse ocorrido no mundo grego, a roupagem nos chegaria de modo diferente e, em vez de falarmos em 'ressureição de Jesus', falaríamos talvez em 'aparição do espírito de Jesus', uma vez que os gregos faziam distinção entre espírito e corpo. A segunda abordagem dada pelos apóstolos, segundo Marxsen, condiz mais com o seu interesse teológico: uma interpretação funcional. Jesus está ressuscitado porque até hoje o mundo crê em Jesus, portanto ele sobrevive. Essa interpretação também já é presente no próprio Novo Testamento. A causa defendida por Jesus não morreu, mas sobreviveu a todos os milênios, por meio do Evangelho e da igreja. O que perdurou foi um 'fato', a experiência dos apóstolos. Jesus não permaneceu na morte, ele vive até hoje. As argumentações de Marxsen são pautadas em problemáticos postulados. Ele trata a ressurreição como um *continuum* que se dá até o dia de hoje e que é indubitavelmente verificável; será, porém, esse *continuum*, argumento suficiente para defender

---

[458] Seu artigo "Die Auferstehung Jesu als historisches und theologisches Problem", de 1964, foi inovador na abordagem da ressurreição como interpretação.

QUEM FOI JESUS? 257

uma tese tão controvertida quanto a ressurreição de Jesus? Quantos outros personagens históricos não sobrevivem no mundo de hoje de maneira tão vigorosa? Napoleão, Shakespeare e Júlio César são figuras fundamentais na nossa história! Que dizer de homens anteriores ao calendário cristão, como Sócrates, Confúcio e Abraão!? Eles 'venceram a morte'? Não sobreviveram ao longo de séculos? Outro problemático assunto em Marxsen é que ele enfatiza o "algo ocorreu com os apóstolos" (do mesmo modo que o fez Bultmann) como uma importante argumentação que gera, *per si*, este *continuum* histórico. *O grande mérito de Marxsen, a meu ver, parece a sua insistência na necessidade de entender a cosmovisão judaica do século I.* Seu engano metodológico, para historiadores, é que ele parte de uma premissa questionável: a ressurreição foi um 'fato'. Sim, *é claro que se pode 'demonstrar' que 'algo' absolutamente relevante aconteceu com os apóstolos*; a crítica a Marxsen, porém, dá-lhe uma rasteira em suas bases. Toda a sua argumentação é plausível, mas está focada num engano: *o 'algo' aconteceu antes em Jesus e somente depois nos apóstolos*, e isto faz uma diferença fundamental. Quem propõe esta contraconcepção são os mais renomados exegetas do grego koiné neotestamentário. O termo utilizado no Novo Testamento é o *óphte* (ὤφθη),[459] que é gramaticalmente o passivo de *horáo* (ὁράω)[460] ou o seu aoristo medial. Isto significa que há um equívoco ao afirmarmos a ressurreição como "algo que aconteceu com os apóstolos". Pelos escritos gregos, o correto seria afirmarmos que "algo aconteceu com Jesus", porque *óphte* (ὤφθη) expressa que Jesus "deixou-se ver", ele "apareceu" e, então, eles (os apóstolos) o viram. *O ativo é Jesus e os passivos são os que o viram ressuscitado.* O impacto da ressurreição, segundo os escritos neotestamentários, não vem da interpretação dos apóstolos, mas sim de fora, do próprio Jesus ressuscitado. Foi

---

[459] São dezoito as aparições de ὤφθη e estão em: Mt 17:3; Mc 9:4; Lc 1:11, 22:43, 24:34; At 7:2, 7:26, 7:30, 13:31, 16:9; 1 Cor 15:5, 15:6, 15:7, 15:8; 1 Tm 3:16; Ap 11:19, 12:1, 12:3.

[460] A correta tradução para ὁράω é "ver", de modo metafórico, "ver com a mente", "ver uma visão espiritual", "ter e ver percepção espiritual". É diferente de οἶδα (eidó), amplamente utilizado no Novo Testamento, significando "ver com os olhos físicos".

um encontro de Jesus com os apóstolos, e não uma interpretação dos apóstolos a partir do Jesus ressuscitado com chagas;

▪ W. Pannenberg:[461] este autor tem o mérito de não querer reduzir o 'fato' histórico à fé. Ele afirma categoricamente que a ressurreição só poderia ter ocorrido na 'história'. Ele explica-a semelhantemente ao tradicional raciocínio católico de que após os terríveis fatos da crucificação, ocorreu uma inesperável, extraordinária e original aparição de Jesus. Como compreender e explicar algo tão inédito na história humana? Aqui está a inovação de Pannenberg: *somente as analogias poderiam servir aos apóstolos para a incomparável surpresa*. O 'novo mundo' seria apresentado ao 'velho mundo' por meio do horizonte apocalíptico, única expressão cultural capaz de transmitir a realidade corporal tão diversa do que ocorreu com Jesus. Essa grande analogia foi a da ressurreição; portanto, aqui, se aplica ao historiador uma busca 'indiretamente histórica', porque as aparições de Jesus não podem ser explanadas pela exigência historiográfica contemporânea, porém elas estão plenamente revestidas de historicidade. A 'ressurreição', com todas as suas explicações, é apenas uma 'forma' para expressar o fato histórico. A fé surgida na ressurreição nada mais é do que um modo de formatar e interpretar as aparições. A pergunta que os apóstolos, poucos dias depois destes acontecidos, fizeram, foi: quem era esse Jesus que 'ressuscitou'? E foi então que surgiu a teologia e Jesus passou a ser alvo da pregação (Bultmann). A sobrevivência de um homem que morreu em tamanha situação de exclusão total não seria uma grande evidência histórica? Precisamos ponderar mais, antes de concluir algo.

Partindo desses olhares, lançados sobre a interpretação do que teria sido e do que representa a ressurreição, podemos chegar à seguintes conclusões parciais sobre o evento:

▪ "algo" de muito extraordinário ocorreu com os seguidores de Jesus, que fizeram com que saíssem da depressão profunda em

---

[461] PANNENBERG, W. *Théologie systématique*. Paris: Editions du Cerf, 2008.

QUEM FOI JESUS?

que estavam com o impacto da crucificação e os colocou em uma postura potente e ativa, a fim de pregar o evangelho;

▪ estranhamente Jesus, que nunca fez de si objeto de pregação, e sim pregou o Reino de Deus, tornou-se, entre todos os seus seguidores, motivo da pregação, referência tão absoluta quanto o Reino de Deus;

▪ não há como entendermos os significados da ressurreição de Jesus, segundo os livros neotestamentários, se não entendermos a cosmovisão apocalíptica do judaísmo do século I;

▪ os livros do Novo Testamento não falam que "algo aconteceu com os apóstolos", mas que "algo que aconteceu com Jesus", isto é, toda a ação parte de Jesus, e não dos apóstolos;

▪ a 'ressurreição' nada mais é do que uma analogia apocalíptica judaica, encontrada pelos apóstolos, para expressar o "algo totalmente diferente que ocorreu com Jesus";

▪ todas as exposições de Bultmann, Marxsen e Pannenberg muito elucidam sobre o entendimento que os cristãos do século I, testemunhas da vida de Jesus, tiveram sobre a ressurreição; nenhuma delas, contudo, consegue explicar historicamente a possibilidade de um ser humano ressurgir após a sua morte. Tratam-se de estudos históricos e teológicos interpretativos.

Extraídos os conteúdos de três das principais argumentações teóricas sobre a ressurreição, tenhamos ainda um pouco mais de paciência e continuemos nas tendências da exegese e da história contemporânea sobre o tema:

▪ Gutwenger e W. Bulst: para estes autores, em linha com os principais manuais de teologia dogmática e fundamental católicas, a comunidade cristã primitiva viu em Jesus um redivivo, que se apresentou como um vivo, como todos os vivos, de modo quotidiano. Devemos perguntar, porém: tratava-se então a ressurreição de uma revificação do corpo? Sofreu, Jesus, do distúrbio de letargia? Acordou ele em seu túmulo, surpreso, saiu de lá e percebeu-se vivo, mesmo após a terrível crucificação? E o que ocorreu com ele após o período da ressurreição?

260 ANDRÉ MARINHO

É bem falha essa argumentação, do ponto de vista histórico, porque querendo dar uma quotidianidade à ressurreição, esses autores eclipsam todo o significa transcendente identificado por outros exegetas. É importante contribuição por identificar o modo como os apóstolos viviam a fé em Jesus; delimita-se, contudo, a essa contribuição;

▪ J. Schmitt: *aqui, argumenta-se que os apóstolos viam na ressurreição uma circunstância tão histórica quanto a vida e a morte de Jesus*. Mais do que restringir-se ao 'histórico', a ressurreição seria a resposta de Deus à submissão total de Jesus, numa obediência plena até a morte. Não seria suficiente essa demonstração? Claro que não! Além de não resolver nada para o historiador agnóstico ou ateu, essa tendência desconsidera o ambiente sociocultural em que os apóstolos viviam, não distinguindo o que de fato é histórico e o que se trata de interpretação apostólica;

▪ W. Trilling: este autor assume que a ressurreição não é um fato histórico explicitamente, capaz de ser constatado pelo historiador. Ela não expressa o reavivamento de um corpo em sua própria biologia. De fato, se houvesse um corpo no túmulo, ele não seria um grande argumento contra a ressurreição (H. Ebert)? Por mais que se tenha apontado, entre alguns historiadores, um roubo do corpo,[462] tal tese não pode ser demonstrada, tampouco explica as origens da fé cristã na ressurreição. Trilling trata o tema ressurreição como um "mistério", não apenas em seu sentido indecifrável, mas também em seu aspecto sagrado. Para ele, teologicamente, o tema ocupa o lugar de uma verdade revelada, inacessível à razão. Trilling é muito transparente em sua exegese e claramente não se preocupa em provar a ressurreição.

[462] Somente Mateus 27:62-66 indica para a possibilidade de terem roubado o corpo de Jesus. Todos os evangelistas narram sobre o túmulo vazio. Nenhuma evidência há da possibilidade do roubo do corpo de Jesus. Jesus foi enterrado num lugar anônimo. O roubo do corpo não justifica, de modo algum, a crença na ressurreição e a força que dela provém para os primeiros cristãos. Por outro lado, Jeremias, J, em Heiligengräber in Jesu Umwelt, Göttingen, 1958 afirma que, se houvesse um corpo a ser venerado, os judeus-cristãos tornariam venerado o lugar, como de hábito da cultura, fato que jamais ocorreu. A atual tradição da Igreja do Santo Sepulcro estabeleceu-se na época de Constantino (séc. IV) e o presente local se coaduna com Jo 19:41 (ver o atual debate em Theissen e Merz, *O Jesus Histórico*, p. 526-530, Edições Loyola).

QUEM FOI JESUS?

A partir dessas considerações, é possível constatar que a ressurreição não é tratada pelo Novo Testamento como revificação de cadáver. Os apóstolos viam na ressurreição um fato histórico, do mesmo modo que viam como histórica a vida e a morte de Jesus. assim, a ressurreição era um mistério para os apóstolos e também para aqueles homens, o que não exclui, necessariamente, o fato histórico.

Parece-nos viável, agora, chegar ao entendimento de que é impossível 'provar' historicamente o ato-momento da ressurreição de Jesus. O 'sim' ou o 'não' devem ser de foro íntimo. Por mais que se argumente ou contraargumente segundo os modelos historiográficos, não se chega muito além. Entre os teólogos católicos e protestantes, já não há mais um árduo esforço de querer provar a ressurreição.

O fato de mais de um bilhão de pessoas lidarem com esse 'mistério' impossibilita o diálogo dos cristãos com o mundo contemporâneo? Tranquilamente respondemos que não. Assim como têm limites a neurociência, a matemática e a física, por que também a teologia não os teria? As incógnitas do que antecede ao *big-bang* e sobre a existência do 'Eu' não seriam também 'mistérios'? Conseguiu algum historiador, com as mesmas exigências requeridas a teólogos, 'provar' que a ressurreição não passou de uma invenção dos apóstolos ou um golpe de marketing? Foram capazes de provar, os psicólogos, que tudo não passou de uma necessidade psicológica ou de um ressentimento expurgado? As concepções marxistas e freudianas de que a vida após a morte se trata *apenas* de uma alienação e ilusão infantil são capazes de explicar *toda* a complexidade do fenômeno religioso e metaempírico humano? Tal desconfiança radical de uma vida após a morte e uma insistência na existência do nada como fundamento, não é também uma questão de 'fé' dos ateus, 'f' na existência do nada? Também para eles, o tema do nada não é um 'mistério'?

De modo algum, para aceitarmos a ressurreição (e a religião), precisamos negar a mentalidade científica, porque apesar de reconhecermos como válidos os modelos do mundo de Einstein, a utilização da matemática, a necessidade de um método empírico para certos estudos, as interessantes críticas à religião de Kant e Feuerbach, a teoria da evolução de Darwin, as pesquisas antropológicas sobre a origem da religião e os mecanismos de funcionamento do sistema límbico – o pensar acadêmico resolveu os enigmas do mundo? A astrofísica, com modelos e fórmulas matemáticas, e a nanotecnologia, respondem à pergunta central: por que existe o universo? Por que não existe o nada? Por que o universo é como é? O que é a realidade? De onde eu vim, para aonde eu vou, quem eu sou? Assim como a teologia lida com os 'mistérios', também a ciência não lida com eles?

Embora elaboremos essas linhas de raciocínio, não queremos invalidar a ciência, da mesma maneira que também não queremos que a religião seja tratada simplesmente como misticismo tolo. Afirmar o limite da ciência não se trata de um *coups de théâtre* ou de um revanchismo antimoderno. Se a religião do século XXI admitir o valor imensurável das ciências naturais, ela só ganha. Se as ciências naturais admitirem que muitas religiões e líderes religiosos lidam com um estudo acadêmico-crítico sério, sem romantismos fundamentalistas, também elas têm a ganhar. A questão do 'crer' ou do 'não crer' é absolutamente íntima e cada um deve responder exclusivamente por si.

Para cristãos, mesmo os ligados a correntes em que a modernidade é muito presente com suas perspectivas, é preciso admitir que nem tudo é possível penetrar, há limites fixados em nossa natureza humana para a compreensão. Não é uma fuga de respostas empíricas ou demonstráveis. Notamos, ao longo das linhas acima, que a questão do 'provar' a ressurreição de Jesus no corpo é somente um dos temas referentes à ressurreição. Para esses mesmos cristãos – espíritas, protestantes, católicos e ortodoxos –, "Deus tem seus mistérios e pôs limites às nossas investigações",[463] pois advogam que, para compreender certas coisas, necessitamos de faculdades que ainda não possuímos.[464]

Creia-se ou não na ressurreição, é aconselhável que escapemos de qualquer preconceito ou da tendência, tanto de cientistas quanto de religiosos, de a tudo absolutizar.

* * *

Com tudo o que vimos até aqui, é possível aprender que:

---

[463] KARDEC, *O livro dos espíritos*, q. 45.
[464] KARDEC, *O livro dos espíritos*, q. 17.

Quem foi Jesus? 263

• o judaísmo,[465] como demonstramos, possui diferentes compreensões sobre a ressurreição. A mais antiga explicação judaica é da inexistência da ressurreição, como afirma explicitamente o livro de Jó, quando este fala a Deus: "Lembra-te que minha vida é sopro, e que meus olhos não voltarão a ver a felicidade. Os olhos de quem me via não mais me verão, teus olhos pousarão sobre mim e já não existirei. Como a nuvem se dissipa e desaparece, assim quem desce ao Xeol não subirá jamais".[466] Era a doutrina do *Xeol*, que já assinalamos no começo do capítulo. O judaísmo da época do rei Josias (640-609 a.C.) conhecia algumas premissas da ressurreição, embora essa doutrina não estivesse teologicamente elaborada e nem fosse popular. No primeiro Isaías (c. 740 a.C.), encontramos um versículo que evidencia a vida após a morte, sem dele ter sido extraído, à época, grandes consequências doutrinárias: "Os teus mortos tornarão a viver, os teus cadáveres ressurgirão. Despertai e cantai, vós os que habitais o pó, porque teu orvalho será orvalho luminoso, e a terra dará à luz sombras".[467] Foi somente na época helenística que o tema emergiu, formando doutrina no fim de Antíoco IV, como evidencia o livro de Daniel (c. 164 a.C.), e daí provém a crença dos fariseus e a oposição dos saduceus. Segundo algumas correntes de interpretação, o Talmude e a Midrash aceitam também a ressurreição, embora de modo pouco claro, sem detalhes teológicos. A filosofia judaica medieval polemizou com o tema. Saadiah Gaon (882 a 942)[468] conceituava que a ressurreição se tratava da reunião da alma e do corpo como uma alegria espiritual. Maimônides (1135-1204), claramente influenciado pelo platonismo, afirmava que a ressurreição é um ato supremo, a própria imortalidade da alma sem o corpo, tornando esse tema um dos princípios da fé judaica medieval. Assim ele afirma, ao comentar a primeira Mishnah, Sanhedrin 10: "A ressurreição é um dos fundamentos da religião de nosso mestre, Moisés.

---

[465] Ver *Encyclopaedia Judaica*, 2nd Edition, 2007, Thomson Gale, itens Ressurrection, Afterlive, Jesus, Gilgul, Imortality of Soul.

[466] Jo 7:7-.9

[467] 26:19.

[468] Gaon, S. *Book of beliefs and opinions*, 6:7 e 9:5

Não há religião e conexão com a nação judaica se não se acredita nisso, pois é a doutrina correta... Sabemos que quando o homem definitivamente morre ele é separado de parte que o compunha, o corpo". Nahmanides (1194-1270 d.C.) em *Torat ha-Adam,* refutou a concepção de Maimônides. Para aquele autor, a ressurreição não é a sobrevivência da alma após a morte, mas somente ocorrerá no "mundo a vir". Hasdai Crescas (1340-1410) tratou de modo mais sistematizado o debate: "Primeiro, a ressurreição é completa ou parcial, e se é parcial, que parte ressurge? Segundo: qual é o tempo para ocorrer a ressurreição? Terceiro: a pessoa morre ou não? Quarto: ocorrerá no dia do julgamento com os que acreditam nela?". Já a literatura cabalística elaborou uma escatologia sistemática e parte, antes, da criação da alma por Deus. A alma encarna-se na terra para realizar um objetivo específico e, caso não seja cumprida a tarefa, ou a alma irá para o inferno, ou nascerá numa nova encarnação (Gilgul – לוּגּלְג;), sendo essa doutrina muito debatida por judeus não adeptos da Cabala; não se trata, portanto, de ressurreição, mas da reencarnação (ou transmigração das almas), doutrina essa defendida pelos fariseus, conforme alguns estudiosos contemporâneos.[469] Na modernidade, a ressurreição, no judaísmo, perdeu espaço para a ideia da doutrina da imortalidade, sem necessidade da ressurreição. O judaísmo moderno ortodoxo mantém uma relação dupla com o tema: acredita na futura ressurreição, como parte da redenção messiânica, e também acredita em algumas formas de imortalidade da alma. A segunda bendição do *Shemoneh esreh*, repetida de pé semanalmente por judeus, afirma: "Bendito sejas Tu, D'us, que dás vida aos mortos";

▪ **o judaísmo e a ressurreição de Jesus** não foram temas longamente debatidos por exegetas judeus. A forma de apresentação da ressurreição de Jesus é totalmente judaica, contudo demanda-se cuidado com o tema, por parte dos cristãos. A ressurreição de Jesus foi utilizada costumeiramente como argumento antijudaico cristão, afirmando a superioridade do cristianismo frente ao judaísmo, triunfantemente. Depois da Segunda Guerra Mundial,

---

[469] Ver GILGUL, *Encyclopaedia Judaica*, v. 7.

QUEM FOI JESUS?

estudiosos como A. Roy e Alice L. Eckardt identificaram claramente essa postura. É preciso deixar claro que a ressurreição de Jesus faz parte da fé cristã e cristãos precisam utilizar-se de muita delicadeza para não a interpretarem de modo fundamentalista. As páginas neotestamentárias, escritas por judeus, de modo algum tratam o tema como revanchismo, mas sim como uma mensagem de esperança. O motivo de judeus não terem tematizado amplamente a ressurreição de Jesus é diverso: 1) a necessidade de não se estabelecerem à margem da teologia cristã, que durante todo o final da antiguidade e o medievo excluiu a teologia judaica; 2) a dificuldade de diálogo de ambas as partes: o antijudaísmo cristão e, como consequência, um anticristianismo judaico; 3) somente no século XX estabeleceu-se um pleno diálogo, sem catequese de nenhum lado; 4) a maioria dos cristãos associa a ressurreição de Jesus ao fato de declararem-no o Messias, o que inviabiliza o diálogo, uma vez que judeus não aceitam Jesus como Messias. O que pode unir judeus e cristãos nesse tema? Dois pontos centrais da ressurreição: 1) a ressurreição de Jesus, como já afirmamos, está totalmente elaborada nos moldes judaicos e, como tal, é uma fonte interessante para exegetas judeus investigarem sobre os conceitos de ressurreição no século I. Dito de outra forma: a ressurreição de Jesus é narrada pelos evangelhos como a ressurreição de um judeu; 2) o tema ressurreição de Jesus atinge um ponto que extrapola conceitos judaicos e cristãos, abordando temas universais, como a sobrevivência da alma e o sentido que se pode conferir à morte; 3) por outro lado, da parte dos cristãos, é importante aprender com os judeus o que eles conceituam ao longo de trinta séculos de judaísmo sobre a ressurreição, para melhor compreenderem a ressurreição de Jesus. O cristão que não conhece os conceitos judaicos da ressurreição dificilmente compreenderá amplamente a ressurreição de Jesus;

▪ **a ressurreição de Jesus no catolicismo Romano** está expressa na profissão de fé do Credo Apostólico Niceno-Constantinopolitano, que é considerada uma regra da verdade (*kanón aletheías, regula veritatis*): "Ao terceiro dia ressuscitou dos mortos". Esta a explicação do *Catecismo da Igreja Católica*, item 638: "A ressurreição de Jesus é a verdade culminante da nossa fé em Cristo, acreditada e vivida como verdade central pela primeira comunidade cristã, transmitida como fundamental pela Tradição, estabelecida pelos documentos do Novo Testamento, pregada como parte essencial do mistério pascal, ao mesmo tempo que a cruz: "Cristo ressuscitou dos mortos. Pela Sua morte, venceu a morte, e aos mortos deu a vida". Para a igreja romana, é um acontecimento histórico, mas ao mesmo tempo transcendente:[470] "é impossível interpretar a ressurreição de Cristo fora da ordem física e não a reconhecer como um facto histórico. Resulta, dos factos, que a fé dos discípulos foi submetida à prova radical da paixão e morte de cruz do seu Mestre, por este de antemão anunciada. O abalo provocado pela paixão foi tão forte que os discípulos (pelo menos alguns) não acreditaram imediatamente na notícia da ressurreição. Longe de nos apresentar uma comunidade tomada de exaltação mística, os evangelhos apresentam-nos os discípulos abatidos (de 'rosto sombrio': Lc 24, 17) e apavorados. Foi por isso que não acreditaram nas santas mulheres, regressadas da sua visita ao túmulo, e 'as suas narrativas pareceram-lhe um desvario' (Lc 24, 11). Quando Jesus apareceu aos onze, na tarde do dia de Páscoa, 'censurou-lhes a falta de fé e a teimosia em não quererem acreditar naqueles que O tinham visto ressuscitado' (Mc 16, 14). Mesmo confrontados com a realidade de Jesus Ressuscitado, os discípulos ainda duvidam de tal modo isso lhes parecia impossível: julgavam ver um fantasma. 'Por causa da alegria, estavam ainda sem querer acreditar e cheios de assombro' (Lc 24, 41). Tomé experimentará a mesma provação da dúvida, e quando da última aparição na Galileia, referida por Mateus, 'alguns ainda duvidavam' (Mt 28, 17). É por isso que a hipótese, segundo a qual a ressurreição teria sido um 'produto' da fé (ou da credulidade) dos Apóstolos, é inconsistente. Pelo contrário, a sua fé na ressurreição nasceu — sob a acção da graça divina da experiência

---

[470] *Catecismo católico*, itens 639-647. Disponível em: <http://www.vatican.va/archive/cathechism_po/index_new/prima-pagina-cic_po.html>. Acesso em: 10 jul. 2018.

directa da realidade de Jesus Ressuscitado".[471] Quanto à ressurreição no corpo, assim expressa o *Catecismo*: "No entanto, este corpo autêntico e real possui, ao mesmo tempo, as propriedades novas dum corpo glorioso: não está situado no espaço e no tempo, mas pode, livremente, tornar-se presente onde e quando quer, porque a sua humanidade já não pode ser retida sobre a terra e já pertence exclusivamente ao domínio divino do Pai. Também por este motivo, Jesus Ressuscitado é soberanamente livre de aparecer como quer: sob a aparência dum jardineiro ou 'com um aspecto diferente' (Mc 16, 12) daquele que era familiar aos discípulos; e isso, precisamente, para lhes despertar a fé. A ressurreição de Cristo não foi um regresso à vida terrena, como no caso das ressurreições que Ele tinha realizado antes da Páscoa: a filha de Jairo, o jovem de Naim e Lázaro. Esses factos eram acontecimentos milagrosos, mas as pessoas miraculadas reencontravam, pelo poder de Jesus, uma vida terrena 'normal': em dado momento, voltariam a morrer. A ressurreição de Cristo é essencialmente diferente. No seu corpo ressuscitado, Ele passa do estado de morte a uma outra vida, para além do tempo e do espaço. O corpo de Cristo é, na ressurreição, cheio do poder do Espírito Santo; participa da vida divina no estado da sua glória, de tal modo que São Paulo pode dizer de Cristo que Ele é o 'homem celeste'".[472] A igreja explica a ressurreição como um objeto de fé, uma obra da 'Santíssima Trindade': "A ressurreição de Cristo é objecto de fé, na medida em que é uma intervenção transcendente do próprio Deus na criação e na história. Nela, as três pessoas divinas agem em conjunto e manifestam a sua originalidade própria: realizou-se pelo poder do Pai, que 'ressuscitou' (Act 2, 24) Cristo seu Filho, e assim introduziu de modo perfeito a sua humanidade – com o seu corpo – na Trindade. Jesus foi divinamente revelado 'Filho de Deus em todo o seu poder, pela sua ressurreição de entre os mortos' (Rm 1, 4). São Paulo insiste na manifestação do poder de Deus (575) por obra do Espírito, que vivificou a humanidade

---

[471] *Catecismo católico*, itens 643-644. Disponível em: <http://www.vatican.va/archive/cathechism_po/index_new/prima-pagina-cïc_po.html>. Acesso em: 10 jul. 2018.

[472] *Catecismo católico*, itens 645-646. Disponível em: <http://www.vatican.va/archive/cathechism_po/index_new/prima-pagina-cic_po.html>. Acesso em: 10 jul. 2018.

268 ANDRÉ MARINHO

morta de Jesus e a chamou ao estado glorioso de Senhor".[473]Acrescenta ainda que "a ressurreição de Cristo é o cumprimento das promessas do Antigo Testamento",[474] baseando-se na tradição lucana de 24:26-27 e 44-48. A análise que faço deste catecismo, revisado em 1997, sob o pontificado de João Paulo II, é que: 1) ele não entra em detalhes histórico-antropológicos de como o evento ressurreição pode ser por um lado histórico e, por outro, transcendente; 2) tem o mérito de evidenciar-se todo o tempo por citações neotestamentárias, embora não explicite o porquê da escolha de determinadas passagens em detrimento de outras; 3) deixa explícita a diferença entre ressurreição dos mortos e ressurreição de Jesus; 4) aborda o 'corpo de Jesus' de modo extremamente semelhante com a tendência teológico-antropológica contemporânea, deixando claro que Jesus está para além do tempo e do espaço, embora não se detenha a explicar como isso possa se dar; 5) afirma tratar-se de uma promessa da Bíblia Judaica, tema sempre delicado no diálogo com os judeus, mas tem o cuidado de não citar fontes judaicas, somente o evangelho de Mateus; 6) quanto à explicação de que é obra da Santíssima Trindade, o catecismo está nebuloso e o trecho não explica exatamente o motivo dessa afirmação. O espírito santo é tema confuso para católicos e não-católicos, embora no Catecismo haverá uma ampla sessão posterior dedicado ao tema (itens 683-747). É digno de elogio um catecismo tão bem estruturado e escrito, repleto de importantíssimas referências, um guia razoavelmente prático para católicos do mundo. Contudo, trata-se de um catecismo escrito dentro de uma formatação tomista-medieval e não há, nele, aberto diálogo com as dúvidas da mentalidade moderna contemporânea. O problema, neste caso específico, não está no conteúdo das explicações sobre a ressurreição, mas na apresentação dessas explicações. Apesar da crítica que fazemos, é necessário considerar que, de modo geral, católicos detêm uma boa compreensão do significado religioso da ressurreição;

[473] *Catecismo católico*, item 648. Disponível em: <http://www.vatican.va/archive/cathechism_po/index_new/prima-pagina-cic_po.html>. Acesso em: 10 jul. 2018.
[474] *Catecismo católico*, item 652. Disponível em: <http://www.vatican.va/archive/cathechism_po/index_new/prima-pagina-cic_po.html>. Acesso em: 10 jul. 2018.

QUEM FOI JESUS?

269

▪ **o islamismo** conhece a elevação (*Miradj*) de Maomé aos céus, o que não é o mesmo que ressurreição. O *Miradj* ocorreu logo após a morte do profeta, no ano 632, em Jerusalém, daí ser a cidade tão venerada pelos muçulmanos, chamando-a de *Al-Quds*, A Santa. O relato é repleto de comentários pelos Hadith. Segundo o Alcorão, todos os seres humanos passarão pelo Dia do Juízo Final (*yaum ad-din*), o dia do ajuste de contas (*yaum al-hisab*). Nesse dia, abrir-se-ão as sepulturas e os mortos viverão. A humanidade será reunida e cada um terá de assumir suas próprias ações, podendo ser condenado para o inferno perpétuo ou para o paraíso. O céu alcorânico é sedutor: jardins encantados, grande felicidade, manjares deliciosos, vinho, leite com mel, rapazes eternamente jovens, moças belas e virgens – são símbolos típicos da cultura semita, do mesmo modo que Jesus se utilizava deles em suas parábolas, como a dos festins, das dez virgens, do vinho novo etc. Não são expressões literais, e sim manifestações do mais autêntico desejo humano. Também o inferno é narrado de modo concreto. Fogo por toda parte, dor, fome. O Alcorão propagou a doutrina da condenação eterna, sendo que, por outro lado, é explícito ao indagar: "Acaso, pensam estar seguros dos desígnios de Allah? Só pensam estar seguros dos desígnios de Allah os desventurados".[475] Não se pode comparar, simploriamente, o conceito de ressurreição judaico e cristão com a concepção escatológica do Alcorão;

▪ **a ressurreição de Jesus no islamismo** é um tema extremamente controvertido. A 4ª Surara, 157-159, assim o revela: "E por dizerem: Matamos o Messias, Jesus, filho de Maria, o Mensageiro de Allah, embora não sendo, na realidade, certo que o mataram, nem o crucificaram, mas o confundiram com outro. E aqueles que discordam quanto a isso estão na dúvida, porque não possuem conhecimento algum, mas apenas conjecturas para seguir; porém, o fato é que não o mataram. Outrossim, Allah fê-lo ascender até Ele, porque é Poderoso, Prudentíssimo. Nenhum dos adeptos do Livro deixará de acreditar nele (Jesus), antes da sua morte, e, no Dia da Ressurreição, testemunhará contra eles". A reflexão sobre a

---

[475] Alcorão 7:99.

270 ANDRÉ MARINHO

cruz, segundo a tradição alcorânica, é um dos temas mais árduos entre cristãos e muçulmanos. Segundo alguns estudiosos islâmicos,[476] um dos motivos de o Islã não aceitar a crucificação provém da associação da morte de Jesus com a doutrina do sacrifício e da expiação vicária dos pecados, amplamente difundida no século VI d.C. Conforme a tradição do movimento Ahmadiyya, da Índia, Jesus foi retirado da cruz e foi tratado, devido ao seu estado físico. Em seguida, procurou as dez tribos perdidas de Israel e morreu, muitos anos depois, em Caxemira; não houve, portanto, ressurreição. Para outros intérpretes, Jesus morreu e foi salvo da morte por Deus. Alguns afirmam que ele não morreu, mas está vivo, fisicamente, no céu. Jesus (*Isa*) é citado em mais de cem versículos/suratas do Alcorão. Ele é tido como um Servo Enviado de Allah[477] e um profeta virtuoso.[478] Tanto pelo lado cristão, quanto pelo lado islâmico, as divergências apontam para a necessidade de mais diálogo de ambas as partes. Cristãos necessitam estudar com mais afinco a participação do cristianismo na formação do Alcorão e nas primeiras comunidades do Profeta Maomé. Os estudos sobre os judeus-cristãos na Arábia do século VI ainda necessitam ser mais explorados. Também os muçulmanos, por sua vez, necessitam aproximar-se mais do Jesus histórico e conhecer a teologia cristã, e não confundir a teologia cristológica helenística, que compromete o monoteísmo, tão questionada pelo Profeta, com o Jesus histórico. Em suma, aprendendo assim, um com o outro, novas abordagens e métodos para a convivência e enriquecimento teológico-culturais, haverá oportunidade de se respeitar tanto a paz pregada pelo profeta Maomé, quanto pelo profeta Jesus;

▪ **o espiritismo** não trabalha com o conceito de ressurreição propriamente dito. A possibilidade de, após a morte, a alma retornar ao corpo, é rejeitada pela Doutrina Espírita. Os casos narrados pelos evangelhos, como a ressurreição de Lázaro, são

---

[476] Assim expõe Samir El Hayek, na nota 424 de sua tradução do Alcorão Sagrado, utilizada em todo este livro, apresentando a visão da teologia islâmica. Ver *Alcorão Sagrado*. São Paulo: Folha de São Paulo, 2010.
[477] Alcorão 19:30, 61:6.
[478] Alcorão 6:85.

Quem foi Jesus?

considerados letargias ou mortes-aparente. Desse modo, assevera O livro dos espíritos:[479] "Na letargia, o corpo não está morto, porquanto há funções que continuam a executar-se. Sua vitalidade se encontra em estado latente, como na crisálida, porém não aniquilada. Ora, enquanto o corpo vive, o Espírito se lhe acha ligado. Em se rompendo, por efeito da morte real e pela desagregação dos órgãos, os laços que prendem um ao outro, integral se torna a separação e o Espírito não volta mais ao seu envoltório. Desde que um homem, aparentemente morto, volve à vida, é que não era completa a morte". Seguindo essa mesma abordagem e, ao mesmo tempo, elaborando um outro enfoque, encontramos também em, O livro dos espíritos, a afirmação de que o dogma católico da ressurreição na carne e a reencarnação são o mesmo fenômeno. Kardec assim explica: "Efetivamente, a Ciência demonstra a impossibilidade da ressurreição, segundo a ideia vulgar. Se os despojos do corpo humano se conservassem homogêneos, embora dispersos e reduzidos a pó, ainda se conceberia que pudessem reunir-se em dado momento. As coisas, porém, não se passam assim. O corpo é formado de elementos diversos: oxigênio, hidrogênio, azoto, carbono, etc. Pela decomposição, esses elementos se dispersam, mas para servir à formação de novos corpos, de tal sorte que uma mesma molécula, de carbono, por exemplo, terá entrado na composição de muitos milhares de corpos diferentes (falamos unicamente dos corpos humanos, sem ter em conta os dos animais); que um indivíduo tem talvez em seu corpo moléculas que já pertenceram a homens das primitivas idades do mundo; que essas mesmas moléculas orgânicas que absorveis nos alimentos provêm, possivelmente, do corpo de tal outro indivíduo que conhecestes e assim por diante. Existindo em quantidade definida a matéria e sendo indefinidas as suas combinações, como poderia cada um daqueles corpos reconstituir-se com os mesmos elementos? Há aí impossibilidade material. Racionalmente, pois, não se pode admitir a ressurreição da carne, senão como uma figura simbólica do fenô-

---

[479] KARDEC, O livro dos espíritos, q. 423.

272   ANDRÉ MARINHO

meno da reencarnação. E, então, nada mais há que aberre da razão, que esteja em contradição com os dados da Ciência. É exato que, segundo o dogma, essa ressurreição só no fim dos tempos se dará, ao passo que, segundo a Doutrina Espírita, ocorre todos os dias. Mas, nesse quadro do julgamento final, não haverá uma grande e bela imagem a ocultar, sob o véu da alegoria, uma dessas verdades imutáveis, em presença das quais deixará de haver cépticos, desde que lhes seja restituída a verdadeira significação? Dignem-se de meditar a teoria espírita sobre o futuro das almas e sobre a sorte que lhes cabe, por efeito das diferentes provas que lhes cumpre sofrer, e verão que, exceção feita da simultaneidade, o juízo que as condena ou absolve não é uma ficção, como pensam os incrédulos";[480]

■ **a ressurreição de Jesus, segundo o espiritismo**, não se deu no corpo biológico, mas no corpo espiritual, denominado 'períspirito'. De acordo com a Doutrina Espírita, espírito e matéria são elementos totalmente distintos. Para o espírito unir-se à matéria, manifestar-se, seja por meio de médiuns, seja para reencarnar-se, é necessário um intermediário entre essas duas naturezas – esse o papel do perispírito, que é um corpo semimaterial. O espiritismo não admite a existência do espírito na erraticidade (mundo espiritual) sem um corpo de manifestação. Desse modo, as aparições de Jesus ressuscitado deram-se por meio do 'corpo espiritual', identificado pelos espíritas como o mesmo anunciado por Paulo, em 1 Cor 15:44. Allan Kardec assim explica, em um de seus livros comentários de O livro dos espíritos: "Todos os evangelistas narram as aparições de Jesus, após sua morte, com circunstanciados pormenores que não permitem se duvide da realidade do fato. Elas, aliás, se explicam perfeitamente pelas leis fluídicas e pelas propriedades do perispírito e nada de anômalo apresentam em face dos fenômenos do mesmo gênero, cuja história, antiga e contemporânea, oferece numerosos exemplos, sem lhes faltar sequer a tangibilidade. Se notarmos as circunstâncias em que se deram as suas diversas aparições, nele reconheceremos, em tais ocasiões,

---

[480] KARDEC, *O livro dos espíritos*, q. 1010.

QUEM FOI JESUS? 273

todos os caracteres de um ser fluídico. Aparece inopinadamente e do mesmo modo desaparece; uns o vêem, outros não, sob aparências que não o tornam reconhecível nem sequer aos seus discípulos; mostra-se em recintos fechados, onde um corpo carnal não poderia penetrar; sua própria linguagem carece da vivacidade da de um ser corpóreo; fala em tom breve e sentencioso, peculiar aos Espíritos que se manifestam daquela maneira; todas as suas atitudes, numa palavra, denotam alguma coisa que não é do mundo terreno. Sua presença causa simultaneamente surpresa e medo; ao vê-lo, seus discípulos não lhe falam com a mesma liberdade de antes; sentem que já não é um homem. Jesus, portanto, se mostrou com o seu corpo perispirítico, o que explica que só tenha sido visto pelos que ele quis que o vissem. Se estivesse com o seu corpo carnal, todos o veriam, como quando estava vivo. Ignorando a causa originária do fenômeno das aparições, seus discípulos não se apercebiam dessas particularidades, a que, provavelmente, não davam atenção. Desde que viam o Senhor e o tocavam, haviam de achar que aquele era o seu corpo ressuscitado".[481] A explicação de Allan Kardec sobre a ressurreição de Jesus é racional, dentro de um sistema de pensamentos que admite a premissa do períspirito. Investigações foram realizadas no começo do século XX sobre as propriedades deste 'perispírito', assim como o esforço da comprovação de sua existência. O Nobel de Medicina de 1913, Charles Richet, dedicou-se ao tema e realizou importantes publicações, além de outros estudiosos. Os espíritas elaboraram estudos do perispírito com relação à homeopatia e com relação à glândula pineal. Carece, atualmente, uma confrontação teológica entre a explicação de Kardec e as observações que a antropologia teológica desenvolveu, o que seria bastante conveniente de ser pesquisado. De certo modo, apresentamos os subsídios básicos, neste presente capítulo, para a pesquisa, sendo ainda necessário, também por parte dos espíritas, pesquisas mais atualizadas sobre a correlação entre ressurreição e reencarnação.

---

[481] KARDEC, Allan. *A gênese, os milagres e as predições segundo o espiritismo*. 53ª ed. Brasília: FEB, 2013, item 61.

274 ANDRÉ MARINHO

Apesar de profundas divergências no judaísmo, no cristianismo, no islamismo e no espiritismo em tema tão central do cristianismo, como o é a ressurreição, aprendemos com o teólogo cristão Martin Bauschke uma visão decisiva, aplicada por ele à relação entre cristãos e muçulmanos, mas podendo ser aplicada entre católicos, ortodoxos, protestantes, espíritas e judeus: "Cristãos e muçulmanos estão de acordo que, embora Jesus possa ter morrido, e independente do que tenha acontecido depois da sua morte, esta morte não tem a última palavra sobre a sua vida e a sua obra em nome de Deus. Pelo contrário, esta morte foi a transição, a forma de voltar à presença e ao lado daquele que o enviou".[482]

* * *

Nossa obra não se propõe a observar o percurso moderno do homem diante da questão de Deus, desde Descartes a Derrida. Não obstante isso, àqueles que dizem um 'sim' a Deus, apesar de suas dúvidas e questões, e que confiam nesse Deus, seja na concepção proveniente de judeus, de aborígenes, de Ramakrishna, de taoístas ou de muçulmanos, poderão reconhecer na 'ressurreição de Jesus' também uma interessantíssima forma de entender a vida humana e a vida de Jesus. Para crentes e descrentes, reformulamos a questão: o que é a ressurreição cristã?

Não se trata simplesmente de otimismo simplório ou de uma necessidade de esperança. Dizer sim à ressurreição de Jesus, para os apóstolos, significava dizer que, apesar da morte, com toda a sua inexplicabilidade intrínseca, houve uma vitória sobre a morte. A morte não seria, consequentemente, a última palavra ao ser humano. Da morte emergiu a vida, mas uma vida absolutamente plena, mais do que biológica e mais do que a revificação de um cadáver, mas uma vida em Deus, uma vida de total realização do homem integral, isto é, corpo-alma, onde se superam todas as estranhezas humanas, todo o processo de autoafastamento de nossa natureza íntima na vida social, todas as nossas desorientações quanto ao comportamento e às convicções, toda a sensação de absurdo existencial, toda a nossa alienação. Todas as dores, padecimentos, amarguras, ansiedades,

---

[482] BAUSCHKE, M. *Jesus um Koram*, p. 110.

QUEM FOI JESUS?   275

angústias, saudades, penúrias, misérias, dificuldades – o sofrimento humano é suplantado pela ressurreição, assim concebiam os apóstolos. Tudo o que nos parecia ideal, como leis justas, compromisso com o bem-estar individual e coletivo, o desejo de um ser humano livre, plural, irmão e em paz, não seria uma quimera, uma fantasia, uma ilusão, não seria uma utopia, e sim uma realidade. Como e onde? Na ressurreição de Cristo. Em sua pessoa, em como lidou com sua morte e, como foi justificado por Deus na ressurreição, o cristão deposita confiança plena, pois por meio de Jesus, Deus revelou-se como o Alfa e o Ômega, o princípio e o fim de todas as coisas; a ressurreição de Jesus seria, portanto, uma radicalização da fé em Deus. Essa uma das mais importantes perspectivas teológicas sobre a ressurreição.

Justamente foi Jesus de Nazaré quem ressuscitou e quem experimentou uma vida *outra,* metaforicamente, diríamos, "mergulhado plenamente na interioridade de Deus, em seu seio recôndito". Dentro de Deus, em Deus, habitado em todos os lados por Deus, contido e capturado por ele em plenitude, Jesus está. A reverberação da ressurreição de Jesus para o fiel é impossível de ser mensurada: a morte humana não é negada em sua biologia e antropologia, mas ela é superada de maneira inigualável: o homem encontrará Deus no final de seus embates, ele não cairá no nada, mas exclusivamente no âmago do Criador. Poderá, com segurança, viver uma vida a favor do ser-humano e, ocorra o que ocorrer, tudo tem um sentido último e quase sempre desconhecido pela nossa razão. Aquele que era o excluído e o amaldiçoado, que morreu em deploráveis condições fora do muro de Jerusalém, que foi abandonado e incompreendido por seus amigos e inimigos, que foi exaltado pela multidão e depois linchado, esse ser que experimentou dores físicas atrozes, situações embaraçosas ao longo de toda a sua vida pública, resistências de todos os grupos estabelecidos, encontrando adversários inclusive no seio da própria família, cidade e escola apostólica, esse homem que sofreu de maneira colossal, que não escondeu sua dor, mas também não fez de si uma vítima, esse homem – o crucificado, o grande fracassado, o amaldiçoado pelas autoridades, o excomungado – foi ressuscitado!

Não é mero acaso que todas as escolas barrocas representavam Jesus ressuscitado com as suas próprias chagas. Todo o seu ideal, a causa pela qual advogou, não seria, então, em vão: sua relação com seu povo, não negando sua origem e cultura, mas questionando-a a fim de lhe dar mais sanidade espiritual, por amor aos seus e em amor à tradição genuína do Deus único, faz com que ele afronte os comportamentos adotados, cômodos e convenientes, colocando-os sob a mira de opositores, como se fora um inimigo ou detrator de sua própria gente; seu empenho em situar a hierarquia em seu devido lugar, isto é, pronta para servir a Deus e ao homem, e não para ser servida com privilégios, ganância de poder e desejo de dominar as consciências; suas ações, colocando-se incondicionalmente a favor dos excluídos – mulheres, crianças, prostitutas, ladrões, hereges, doentes, e questionando o abuso de poder de que eram vítimas, sem direitos, sem respeito à dignidade humana, violados pela tirania dos poderosos e dos ricos, fazendo dos excluídos pesos mortos da sociedade; sua imersão corajosa e aberta no mundo, isto é, nas festas, nos banquetes dos ricos, nos lugares considerados como perdidos, a fim de dialogar com todos, sem excluir ninguém nem se colocar como intocável ou preferido de Deus, permitindo a qualquer um se tornar seu discípulo, sem iniciação especial ou privilégios de castas, afirmando que todos podem se salvar como se perder; seus embates contra os que se consideravam superiores, salvos e encaminhados, os 'preferidos' por Deus, desmascarando-os, opondo-se radicalmente à hipocrisia moralista-religiosa e afirmando que prostitutas e ladrões poderiam chegar no Reino de Deus primeiro que os 'certinhos'; sua postura indissociável com Deus, consigo e com o próximo, criando uma autêntica tríade de comportamento, a favor de uma relação íntima com Deus, de uma sensibilidade e solidariedade com o humano e de um exato reconhecimento do amor a si mesmo; seu modo único de questionar o sistema legalista-religioso tão querido do ser humano e, contrário a esse sistema, sem a necessidade de estipular novas leis ou de determinar obediência irrestrita a leis antigas, mas colocando as necessidades humanas acima das normatizações religiosas; seu procedimento em realizar milagres, mas sempre associando-os ao querer humano e à fé em Deus dos crentes, não colocando a si mesmo como o detentor único do poder espiritual; sua postura ao não inculcar culpa nas pessoas, mas a aceitar a fragilidade da fé humana e da imaturidade, declarando com isso que todos, sem exceção, até os promíscuos, irresponsáveis, preguiçosos e perdidos criarão maturidade espiritual em suas vivências, levando-os, às vezes, a uma conversão mais autêntica que a dos "bons religiosos"; sua vida por completo, seus pensamentos, ideias e ações, sua maneira de lidar com Deus, apresentando-o como um pai de amor exclusivo e gratuito ao homem, sempre pronto a abraçar o perdido, a festejar o arrependimento do rebelde, a acolher o teimoso e a dar novas chances para qualquer filho, esse Deus que antes do existir do ser humano já o ama plenamente, amor no qual todos estão mergulhados. Tudo o que ele viveu e sofreu graças a essa forma de lidar com a liberdade, não foi em vão. Excluem-no, matam-no, mas seu Deus, que é o Pai de amor, transformou o anunciador de um novo tempo no anunciado, a personificação da mensagem divina. Diante de tal perspectiva, os apóstolos convenceram-se de que valia a pena segui-lo, uma vez que o resultado não seria em vão nem tampouco geraria um otimismo do tipo autoajuda. Os apóstolos não desconheciam o quanto há de incomunicabilidade existencial entre todos na vida, como a solidão é um problema enraizado na vida, como se sofre sob poderes dominantes, sob tutela de movimentos sociais e políticos mentirosos, assim como também é tão humano o desejo de fugir da realidade. Não desconhece que o ser humano ora apedreja, ora é apedrejado, ignorando a si mesmo. Sim, é verdade que muitas vezes a religiosidade é uma consequência de carências; outras vezes, é um desesperado desejo por alienar-se do mundo concreto; outras vezes, é um escape do 'ser' nesse mundo. A ressurreição, apresentada pelos apóstolos, não negava a realidade humana. Ocorre que, apesar dessa realidade humana, para o cristão, na morte, o ser humano não cairia no vazio, mas sim em si mesmo e em Deus. Essa é a perspectiva da ressurreição de Jesus e da ressurreição humana.

Sem negar a história terrena, aqueles primeiros cristãos se colocavam prontos para entrar na vida eterna. Sem desconhecer as estruturas injustas do mundo, colocavam-se plenamente disponíveis para entrar na misericórdia gratuita de Deus. Sem se esquecer das imensas limitações humanas, colocavam-se preparados para entrar na liberdade plena de Deus. Sem negar o quanto, muitas vezes, se é indiferente, ambicioso, infiel e desrespeitoso, colocavam-se na expectativa para viverem o amor infinito de Deus. Sem fingir que não tinham fragilidades, instabilidade emocional e suscetibilidade, colocavam-se ansiosos para a salvação plena.

Reduzir a ressurreição de Jesus a debates de mentalidade científica, envolvendo argumentos de biologia ou de história para inviabilizar a possibilidade de ter ocorrido o fenômeno, é infrutífero, dado que, embora a importância do debate, mais fundamental para o cristão é o cerne filosófico-moral do que significou esse homem Jesus ter ressuscitado, seja lá como tenha ocorrido o fenômeno. A fé não se desfaz com artigos científicos nem com supostas comprovações, porque nem artigos nem comprovações são capazes de afetar a necessidade humana de transcender a si mesma. Essa transcendência, repetimos, não é fruto exclusivamente da cultura. É algo que acompanha o existir da humanidade. Sem querer afirmar que se trata da natureza humana, tema absolutamente complexo, a morte e a ressurreição de Jesus são uma verdadeira parábola sobre a batalha humana pela busca de um sentido último para todas as coisas e pela aposta de que vale a pena acreditar no futuro da humanidade. Embora tenha ocorrido a crucificação com suas torturas, a mensagem é de otimismo. A ressurreição é um 'fenômeno' que pode ser debatido pela razão, mas, efetivamente, é a emoção (ou a fé) quem irá, por fim, em cada um, definir como se relacionar com esse tema.

PARTE III

CONCLUSÃO

14

QUEM FOI JESUS? QUEM É JESUS?

Uma coisa é a religião; outra, a igreja; outra, Deus; outra, ainda, Jesus. É verdade que podemos misturar os quatro temas, se assim o desejarmos; porém, Jesus sobreviverá às religiões criadas em seu nome; ele pode inspirar as igrejas, mas ele, em si, não pertence às igrejas. Mesmo em relação ao tema Deus, é possível admirar Jesus sem nem mesmo acreditar em Deus, porque o ser humano que ele foi sobrevive e sobreviverá para além de nossas épocas e de nossos conceitos. Mesmo sendo ateu ou agnóstico, cético ou descrente, religioso cristão, judeu, muçulmano ou espírita, ainda assim ele continuará existindo e nos impressionando. Deus, para alguns, é apenas uma tese; para outros, é uma revelação, uma autoevidência – e poderíamos debater sobre a existência de Deus por séculos, como temos feito há milênios.

Jesus foi um ser humano, um homem histórico, real, concreto; gostem dele ou não, ele existiu. E como ele compreenderia os ateus, os agnósticos, os descrentes e os desconfiados de nossa época! Mesmo sendo humilde de coração, Jesus de Nazaré não se deteve diante dos poderosos, nem temeu os caráteres autoritários. Podendo usar sua influência para revoluções políticas, ele não se enquadrou entre os dominadores. Ele conheceu o espírito revoltado de seu povo, ele sabia o quanto é doloroso se submeter a quem nos oprime, ele entendia as aflições dos rebeldes; mas ele não usou sua força psíquica, nem sua obstinação, nem seu poder de combate para alcançar o poder. Foi um rebelde muito diferente de todos os rebeldes. Ele conheceu muito bem os moralizadores, aqueles que ensinam os preceitos do bem proceder, os defensores dos princípios socialmente aceitos; e como ele estava distante dessas pessoas... Jesus era um provocador. Sua causa desafiava a todos, sua motivação incessante era admirável. O enorme desafio que ele enfrentou, sem desistir, é uma das maiores lições para nossos filhos. Ele era um ser desejante, queria sempre mais, cobiçava o melhor, ansiava muito alto e sonhava muito além, sem deixar de ser realista. Ele não era um provocador comum, que desafiava para atender seu ressentimento ou para vomitar verbalmente ressentimentos. Era um provocador incomparável. Esse homem, que não fundou religião alguma e nem igrejas, não tinha proteção política e não se enquadrou em nenhum partido de seu tempo: foi o homem que estourou todos os esquemas!

Jesus é de uma abertura constrangedora para os religiosos e para os ateus do século XXI. Por se sentar à mesa para conversar com quem não acreditava no que ele acreditava; por insistir que o amor é a salvação; por imprimir uma liberdade de espírito entre seus apóstolos; por ensinar uma parábola sobre um herege que compreendia mais sobre o ser humano do que os religiosos, como na parábola do bom samaritano; por mostrar que, às vezes, um jovem inconsequente, quando amadurece, é mais humano do que um jovem casto, que se considera correto e superior, como na parábola do filho pródigo; por compreender as dores dilacerantes da mulher adúltera; por entender que, nesse mundo, felizes mesmo são os mansos, os pacificadores, aqueles que sentem compaixão do mundo, os misericordiosos. Jesus não foi um filósofo, investigador de princípios e essências, explicando transcendências; Jesus não foi um político, que supôs mudar o mundo com seus negócios públicos, ocupando-se da polidez e da cortesia para conseguir adeptos; Jesus não foi um sacerdote, obediente a um ofício e a uma função, a um corpo eclesiástico. Teria sido um gênio, um herói, um santo? No entanto, ele entendia da vida mais do que os filósofos, e creio que nenhum filósofo da humanidade teve tanta influência quanto ele. No entanto, ele foi mais político do que os políticos, porque compreendeu o quanto necessitamos uns dos outros, e por

QUEM FOI JESUS? 283

isso recomendou o amor como a regra base da convivência. Assim, ele foi muito mais do que um sacerdote, porque compreendeu que, em muitas das vezes que desobedeceu o sistema, estava obedecendo, mais do que ninguém, àquilo em que acreditava, que era o amor de Deus. Definitivamente, pode ser amigo de qualquer um de nós no século XXI, e continuará sendo, possivelmente, até o final dos tempos, um dos maiores seres que nossa humanidade produziu.

* * *

Essa constatação histórica foi feita por meio de muitos sacrifícios, ao longo de séculos. Quase sempre se misturou Jesus aos poderes estabelecidos. Quando se questionou dogmas ou conceitos tradicionais, sofreu-se todos os tipos de injúrias, desde um simples olhar enviesado até a fogueira. Durante o longo percurso da história cristã, entre hipóteses que foram levantadas, como as de que Jesus não existiu ou de que ele só existiu porque os apóstolos comeram um certo tipo de cogumelo chamado Jesus e, por isso, foram capazes de 'criá-lo', negligenciou-se o estudo pelo homem humano que ele foi. Uma abordagem mais histórica, desprovida de tantas ideias pré-concebidas sobre Jesus ou menos doutrinal, causa estranhamento aos leitores. Facilmente, os que pregam Jesus de um modo diferente do tradicional são vistos como blasfemos que cometem um sacrilégio. Por que não considerar Jesus um gênio, em vez de um Deus encarnado? Ele não foi um homem que conheceu o amor como nenhum outro e que não encontrou a satisfação para a sua necessidade de amor em nenhum ser terreno? Não foi o mais puro dos seres que, com um delírio apaixonante, viu negarem tudo a ele? Não foi um pobre insaciado e insaciável no amor, que conheceu o amor dos humanos, compadeceu-se desse amor tão mísero e insciente, e que por isso não 'conseguiu' se enquadrar nesse mundo? Não é à toa que Nietzsche é o maior provocador dos cristãos.[483] Quando o filósofo faz essas perguntas, ele destitui Jesus de ser um Deus-na-terra para ser um homem de grandeza genial na terra. Não obstante isso, herdando a crítica que esse filósofo faz, teremos de nos perguntar: não é severamente

---

[483] NIETZCHE, F. *Além do bem e do mal*. 16ª ed. São Paulo: Companhia de Bolso, 2016, item 269.

284 André Marinho

grave negarmos qualquer humanidade a Jesus? Se ele não foi humano, demasiadamente humano, ele poderá servir de guia e modelo para seres humanos? Não se fez dele um ídolo de pedra e papel? Não houve uma displicência total com relação a uma aproximação séria da pessoa que ele foi com a pessoa que nós somos? Faz diferença em adorarmos o mito Cristo em vez de Zeus ou Shiva? Por que fazer dele um ser, sentado à direita de Deus-Pai, a reger o mundo como um burocrata? Alguma vez Jesus, em vida, se colocou nesse lugar?

* * *

Jesus é tão complexo e tão simples. Sua mensagem é permeada de um frescor e de um desgarramento de qualquer tradição.[484] Falou com todos, não segregou as pessoas por motivo algum e, na singeleza de um pôr-do-sol, falou sobre Deus, como o fazem os contadores de história orientais. À beira do lago de Genesaré ou no barco de um pescador, ou ainda na casa de alguém que o convidava, ele contava parábolas fáceis de serem compreendidas, sem nenhum tom esotérico ou iniciático. Comeu e bebeu nos banquetes, foi a casamentos, sorriu para as crianças, emocionou-se com velhinhos e viúvas, admirou a fé de hereges, contaminou-se de estímulo com o afeto dos apóstolos, rezou para Deus na solidão das montanhas. Falou de passarinhos e de lírios dos campos, assim como pronunciou palavras que não cabiam na boca de um profeta, como 'prostituta'. É surpreendente como ele não tinha preconceitos com nada nem ninguém. Ele conheceu tanto a vida dos verdadeiros crentes em Deus, quanto as misérias morais de muitos 'pecadores'. A nada ele dramatizou ou moralizou. Tinha tanta ternura e vigor, ao mesmo tempo. Admirava a natureza. Suas palavras são repletas dela: o sol, a chuva, a noite, o calor, a colheita, os espinhos, as sementes. Também os porcos, as pérolas, o pão, as ovelhas, o sono, as contas a pagar, as violências do cotidiano. Sabia o que era a emoção de uma mãe com o nascimento de seu filho. Jesus era um homem neste mundo. Vejamos estas frases singulares:

---

[484] Leonardo Boff tem um capítulo em um de seus livros chamado Jesus, alguém de extraordinário bom senso, fantasia criadora e originalidade muito interessante. Ver em: BOFF, Leonardo. *Jesus Cristo libertador: ensaio de cristologia para o nosso tempo.* 22ª ed. Petrópolis: Vozes, 1986, p. 60 a 73.

QUEM FOI JESUS? 285

Ao ver a multidão teve compaixão dela, porque estava cansada e abatida como ovelhas sem pastor.[485]

Então, abraçando-as [as criancinhas], abençoou-as, impondo as mãos sobre elas.[486]

Fitando-o, Jesus o amou.[487]

Ao ouvir tais palavras, Jesus ficou admirado e, voltando-se para a multidão que o seguia disse: Eu vos digo que nem mesmo em Israel encontrei tamanha fé.[488]

Jesus, vendo que ele [um escriba] respondera com inteligência, disse-lhe: Tu não estás longe do Reino de Deus.[489]

E admirou-se da incredulidade deles.[490]

O senhor, ao vê-la, ficou comovido e disse-lhe: Não chores.[491]

Jesus chorou.[492]

Assim que ele desembarcou, viu uma grande multidão e ficou tomado de compaixão por eles.[493]

Ele, porém, respondeu: Ó geração incrédula! Até quando estarei convosco? Até quando vos suportarei?[494]

---

[485] Mt 9:36.
[486] Mc 10:16.
[487] Mc 10:21.
[488] Lc 7:9.
[489] Mc 12:34.
[490] Mc 6:6.
[491] Lc 7:13.
[492] Jo 11:35.
[493] Mc 6:34.
[494] Mc 9:19.

286 ANDRÉ MARINHO

Então começou a verberar as cidades onde havia feito a maior parte dos seus milagres, por não se terem arrependido: Ai de ti, Corazin! Ai de ti, Betsaida! Porque se em Tiro e em Sidônia tivessem sido realizados os milagres que em vós se realizaram, há muito se teriam arrependido.[495]

Repassando então sobre eles um olhar de indignação, e entristecido pela dureza do coração deles disse ao homem: Estende a mão. Ele a estendeu, e sua mão estava curada"[496]

Tendo feito um chicote de cordas, expulsou todos do Templo, com as ovelhas e com os bois. Lançou ao chão o dinheiro dos cambistas e derrubou as mesas. Os judeus interpelaram-no, então, dizendo: Que sinal nos mostras para agires assim?[497]

[Para os discípulos] "Então, nem vós tendes inteligência?[498]

Há tanto tempo estou convosco e tu não me conheces, Filipe?[499]

Suspirando profundamente em seu espírito, ele disse: Por que esta geração procura um sinal?[500]

Os discípulos Tiago e João disseram: Senhor, queres que ordenemos desça fogo do céu para consumi-los? Ele, porém, voltando-se, repreendeu-os.[501]

---

[495] Mt 11:20-21.
[496] Mc 3:5.
[497] Jo 2:15.18; Mt 21:12-13; Mc 11:11.15-17; Lc 19:45-46.
[498] Mc 7:18.
[499] Jo 14:9.
[500] Mc 8:12.
[501] Lc 9:54-55.

Ele, porém, voltando-se e vendo os seus discípulos, recriminou a Pedro, dizendo: Arreda-te de mim, Satanás, porque não pensas as coisas de Deus, mas as dos homens.[502]

Quando vos enviei sem bolsa, nem alforje, nem sandálias, faltou-vos alguma coisa?[503]

Meus amigos, eu vos digo [...].[504]

Ninguém tem maior amor do que aquele que dá a vida por seus amigos. Vós sois meus amigos, se praticais o que vos mando. Já não vos chamo servos, porque o servo não sabe o que seu senhor faz; mas vos chamo amigos, porque tudo o que ouvi de meu Pai vos dei a conhecer. Não fostes vós que me escolhestes, mas fui eu quem vos escolhi.[505]

Sereis traídos até por vosso pai e mãe, irmãos, parentes, amigos, e farão morrer pessoas do vosso meio, e sereis odiados de todos por causa de meu nome.[506]

Nosso amigo Lázaro dorme, mas vou despertá-lo.[507]

Quando Jesus a viu chorar e também os judeus que a acompanhavam, comoveu-se interiormente e ficou conturbado.[508]

Joana, mulher de Cuza, o procurador de Herodes, Susana e várias outras, que o serviam com seus bens.[509]

---

[502] Mc 8:33.
[503] Lc 22:35.
[504] Lc 12:4.
[505] Jo 15:13-15.
[506] Lc 21:16-17.
[507] Jo 11:11. Dorme no sentido de estar morto. Eles referiam-se com esta expressão aos mortos.
[508] Jo 11:33.
[509] Lc 8:3. As mulheres que patrocinavam as viagens de Jesus e dos apóstolos.

Uma mulher da Samaria, chegou para tirar água. Jesus lhe disse: Dá-me de beber.[510]

Depois teve fome.[511]

Fatigado da caminhada, Jesus sentou-se junto à fonte.[512]

Ele estava na popa, dormindo sobre o travesseiro.[513]

Então, a partir desse dia, resolveram matá-lo. Jesus, por isso, não andava em público, entre os judeus, mas retirou-se para a região próxima do deserto, para a cidade chamada Efraim, e aí permaneceu com seus discípulos.[514]

E, como estivesse perto, viu a cidade e chorou sobre ela, dizendo: Ah! Se neste dia também tu conhecesses a mensagem de paz![515]

Levando Pedro e os dois filhos de Zebedeu, começou a entristecer-se e a angustiar-se.[516]
É capaz de ter compreensão por aqueles que ignoram e erram, porque ele mesmo [Jesus] está cercado de fraqueza.[517]

Disse-lhes, então: Minha alma está triste até a morte.[518]

---

[510] Jo 4:7. Além de sentir sede, pede água a uma mulher samaritana, considerada inferior e herege.
[511] Mt 4:2.
[512] Jo 4:6.
[513] Mc 4:38.
[514] Jo 11:53-54.
[515] Lc 19:41.
[516] Mt 26:37.
[517] Hb 5:2.
[518] Mt 26:38.

> Pai, se queres, afasta de mim este cálice! Contudo, não a minha vontade, mas a tua seja feita! E, cheio de angústia, orava com mais insistência ainda, e o suor se lhe tornou semelhante a espessas gotas de sangue que caíam por terra. [519]

> Jesus, porém, tornando a dar um grande grito, entregou o espírito.[520]

Esses versículos revelam o Jesus humano. É realmente estranho imaginar que, se em tantas passagens, narram Jesus com os apóstolos no barco, ajudando a desenrolar as redes de pesca, sempre junto de pescadores, ele, como qualquer pescador, tinha cheiro de peixe; ou que tivesse frequentemente a roupa suja da poeira dos ventos do deserto e das montanhas; ou que, com tantas viagens a pé, tivesse os pés inchados e com bolhas – a subida do vale do Jordão para a Galileia é abrupta. Suas mãos deviam ser repletas de calos – o trabalho de carpinteiro machuca muito as mãos, e talvez tivesse um ou dois dedos feridos na carpintaria, com unhas encravadas. Jesus, no silêncio e na concentração que o seu ofício exigia, elaborou grande parte de suas concepções sobre os seres humanos e Deus. Sabe-se, ao que tudo indica, que tinha forte sotaque de nortista galileu. Provavelmente, como qualquer pessoa, tinha suas comidas preferidas – talvez um tipo de cereal, alguma fruta seca, uma carne com bastante alho, um pão árabe regado a mel. Comia as robustas maças, peras, amêndoas e ameixas da região. Estava acostumado a sofrer com o calor intenso do verão, apesar de Nazaré ficar 350 metros acima do mar. Possivelmente, deitava-se debaixo das mostardeiras e é certo que convivia com as flores selvagens do deserto, com morcegos, pombas, corujas, garças e os diversos tipos de peixes do lago de Genesaré. Observava, à distância, gatos do mato, cobras, escorpião e até crocodilo. Via a cevada sendo cultivada, a videira e a oliveira. Talvez nunca tivesse

---

[519] Lc 22:42.44.
[520] Mt 27:50. Ver, ainda, as referências bíblicas citadas no texto e aproximadas sobre Jesus histórico: Mc 6:2-3; Mt 13:53-58; Lc 4:16-30; Mt 12:46; Jo 7:15; At 4:13; Jo 11:18-19; Mt 3:4; Lc 9:10-11.

visto o mar mediterrâneo. A praia mais próxima, Ptolomaida, ficava há mais de um dia de caminhada de Nazaré. Jesus, ao dormir, devia ter sonhos. Seu pai devia ser uma figura da qual ele muito se recordava. Sua infância foi o simples começo de vïda de uma pobre criança que vive numa aldeia. Adulto, ao acordar, fosse em sua casa, fosse em casa de algum amigo ou mesmo em uma praça de alguma cidade, devia arrumar a esteira que lhe servia de colchão. Banho não devia tomar diariamente – não era hábito na região. Sua pele devia ser queimada pelo sol, seu cabelo ressecado, seus olhos entre o castanho e o negro. Limpava os dentes com alguma erva local e não estava acostumado a uma vida luxuosa. Sabia ler o hebraico clássico,[521] mas talvez não o escrevesse. Raros eram os que podiam treinar grafia em papiros. Falava o aramaico cotidianamente e, do grego, deveria saber algumas palavras – como hoje, queira-se ou não, sabe-se um punhado de vocábulos em inglês. Jesus, porém, tem uma inteligência totalmente diferente. O conhecimento que tem das escrituras é superior a de qualquer carpinteiro ou pescador com quem ele convivia. Não tinha formação intelectual 'acadêmica'. Era um leigo. A diferença dele para os rabinos é que mais do que conhecer as escrituras, ele as compreendia e manipulava com um impressionante domínio e originalidade. Ele, em seus anos de formação de que nada sabemos,[522] deve ter refletido muito sobre os conteúdos da Bíblia e da tradição oral. Quando iniciou sua vida pública, já tinha formulado todos os questionamentos antes. O estudo da jesulogia não detectou uma evolução nos conceitos teológicos do Jesus histórico; houve, entretanto, um amadurecimento emocional e intelectual praticamente impossível de detectarmos nas páginas neotestamentárias.

---

[521] Os evangelhos evidenciam Jesus lendo nas sinagogas. Muito provavelmente, lia as escrituras em hebraico.

[522] Desde as primeiras culturas gnósticas, procuraram-se respostas para o que Jesus fez até iniciar sua vida pública, por volta dos 30 anos. Nenhuma das hipóteses mirabolantes se sustenta. Particularmente, entendo este primeiro período de Jesus como o de qualquer judeu de sua época, além, naturalmente, de se dar a formação de Jesus, com todas as questões e novas interpretações dele sobre a religião e o ser-humano. É nas bucólicas vielas de Nazaré, trabalhando como carpinteiro, que ele vai aprofundando ainda mais a sua sensibilidade.

QUEM FOI JESUS?

Seja por meio de deduções históricas, seja por meio de versículos selecionados, Jesus é um homem com todas as características do humano: físicas, emocionais, espirituais, psicológicas. As duas narrativas evangélicas sobre as tentações de Jesus[523] querem, sobretudo, informar ao leitor que Jesus era um ser tentável, como qualquer outro ser, e que sua grandeza não estava em não ser tentado, mas, ao revés, em sendo tentado, transcender humanamente as tentações. Os apóstolos só podiam entender a partir desse olhar histórico. Por mais que tenham vivido a ressurreição de Cristo, eles o conheceram como ser terreno e, enquanto Jesus viveu, jamais poderiam imaginar os fatos que ocorreriam no futuro.

Uma das tentações de muitos cristãos é esvaziar o homem Jesus. Padres, teólogos, papas, pastores, estudiosos do evangelho, verdadeiros amantes e crentes da boa nova caem nessa falha que só gera sérias dificuldades para o próprio cristianismo, como se o ato assumir a humanidade, com todas suas características biológicas, tivesse um cunho de inferioridade.

O Jesus histórico poderia tomar as palavras da Sabedoria de Salomão e dizer com toda propriedade:

> Também eu sou homem mortal, igual a todos, filho do primeiro que a terra modelou, cinzelado em carne, no ventre de uma mãe, onde, por nove meses, no sangue me solidifiquei, de viril semente e do prazer, companheiro do sono. Ao nascer, também eu respirei o ar comum. E, ao cair na terra que a todos recebe igualmente, estreei minha voz chorando, igual a todos. Criaram-me com mimo, entre cueiros. Nenhum rei começou de outra maneira; idêntica é a entrada de todos na vida, e a saída.[524]
>
> – Jesus, um autêntico ser humano.

* * *

---

[523] Mt 4:1-11 e Lc 4:1-13. Também ver Hebreus 4:15 e 5:2.7-10.
[524] Sb 7:1-6.

> Quando o homem acabou, então é que começa e quando pára, fica perplexo.

> Eclesiástico 18:7

A partir das proposições que Giorgio Agamben apresenta em seu ensaio sobre o que é o contemporâneo,[525] e associando as reflexões desse eminente filósofo ao conhecimento que detivermos sobre Jesus, observaremos que Jesus relacionava-se com o seu tempo, aderindo à sua época e, simultaneamente, tomava distância daquela época. Ele, justamente por esse distanciamento, tinha uma visão crítica, ou melhor, conseguia ter um panorama nítido sobre o mundo em que vivia. Se "contemporâneo é aquele que mantém fixo o olhar no seu tempo, para nele perceber não as luzes, mas o escuro",[526] Jesus era o próprio contemporâneo. Ele sabia ver as obscuridades, pouco perceptíveis aos olhos comuns, de modo tão nítido (e isto não é paradoxo: ver no escuro) que a obscuridade que ele evidencia de sua época aos homens e mulheres do século I permanece sendo a obscuridade que ele revela para as mesmas mulheres e homens do século XXI. Ele era capaz de transitar nesse escuro, porém vendo com transparência diáfana. Os esclarecimentos, as conquistas, tudo aquilo que era visível por todos e considerado as vitórias de sua época, não encontrou deslumbramento em Jesus. Ele conseguiu ver as sombras dessas luzes, o escuro que elas contêm, conseguiu ver as vergonhas de sua época, sobretudo aquelas não vistas pelos seus coetâneos.

Jesus foi um corajoso homem que viveu esse processo nos mínimos detalhes. Suas interrogações teóricas e práticas perpetuam-se até o presente. O passado, para o Jesus histórico, não havia passado, ele se atualizava em sua época. São as questões ligadas ao monoteísmo de Moisés que explodem nele. São os problemas do legalismo formalista da época pós-exílio na Babilônia que ele pensou. São os intrincados debates da atualização do judaísmo no mundo grego que o atingiu. São as estruturas hierárquicas da Igreja Católica de Roma que podem

---

[525] AGAMBEN, Giorgio. *O que é o contemporâneo e outros ensaios*. Chapecó: Argos, 2009.

[526] AGAMBEN, *O que é o contemporâneo e outros ensaios*, 2009.

QUEM FOI JESUS? 293

ser questionados a partir dele. É o mundo cristão medieval que pode ser pensado por meio dele. E infinitamente mais, ao longo das épocas. Podemos formular tanto diálogo com Jesus: e as estruturas das Igrejas e das Instituições atuais? E as críticas ao individualismo moderno? E o problema dos grupos sociais pobres das grandes favelas das cidades latino-americanas? E a situação das elites alienadas? E a vida privada, cotidiana, de jovens formados num mundo cibernético? E a dificuldade de distinguir o que é verdade do que é manipulação na mídia e na política? Todos esses temas e outros assuntos podem ser amplamente articulados com Jesus. Poderíamos, apropriando-nos da frase de Walter Benjamin, afirmar que Jesus vive em "um tempo saturado de agoras".[527]

Se outrora admitimos que Jesus era contemporâneo de sua época e também contemporâneo de nossa época, cabe-nos perguntar se somos contemporâneos de Jesus, isto é, se somos capazes de ser contemporâneos de Jesus, religiosos ou não.

Só poderemos ser contemporâneos de Jesus se formos capazes de não nos apaixonarmos por nossa época, isto é, se tivermos a audácia de perceber que o nosso presente cronológico, com todos os deslumbramentos e encantos que possa ter, trata-se tão somente de um momento, de um instante da longa história humana, e que todas as conclusões a que almejamos chegar, ou mesmo a que chegamos, são repletas da nossa época, são datadas. Daqui há mil e quinhentos anos, as mulheres e homens que se disponibilizarem a nos resgatar, a nos presentificar, poderão usar a nossa época como pretexto para compreenderem a época em que eles estarão. Eles só poderão fazer isso, e nós hoje só poderemos também assim nos enriquecer com culturas do passado cronológico, se formos capazes de nos colocarmos com um olhar crítico, tanto com relação ao presente, quanto com relação ao passado.

Neste caso de exercício que proponho, só conseguiremos dialogar com Jesus se tivermos a capacidade de desconexão e dissociação dos valores presentes no século XXI. Se possuímos a faculdade intelectual de olhar ao nosso redor e, ao mesmo tempo que fazemos parte deste mundo, descolarmo-nos dele, melhor dizendo, deslocarmo-nos nele,

---

[527] BENJAMIN, W. *Magia e Técnica, arte e política*: ensaio sobre literatura e história da cultura em Sobre o conceito de história. 7 ed. São Paulo: Brasiliense, 1994, p. 229.

poderemos então construir um verdadeiro diálogo com Jesus sem a mera repetição do que é pensado e ensinado por teólogos e historiadores. Essa discronia exigida não significa de modo algum negar o nosso tempo e querer voltar a viver como se vivia na época de Jesus, comendo as mesmas comidas e vestindo as mesmas roupas. Tampouco imitar Jesus e negar que a nossa relação com o nosso tempo (queira-se ou não) é outra. Nada de abandonar os celulares ou as tecnologias cibernéticas para voltar a escrever livros em papiros ou andar a pé quilômetros de distância, na ausência de um camelo amigo. Ser contemporâneo de Jesus é, em se distanciando criticamente da atualidade, conseguir *olhar* para o mundo atual, sem a limitação de quem está colado demais. Ora, uma pessoa que pega um texto e o cola no nariz não é capaz de lê-lo; aquele, contudo, que se distancia desse texto pregado no nariz poderá fazê-lo. É deste contemporâneo que estamos tratando. Estar em relação com Jesus neste aspecto significa *olhar* as perspectivas que emergem para o presente a partir de Jesus. É estabelecer uma relação tensa entre os tempos, porque se estabelecemos o *com* Jesus, ao mesmo tempo estabelecemos uma série de *contra* outras coisas. E não estou tratando de dogmatismos ou apologéticas obsoletas ao usar as preposições *com* e *contra*. Se nos situamos *com* Jesus, descobrimos uma série de critérios a partir do homem Jesus sobre uma série de questões. A hierarquia, por exemplo. Ver como Jesus relacionou-se *com a hierarquia* de seu tempo pode nos levar a pensar como é a nossa hierarquia hoje e que proposição Jesus fez sobre a hierarquia do tempo dele. A partir disso, confrontamos a nossa hierarquia com aquela da época dele e o modo como ele a tratou. Esta 'con-front-ação' com Jesus vai gerar uma série de *contras*, porque retomar o entendimento de Jesus sobre a hierarquia significa mudar a nossa visão presente de hierarquia, seja ela qual for, inclusive no mundo religioso. É pensar *contra* uma série de valores concedidos à hierarquia de nossa época. Este procedimento *com-contra* é ser contemporâneo de Jesus, porque se Jesus estava 'fora de seu tempo', ao criticar a hierarquia que ele conheceu, nós também estamos 'fora de nosso tempo' ao sermos capazes de tomar Jesus como uma referência para as nossas questões hoje com a hierarquia.

QUEM FOI JESUS? 295

Embora estejamos em parte 'distanciados de nosso tempo', só podemos criticar 'o nosso tempo'! É o paradoxo do ser contemporâneo. Não há de interessar a ninguém um livro que critique a hierarquia da época de Jesus. Ela não interessa mais em si. Ninguém mais vive objetivamente naquela época. Não podemos modificar mais nada; no entanto, podemos sim pensar a nossa época e somente a nossa época podemos querer esclarecer. Muitos religiosos e até teólogos são capazes de conhecer profundamente a história e a antropologia das épocas bíblicas que estudam, mas não são capazes de realizar o diálogo entre as épocas. Eles tratam o passado como passado, como se o passado fosse terminado, fechado, contido em si e imutável, e o presente como o presente, como aquele espaço-tempo do qual se orgulham, por nele viverem. Não olham, na verdade, o presente nem o passado porque dissociam os tempos. Eles se iludem como se o seu tempo fosse absoluto e como se o passado não dissesse nada ao presente. Eles não percebem que qualquer época, como qualquer conceito e qualquer teoria, é somente um ponto de vista, um olhar sobre sempre limitado, porque limitada é a capacidade cognitiva humana. Não são contemporâneos, segundo a linha argumentativa que estamos tratando. Na verdade, esses teólogos e religiosos são cegos, porque não conseguem ver tempo e espaço algum.

Aganbem afirmou: "Contemporâneo é aquele que mantém fixo o olhar no seu tempo, para nele perceber não as luzes, mas o escuro. [...] É, justamente, aquele que sabe ver essa obscuridade, que é capaz de escrever mergulhando a pena nas trevas presente".[528]

Já tratamos rapidamente da incapacidade de ser contemporâneo. Vejamos agora da capacidade. Tomemos um exemplo concreto: Lutero. Esse homem era, em muitos aspectos, um típico homem do medievo. Ele não tinha a menor intuição do que seria a modernidade, como o tinha Galileu e outros anteriores ao próprio Galileu. Lutero chamava a razão de "prostituta" e em muitos aspectos era extremamente colado com sua época. Basta dizer que seu comportamento em muitos casos era tipicamente antissemita! No entanto, Lutero apresenta um paradoxo interessantíssimo. Ele consegue per-

---

[528] AGAMBEN, *O que é o contemporâneo e outros ensaios*, p. 62-63.

296 ANDRÉ MARINHO

ceber com muita nitidez algumas coisas que os de sua época não foram capazes de olhar. No auge da escuridão medieval, *ninguém* formulou com tamanha acuidade e ciência o que Lutero formulou: a tradição católica de sua época nada tinha a ver com o evangelho de Jesus. Essa sua percepção foi brilhante! Brilhante porque ele enxergou a sua época a partir de outra época, a partir do testemunho do evangelho e, consequentemente, ele acabou descobrindo, no seu diálogo com Jesus, uma série de conceitos genuinamente cristãos esquecidos ao longo do milênio e meio de Igreja. Ele redescobriu a graça e a justificação pela fé, temas tão expressos nas epístolas paulinas. É impressionante porque – pasmemos –, nesse milênio e meio que o afasta de Jesus, *ninguém* com tamanha nitidez teve essa percepção! Nem mesmo os pré-reformadores Jan Huss e John Wycliff. Nem Francisco de Assis, que compreendeu o evangelho com sua delicadíssima sensibilidade, mas manteve sua ordem submissa à Igreja papal.

Lutero não se permitiu cegar nem pela escuridão de sua época, nem pelas luzes de sua época. Luzes? Sim, porque enquanto a maioria dos teólogos do século XVI estavam mergulhados na piedade católica, na mística medieval, na teologia de Agostinho e na escola franciscana-ockhamista, as luzes da época deles, considerada o novo de então, Lutero não se deixou cegar por essas luzes – porque a luz cega! Ele conseguiu perceber o lado obscuro de sua época, ainda que conhecesse as 'luzes'. Toda a celebridade de sua época, ele transpassa. Enquanto isso, o Papa Leão X vivia somente das luzes de seu mundo romano, absolutamente convencido da infalibilidade do paradigma católico-romano da Idade Média. Esses dois homens eram a encarnação de dois tempos diferentes numa época só. Também Leão X recebeu influências da piedade católica, da mística medieval, da teologia de Agostinho e da escola franciscana-ockhamista; o Papa não conseguia, porém, ver no escuro, somente no claro. É a luz excessiva que cega, não a contemplação da escuridão. São as luzes que deslumbram, não a sobriedade da sombra. Combina com a frase de Jesus: "Vê bem se a luz que há em ti não é treva".[529]

---

[529] Lc 11:35.

É outro conceito importante para Agamben. Entender que se pode ver no escuro. Para tal, a neurofisiologia desvenda as células *off-cells*. São elas que entram em atividade e permitem à visão humana ver no escuro. Sem elas, não teríamos a habilidade particular de ver no escuro quando se faz necessário, de ter o recurso de ver no escuro, recurso que parecia faltar ao papa Leão X e que Lutero desenvolveu mais e mais. Afinal, é preciso acostumar-se ao escuro e só se é capaz de se acostumar, estando no próprio escuro. É vivendo no escuro que desenvolvemos a visão para o escuro. É estando no próprio escuro que percebemos que o escuro não é tão escuro assim, e que é possível ver muito bem, às vezes até com nitidez, e que o tipo de visão que se tem nesse escuro nada tem a ver com a visão que se tem no claro. Lutero fez-se contemporâneo de Jesus. Ele fez o esforço de ver no escuro, de olhar para o que não estava na evidência, embora hoje possamos achar que eram evidentes as proposições dele. Ele estranhou o próprio tempo dele. Acabou, assim, redefinindo sua época a partir do passado, a partir de Jesus. A tradição, que era natural para todos os de sua época, para Lutero era bizarra. Sua genialidade perceptiva gerou conflitos brutais. A partir do que ele vislumbrou, redefiniu-se uma época (até hoje orientada em parte por ele). Lutero não foi mais um agostiniano a descrever passivamente o mundo em que viveu. Ele jogou o passado no presente – para olhar para o presente – e jogou o presente no passado – para olhar para o passado e para o presente juntos. É como se Jesus saísse da sua temporalidade histórico-cronológica e invadisse a Alemanha do século XVI. Não era o mesmo Jesus que falava 'aramaico' e, no entanto, era, porque Lutero releu seu mundo a partir do Jesus que, falava aramaico. Contudo, Lutero só pode dialogar com esse Jesus a partir da cultura 'alemã' que conhecia. E mesmo que Lutero falasse aramaico (conhecesse toda a antropologia do século I), ele só poderia falar com Jesus em alemão, falar com Jesus a partir da cultura do próprio Lutero. O espaço-tempo entre o mundo de Lutero e o de Jesus era imenso, mas fez-se pequeno, já que Lutero, sem sair de seu mundo, mas ao mesmo tempo saindo, foi capaz de entrar no mundo de Jesus. E foi este mundo de Jesus que permitiu a Lutero melhor ver o seu próprio mundo alemão do século XVI.

Sondar Jesus é um convite, sobretudo para sermos contemporâneos, em que grau for. É um exercício que, segundo penso, não precisa ser didaticamente evidenciado. Poderei eu, em meu esforço de diálogo com Jesus, levantar alguns pontos que me levem à crítica de meu próprio tempo; será, contudo, um esforço limitado, porque sou um pensador limitado. De qualquer modo, a contemporaneidade se dá independentemente das evidenciações nítidas. Aqueles que tiverem "olhos para ver" poderão enxergar nas linhas de nosso livro muito mais para a nossa época do que eu mesmo que o escrevo posso enxergar. E isto fatalmente vai ocorrer, caso o livro tenha leitores diversos, porque as proposições que ofereci são apenas pontos de partida para a leitura particular. Elas de modo algum almejam estabelecer uma ortodoxia sobre os temas ou mesmo sobre Jesus. Fazer isso seria limitar demais a própria busca pelo conhecimento e, mais, supor-se detentor da verdade, de fórmulas invariáveis e eternamente constantes. Sei que daqui há cinco mil anos, algum ser humano poderá encontrar estas linhas em algum lugar e as estranhará. Talvez nem haja mais o idioma em que esta obra foi escrita. É possível que ele encontre uma série de ingenuidades nas minhas argumentações. É mesmo bem possível que muitos leitores de nossa época encontrem fragilidades de argumentação. De qualquer modo, ofereci algumas argumentações que me foram possíveis. Eu mesmo sei que daqui a cinquenta anos, estranharei essas linhas. Se eu com elas concordar plenamente, poderá isto ser sinal de fragilidade intelectual. Se eu delas discordar ou quiser retificá-las, poderá ser sinal de lucidez. Evoluir sempre! Mais importante do que isso, quer para mim, quer para o leitor, é que mesmo sem respostas fixas e definidas, continuaremos a fazer perguntas. É o ato de perguntar que nos faz humanos e vivos, ainda que nem sempre venhamos a encontrar respostas. Já que não conseguiremos respostas absolutas, poderemos formular respostas provisórias.

Quem foi Jesus? é uma pergunta com o verbo no passado, consequentemente limitada àquela época. Jesus não apenas foi, ele é. *Quem é Jesus?* É uma pergunta com o verbo no presente, consequentemente limitada a esta época. Jesus não apenas é, ele tem sido. *Quem tem sido Jesus?* É uma pergunta que muda em grande parte o caráter deste livro, embora seja uma pergunta honesta de simpatizantes de Jesus e daqueles que com ele não simpatizam. Como não vou conseguir responder quem ele *foi*, assim como não vou conseguir responder quem ele *é*, talvez a primeira reflexão possível, uma vez conhecendo a época dele e a minha época de agora: *quem tem sido Jesus?* E essa pergunta pode nos conduzir a dois tipos de respostas, que podem ser conciliáveis ou não, dependendo do leitor: *quem tem sido Jesus* historicamente, politicamente, socialmente e religiosamente, ao longo desses vinte séculos, ou *quem tem sido Jesus* para cada leitor, uma resposta individual, de fé, intransferível, em que as respostas serão igualmente provisórias, porque são as transições, as incertezas, as circunstâncias e as condições da vida que nos fazem buscar *quem foi, quem é e quem tem sido Jesus de Nazaré.*

Comprometi-me com o leitor, na apresentação do livro, a *sondar* quem foi ('é' e 'tem sido') Jesus. Gosto dessa palavra *sondar,* porque é séria e consciente dos limites ante um ser tão genial quanto foi Jesus. Gosto de entendermos uma relação com Jesus (de pesquisa e/ ou de fé) por meio do 'sondar', porque creio que Jesus era um caráter extremamente honesto com suas possibilidades. O que podemos fazer ante esse ser histórico é tão somente usar de todos os meios disponíveis e de modo cauteloso, a fim de investigarmos, de tatearmos sobre ele. Há muita interposição entre ele e nós, além dos séculos e dos idiomas. Nós o conhecemos pelos relatos engajados de seus apóstolos. Ele mesmo nunca escreveu nada. Nós o conhecemos, seja pela hipervalorização de sua figura, na história do cristianismo, seja pelo receio e, durante muitos séculos, pela antipatia à sua figura, na história do judaísmo. Sempre se misturou o Jesus histórico com as culturas de todas as épocas, com as igrejas, com os dogmas e com os objetivos políticos. Tudo isso se antepõe quando queremos saber sobre ele, motivo pelo qual, ao averiguar o que podemos, inevitavelmente nos surpreendemos.

Mesmo com todas essas 'camadas' sobre o Jesus histórico, ainda assim podemos *sondá-lo*. Nosso conhecimento sobre ele será limitado e sempre será um ensaio. A profundidade de nossa resposta vai depender, em grande parte, da capacidade de nos fazermos perguntas. Ele atrai a curiosidade dos séculos, bem como a atenção de religiosos

300 ANDRÉ MARINHO

e de não religiosos. Muitos quiseram investigá-lo e, em vez disso, viveram verdadeiras 'experiências espirituais'. Medir nossa aproximação com ele é difícil, porque, gostemos ou não, de repente somos capturados, tão grande é a sua personalidade, o seu ser, tão rico o seu caráter, tão complexo o seu entendimento sobre a humanidade. É por isso que creio ser importante, mais uma vez, dar a voz a Jesus, por ter sido ele quem melhor formulou a pergunta que nos fazemos nesse livro: "E vós, dizeis que eu sou quem?".[530]

---

[530] Mt 16:15. AM. HDD e BJ traduzem: "quem dizeis que eu sou?".

REFERÊNCIAS BIBLIOGRÁFICAS

AGAMBEN, Giorgio. *O que é o contemporâneo e outros ensaios.* Chapecó: Argos, 2009.

ALBRIGHT, W. F. *The archeology of Palestine.* Gloucester: Mass, 1971.

_____. *From the stone age to christianity.* Monotheism and the Historical Process. Valtimore, 1946.

ALCORÃO SAGRADO. São Paulo: Folha de São Paulo, 2010.

ARGAN, Giulio Carlo. *Clássico Anticlássico, o renascimento de Brunelleschi a Bruegel.* Trad. Lorenzo Mammì. São Paulo: Companhia das Letras, 1999.

BABYLONIAN Talmud: Tractate Sanhedrin. Disponível em: <http://www.come-and-hear.com/sanhedrin/sanhedrin_43.html>. Acesso em: 10 jul. 2018.

BAECK, L. *Harnack´s Vorlesunger über das Wesen des Christentums: Monotsscrift für Geschichte und Wissenschaft des Judeuntums.* 1901.

_____. *Paulus, die Pharisäer und das Neue Testament.* Frankfurt am Main, Ner-Tamid Verlag [1961].

_____. *Judaism and Christianity; essays, translated with an introd. by Walter Kaufmann.* Philadelphia, Jewish Publication Society of America, 1958.

BARBAGLIO, Guiseppe. *Jesus, hebreu da Galileia: pesquisa histórica.* 1ª edição. São Paulo: Paulinas, 2011.

BARNETT, Victoria (1992). *For the Soul of the People: Protestant Protest Against Hitler.* Oxford University Press US.

BARRERA, Julio Trebolle. *A Bíblia judaica e a Bíblia cristã: introdução à história da Bíblia.* Petrópolis: Vozes, 1995, p. 38.

302 ANDRÉ MARINHO

BAUSCHKE, M. *Jesus um Koram.* pp. 110.

BEN-CHORIN, S. Bruder Jesus. *Der Nazarener in jüdischer secht.* München, 1967, p.12. Em ingles: *Brother Jesus: the Nazarene through Jewish eyes.* Schalom Ben-Chorin; translated and edited by Jared S. Klein and Max Reinhart. Athens, GA: University of Georgia Press, c2001.

_____. Paulus. *Der Völkerapostel in jüdischer Sicht.* München, 1980, p. 142.

BENJAMIN, W. *Magia e Técnica, arte e política: ensaio sobre literatura e história da cultura em Sobre o conceito de história.* 7 ed. São Paulo: Brasiliense, 1994, p. 229.

BERGER, Klaus. *Qumran e Jesus: uma verdade escondida?* Petropolis, RJ: Vozes, 1994; Textos de Qumran: edicão fiel e completa dos documentos do Mar Morto / traducão dos originais hebraico e aramaico a cura de Florentino Garcia Martinez. trad do espanhol: Valmor da Silva. –Petropolis, RJ : Vozes, 1995.

BÍBLIA DE JERUSALEM. 1ª edição. 9ª reimpressão. São Paulo: Paulus, 2013.

BÍBLIA SAGRADA: Antigo e Novo Testamento/ traduzida em português por Joao Ferreira de Almeida. Brasília: Sociedade Bíblica do Brasil, 1969.

BLANK, J. *Der Jesus des Evangeliums.* Munich, 1981.

BOFF, L. *A nossa ressurreição na morte.* 11 ed. Petrópolis, RJ: Vozes, 2012. P. 74.

_____. *Jesus Cristo libertador: ensaio de cristologia crítica para o nosso tempo.* 22ª edição. Petrópolis: Vozes, 1986.

_____. *Paixão de Cristo – paixão do mundo.* 5ª ed. Petrópolis: Vozes, 2003, p. 37.

BONDER, Nilton. *A alma imoral: traição e tradição através dos tempos.* 1ª ed. Rio de Janeiro: Rocco, 1998.

BREUNING, W. "Gericht und Auferweckung von den Toten als Kennzeichen des Vollendungshandeln Gottes durch Jesus Christus", em J. Feiner e M. Löhrer 9edit.), *Mysterium Salutis* (Zurich 1976), V, 882.

BROWN, R. *The death of the Messiah, from Gethsemane to the grave.* 1st. edition. Yale University Press, 1998.

BULTMANN, R. *Das Urchristentum im Rahmam der antiken Religionen.* Zürich, 1949

_____, R. *Teologia do Novo Testamento/* Rudolf Bultmann; tradução Ilson Kayser; revisão Nélio Schneider. – São Paulo: Editora Teológica, 2004.

CHARLESWORTH, J. H. *Jesus and the Dead Sea Scrols.* New York, 1992.

COLPE, C. "Die älteste judenchristliche Gmeinde", em J. Becker, Die Anfänge, pp. 59-79. Schenke, L, Die Urgemeinde, pp. 11-23.

CONE, J. em sua *Teologia Negra,* pp. 148, in. BOFF, L. *Paixão de Cristo – paixão do mundo.* 5ª Edição, Editora Vozes, Leonardo Boff, pp. 87.

QUEM FOI JESUS? 303

Conferência de Lambeth de 1988, intitulada "Jews, Chrisitians and Muslims: the Way of Dialogue", disponível em: https://www.episcopalchurch.org/library/document/jews-christians-and-muslims-way-dialogue-1988. Acesso em 10/07/2018

CULLMANN, Oscar. *A formação do Novo Testamento*. 13ª ed. Rev. São Leopolso, RS: Sinodal, 2015.

DAVIES, William David. *Paul and rabbinic Judaism: some rabbinic elements in Pauline theology*. London: S.P.C.K., 1948.

Declaração da Igreja Luterana Evangélica na América, em 1994, intitulada "Declaration to the Jewish Community", disponível em https://www.bc.edu/content/dam/files/research_sites/cjl/texts/cjrelations/resources/documents/protestant/ELCA_declaration.htm, acesso em: 10/07/2018

DENZER-FABRICIUS, p. 253.

EICHRODT, Walther. *Teologia do Antigo Testamento*. Trad. Cláudio J. A. Rodrigues. São Paulo: Hagnos, 2005.

Encyclopadia Judaica/ Fred Skolnik, editor-in-chief. 2nd edition. Thomson Gale.

Encyclopaedia Britannica. Londres, 2006.

Encyclopaedia of World Religions. Encyclopaedia of World Religions.

EUSEBIO DE CESAREIA. *História Eclesiástica*. Vol. 15. 1ª edição. São Paulo: Paulus Editora, 2017. 3:20, 1-6.

FEINERMANN, Emmanuel; THALMANN, Rita. *La nuit de cristal*. Paris : R. Laffont 1972.

FLUSSER, David in collaboration with R. Steven Notley. Jesus. *Jerusalem*. Magnes Press, 1997.

_____. David. *O judaísmo e as origens do cristianismo*. Trad. Reinaldo Guarany. Rio de Janeiro: Imago, 2000-2001.

FOHRER, G. *Greundstrukturen des Alten Testaments*. Berlim-Nova York, 1972.

_____. G. *Introduction to the Old Testament*. Initiated by Ernst Sellin. Completely rev. and rewritten by Georg Fohrer. Nashville, Abingdon Press [1968].

GAON, S. *Book of Beliefs and Opinions*. 6:7 e 9:5.

GLATZER, Nahum N. *Hillel the elder*. New York: B'nai B'rith Hillel Foundations, 1959.

GUNKEL, Hermann. *Genesis. The stories of Genesis, translated by John J. Scullion*. Vallejo, CA: Bibal Press, 1994.

HABERMAS, J. Piper. Dokumentation, p. 14

HEINZ Boberach; HERMLE, Siegfried; NICOLAISEN, Carsten; PABST, Ruth: *Handbuch der Deutschen Evangelischen Kirchen*, 1918 bis 1949, Band 1: Überregionale Einrichtungen. Vandenhoeck & Ruprecht, Göttingen, 2010.

304 ANDRÉ MARINHO

HILBERG, H. Die Vernichtung der europäischen Juden. Die Gesammgeschichte des Holocaust, Berlim 1982, pp. 15s.

HIRSCHFELD, Qumran in Context: Reassessing the Archaeological Evidence, 2004.

Hobsbawm, Eric. Era dos Extremos, Companhia das Letras, 2a edição, pp. 123.

HOCKENOS, Matthew D. A Church Divided: German Protestants Confront the Nazi Past. Indiana: Indiana University Press, 2004.

JACKEL, Ebert e Piper – Dokumentation, p. 118.

JEREMIAS, J: The Lord's prayer. translated by John Reumann. Philadelphia, Fortress Press, [1964]; New Testament theology. New York, Scribner.1971; The prayers of Jesus. Naperville, Ill., A. R. Allenson [1967].

_____. Heiligengräber in Jesu Umwelt, Göttingen, 1958.

_____. O Sermão da Montanha. Trad. Jose Raimundo Vidigal. São Paulo: Paulinas, 1988. Sobre o sermão do senhor na montanha: comentário.

_____. Jerusalém nos tempos de Jesus. Paulus Editora. 4ª edição. 1997.

JOHNSON, Paul. História do Cristianismo. Rio de Janeiro: Imago, ed. 2001, p. 586-587.

JOSEFO, F. História dos hebreus: obra completa. Rio de Janeiro: CPAD, 1992. v. III. p. 416.Josephus, J. *The Works of Josephus, Complete and Unabridged New Updated Edition. Translated by* Whiston, William; Peabody, A. M. (Hardcover ed.). M. A. Hendrickson Publishers, Inc. 1987. ISBN 0-913573-86-8. (*The Works of Josephus, Complete and Unabridged New Updated Edition(Paperback ed.).*

KARDEC, A. *O livro dos espíritos.* 93ª edição. Brasília: FEB, 2013. Ver questões 274 e 918.

_____. *O livro dos espíritos.* 99ª edição. Brasília: FEB, 2013.

_____. *Viagem Espírita em 1862.* Federação Espírita Brasileira.

KASEMANN, E. *Perspectivas Paulinas.* São Paulo, Teológica/ 2ª ed. 1972.

JASPERS, K. *Nietzsche and Christianity.* 1961.

KAUTSKY, K. *A origem do cristianismo.* Rio de Janeiro: Civilização Brasileira, 2010. Civilização Brasileira.

KLAUSNER, Joseph. *Jesus of Nazareth: his life, times and teaching.* New York: The Macmillan company, 1925.

KRATZEL,Vergiftete Brunnen. *Antwort auf proteste von gläubingen.* Publik – forum, 11/03/88.

KÜNG, H. *El judaísmo, pasado, presente y futuro.* 6a edição, 2007

QUEM FOI JESUS?

_____. Editorial Trotta. Vida eterna, p. 186.

_____. *El judaísmo. Pasado, presente, futuro.* Editorial Trotta, pp. 226-227.

_____. *El judaísmo. Pasado, presente, futuro.* Editorial Trotta, pp. 236.

_____. *¿Existe Diós?* Madrid: Trotta 2005, pp.738.

_____. *A Igreja Católica*, 21a edição. Rio de Janeiro: Objetiva, 2002. Objetiva, p. 223.

LAQUEUR, Walter. *The Terrible Secret: Suppression of the Truth About Hitler's "Final Solution"*. Harmondsworth, Middlesex, England; New york, N.Y., USA: Penguin Books, 1982, c1980.

LE MOYNE, Jean. *Les sadducéens*. Paris: Lecoffre, 1972.

MARTINEZ, F. G; BARRERA, J. *Os homens de Qumran: literatura, estrutura e concepções religiosas.* Trad. de Luis Fernando Gonçalves Pereira. –Petropolis, RJ: Vozes, 1996;

MARXSEN, W. *The Significance of the message of the resurrection for faith in Jesus Christ* [and others. Essay I translated by Dorothea M. Barton; the remainder translated by R. A. Wilson] Edited, with an introd., by C. F. D. Moule. Naperville, Ill., A. R. Allenson [1968];

MELZER, Karl-Heinrich: *Der geistliche Vertrauensrat – Geistliche Leitung für die Deutsche Evangelische Kirche im Zweiten Weltkrieg?* Göttingen, 1991.

"Modo Correto de Apresentar os Judeus e o Judaísmo na Pregação e Catequese", disponível em: http://www.jcrelations.net/Guia_para_o_di__logo_Cat__lico-Judaico_no_Brasil_-.2642.0.html?L=4, acesso em: 10/07/2018.

MOMIGLIANO, Arnaldo. *On pagans, Jews, and Christians.* Middletown, Conn. Wesleyan University Press; Scranton, Pa.: Distributed by Harper & Row, c1987

MONDIN, Battista, *Os grandes teólogos do século vinte.* Tradução José Fernandes. São Paulo: Editora Teológica, 2003.

MONTEFIORI, C. *Some Elements of the Religious Teaching of Jesus,* 1910.

_____. *Synoptic Gospels* (2 vols.; 1909; 1972; repr. 1968);

NEUSNER, J. *The rabbinic traditions about the Pharisees before 70.* Atlanta, Ga.: Scholars Press, c1999;

NIETZCHE, F. *Were und Briefe*. Historisch-kritische Gesamtausgabe, V, 471.

_____. *Além do bem e do mal*, 16ª ed., São Paulo: Companhia de Bolso, 2016, item 269.

_____. *O Anticristo: Maldição ao cristianismo: Ditirambos de Dionísio.* "Prólogo". Tradução, notas e posfácio Paulo César de Souza. São Paulo: Companhia das Letras, 200.

306 ANDRÉ MARINHO

"Nostra Aetate", 4. Disponível em: http://www.vatican.va/archive/hist_councils/ii_vatican_council/documents/vat-ii_decl_19651028_nostra-aetate_po.html. Acesso em: 10/07/2018.

Novum Testamentum Graece et Latine. Curis elaboratum Gianfranco Nolli. Libreria Editrice Vaticana, 2001.

O Novo Testamento. Tradução de Haroldo Dutra Dias. CEI. 1ª edição. 1ª impressão. Brasília.

OESTERREICHER. J. M., *The Rediscovery of Judaism a re-examination of the conciliar statement on the Jews.* (South Orange, N. J. 1971). [South Orange, N.J.] Institute of Judaeo-Christian Studies, Seton Hall University [1971].

PANNENBERG, W. *Théologie systématique.* Traduit sous la direction de Olivier Riaudel. Paris : Editions du Cerf, 2008; *Die Auferstehung Jesu und die Zukunft des Menschen.*

PASCHINI, P. *Vita e Opere di Galileo Galilei.* Vol. V. Firenze: Casa, 1965, p. 281-288.

PROCKSCH, Otto. *Theologie des Alten Testaments.* Gütersloh, C. Bertelsmann, 1950.

REIMARUS, Samuel H. *Fragments.* Philadelphia: Fortress Press, 1970.

ROKEAH, David. *Jews, pagans, and Christians in conflict Jerusalem.* Magnes Press, Hebrew University. Leiden : E.J. Brill, 1982.

SALDARINI, A. *Fariseus, escribas e saduceus na sociedade palestinense: uma abordagem sociológica.* Tradução: Paulo Ferreira Valério. São Paulo : Paulinas, 2005.

SALVADOR, Joseph. *Jésus-Christ et sa doctrine. Histoire de la naissance de l'Église, de son organisation et de ses progrès pendant le premier siècle.* Bruxelles : Hauman et compagnie, 1838.

SANDERS, E. P. *Paul and Palestinian Judaism: a comparison of patterns of religion.* Philadelphia: Fortress Press, 1977.

_____. *Jewish law from Jesus to the Mishnah : five studies.* London: SCM Press; Philadelphia: Trinity Press International, 1990.

SANTO AGOSTINHO. *Cidade de Deus.* Vol III, 2ª edição, fundação Calouse Gulberkian.

SCHACH, Vanderlei Alberto. *Fariseu e Jesus: teologia e espiritualidade em relação ao sábado a partir de Mc 3:1-6: características e avaliação crítica.* Ijuí: Faculdade Batista Pioneira, 2007.

SCHILLEBEECKX, Edward. *Jesus, la historia de um viviente.* Madrid: Trotta AS, 2003, p. 72.

SCHNEIDER, Thomas Martin. "Ludwig Müller (Theologe)". In: *Biographisch-Bibliographisches Kirchenlexikon* (BBKL). Herzberg: Band 6, 1993, p. 294–299.

SCHOEPS, H.J. *Jesus, em Id., Gottheit und Menschheit*. Die grossen Religionsstifter und ihre Lehren, Darmstadt, 1954, p. 56.

SCHOEPS, H.J. *Jewish Christianity; factional disputes in the early church*. Philadelphia, Fortress Press, 1969.

SCHOLDER, K. *Die Kirchen zwischen Republik und Gewaltherrschaft*. Berlim, 1988.

SCHWEITZER, Albert. *A quest of the historical Jesus, a critical study of its progress from Reimarus to Wrede*. New York: Macmillan, 1948.

KATHPRESS. Katholische Presseagentur Österreich.

SEMLER. *Ensayos sobre la investigacion del canon*.

STAMBAUGH, E. e BALCH, D. L. *The New Testament and Its Social Environment*. Philadelphia, 1986.

STEGEMANN, H. *The Library of Qumran: On the Essenes, Qumran, John the Baptist, and Jesus*. (1998).

The Encyclopaedia of Islam. New Edition. Leiden; E. J. Brill, 1986.

The New Testament in the Original Greek. Byzantine Textform. 2005. Complied and arranged by Robinson and Pierpont.

The Oxford Dictionary of the Christian Church. Oxford University Press, 1997. Edited by F. L. Cross.

THEISSEN, G. *Estudios de sociología del cristianismo primitivo*. Salamanca, 1985.

THEISSEN; G; MERZ, A. *O Jesus histórico, um manual*. 2ª edição São Paulo: Edições Loyola, 2004.

"Toward a Renewal of the Relationship of Christians and Jews" (do Sínodo da Renânia em 1980), Disponível em: http://www.ccjr.us/dialogika-resources/documents-and-statements/protestant-churches/eur,. Acesso em 10/07/2018.

TOYNBEE, Arnold. *Helenismo*. 4ª ed. Rio de Janeiro: Zahar Editores, 1975.

TREBOLLE, Barrera, Julio. *A Bíblia judaica e a Bíblia cristã: introdução à história da Bíblia*. Julio Trebolle Barrera; tradução de Ramiro Mincato – Petrópolis, RJ: Vozes, 1995.

VIDAL, S., *La ressurreccion de Jesús en las cartas de Pablo*. Análisis de las tradiciones.

_____. *Los tres proyectos de Jesús e el cristianismo naciente. Um ensayo de reconstrucción histórica e Jesus el Galileo*.

WATSON, J & A. *Jesus and the Jews: the Pharisaic tradition*. Athens: University of Georgia Press, 1995.

André Marinho

Conheça minhas redes sociais:

Youtube
(onde posto 1 a 2 vídeos por semana)
@Diálogo Aberto Com André Marinho
Facebook
(onde divulgo palestras e conteúdos inéditos)
@dialogoabertocomandremarinho
Instagram:
@amarinhodialogo
Twitter:
@amarinhodialogo

Diálogo Aberto
com André Marinho

Conheça outros livros do Instituto Lachâtre

Instituto Lachâtre
Caixa Postal 164 – CEP 12914-970
Bragança Paulista – SP
Tel./Fax: 11-4063-5354
Site: www.lachatre.org.br
E-mail: contato@lachatre.org.br

Os Cátaros
e a Heresia Católica

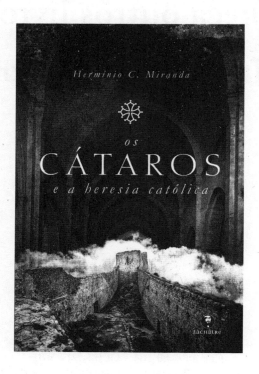

Os cátaros e a heresia católica vem nos contar a história de uma das mais ricas civilizações que já surgiram na Europa: a dos cátaros ou albigenses. Sua doutrina, que pregava um cristianismo recuperado, reconstituído e resgatado na sua pureza, foi apagada dos registros da história e seus profitentes violentamente assassinados, em decorrência da feroz perseguição movida pela igreja católica. Livros e gentes foram queimados em profusão nas fogueiras da Idade Média para garantir que a heresia católica mantivesse seu domínio.

Francisco de Assis

– O Alter Christus –

Conheça a belíssima trajetória do mais elevado espírito, excetuando o Cristo, que já reencarnou nas paragens de lutas planetárias. O zênite na evolução humana é apresentado com profunda beleza e transcendentalidade, em fidedignas molduras históricas. Francisco viveu legitimamente os ensinos de Jesus, sendo dele um cristalino espelho. Resgatar tão magnífica vida é indispensável ante os desafios da atualidade.

✡ ✝ ☪

Esta edição foi impressa pela Assahi Gráfica e Editora Ltda., São Bernardo do Campo, SP, em agosto de 2018, sendo tiradas três mil cópias, todas em formato fechado de 155x225 mm e com mancha de 120x185 mm. Os papéis utilizados foram o Off-set 70 g/m² para o miolo e o Cartão Supremo 300 g/m² para a capa. O texto principal foi composto em Berkeley 12/14,4, as citações, em 10/12 e os títulos, em Scotford 16/24. A programação visual de capa foi elaborada por Fernando Campos.